湛庐CHEERS

与最聪明的人共同进化

HERE COMES EVERYBODY

CHEERS
湛庐

为什么伟大需要犯错

[美] 马里奥·利维奥 著
Mario Livio

尔欣中 译

BRILLIANT BLUNDERS

浙江科学技术出版社·杭州

你了解科学史上的五次认知突围吗?

扫码加入书架
领取阅读激励

- 开尔文估算地球年龄时，忽略了什么关键因素?（单选题）

  A. 放射性衰变

  B. 板块运动

  C. 太阳引力

  D. 地球自转速度

扫码获取全部测试题及答案，
一起了解人类为何
因错误而伟大

- 达尔文在《物种起源》中故意回避了哪个话题?（单选题）

  A. 鸟类进化

  B. 人类进化

  C. 鱼类进化

  D. 昆虫进化

- 爱因斯坦的广义相对论预言了什么现象?（单选题）

  A. 时空弯曲

  B. 量子纠缠

  C. 核聚变反应

  D. 核裂变反应

扫描左侧二维码查看本书更多测试题

献给诺加和丹妮尔

伟大的正确往往穿着错误的外衣而来：哥伦布错估了地球周长，却发现了新大陆；爱因斯坦执意引入“宇宙学常数”，这个错误却为暗能量研究埋下伏笔。科学史中那些闪耀的顿悟时刻，常常诞生于实验室里打翻的试剂瓶、算错的数值，或是被主流嘲笑的“荒谬念头”。本书揭示了一个悖论式的真理：天才之所以卓越，并非因为不犯错，而是因为他们懂得如何将错误冶炼成钥匙。本书同样告诉我们真正危险的不是犯错，而是对错误的恐惧让我们变得平庸。正所谓“万物皆有裂痕，那是光照进来的地方”。

——**尹烨**

华大集团 CEO，生物学博士

在大多数语境下，“错”往往被视为负面的、应当避免的。然而，在科学的历程中，错误却是常态。在鼓励自由探索的科学氛围中，对错误的宽容度是推动创新的关键因素之一。随着时间的推移和技术的进步，今天被认为是正确的结论或许明天就会被修正甚至推翻。在解构中重建，在错误中涅槃，科学的历程是人类迄今为止最伟大的行为艺术。

——**马兆远**

南方科技大学教授，英国物理学会会士

《世界的逻辑》《智造中国》作者

人类常常在犯的一个错误是过分夸大包括自己在内的特定个人和特定人群避免错误的能力。想一想，连达尔文、爱因斯坦这样的伟人都犯过错误而不自知，孩子犯过错误、自己犯过错误、敬仰的人犯过错误又算得了什么呢？我们应该学会与错误共生：做一个宽容的父亲或者母亲，做一个跟自己和解的成年人，做一个拥有常识的平凡者。不要让对正确的标榜阻碍对正确的追求，也不要让对正确的追求压迫平凡者的日常生活。唯其如此，才能更好地向正确靠拢。

——**苏德超**

武汉大学哲学学院教授

《为什么伟大需要犯错》涉及的主题跨越非常大，对作者在生物学、地球科学和宇宙学等领域的知识要求极高。不过，作者深刻把握了这些学科的内涵，并将复杂的历史变革过程生动地讲述出来。一些著名科学家此前取得的成功，反而成为他们后续创新的绊脚石，类似的情形在芯片等领域也同样出现过。作者的揭示对当下的科技创新也具有普遍意义，令后人警醒。

——**汪波**

文津奖得主，畅销书《芯片简史》作者

在科技创新领域，精确往往被奉为圭臬。然而在这本《为什么伟大需要犯错》中，利维奥精辟剖析了达尔文、开尔文、鲍林、霍伊尔和爱因斯坦等科学巨匠的失误，揭示了这些失误并非智力上的失败，而是范式转变道路上固有的挑战和必要的迂回；证明了进步的基石往往不由完美铸就，而是由深刻甚至是巨大的失误铸就，这些失误成了通向革命性理解的垫脚石。我向任何从事科学、工程或领导工作的人推荐这本书，因为他们希望了解混乱、非线性和非常人性化的创新之路。在这个世界上，机器的精确性和算法的决定性日益成为我们的工具，利维奥提醒我们，不完美并不是进步的敌人，它往往是进步的源泉。

——何万青

博士

清程极智副总裁

原英特尔首席工程师、阿里云高性能计算负责人

有人说天才具有在最短时间内犯尽所有可能的错误的能力。利维奥的天赋在于向我们展示了这些错误究竟教会了我们什么。

——亚当·里斯

诺贝尔物理学奖得主

利维奥将五位伟大科学家的发现与他们在社会背景下的杰出个性相结合，展示了这些科学家是如何在充满混乱和争议的环境中崭露头角的。通过深入的档案研究，利维奥成功地揭露了一些流传下来的科学家传记中存在的错误或夸大之处。无论你是否具备科学背景，都能被这本具有学术性、见地深刻且文笔优美的书所吸引。

——马丁·里斯

英国皇家天文学家，《六个数》作者

启发人心……对许多人来说，成为一位伟大的科学家意味着超越错误。利维奥的书是对这种扭曲观念的宝贵解药。凭借浓厚的好奇心，利维奥将《为什么伟大需要犯错》变成了对科学进程本身的深刻沉思。

——卡尔·齐默，《纽约时报书评》

科学家们也会在探索过程中犯错，但这些错误最终可能会被传闻和传记中的夸大或理想化所掩盖……这本书思考深刻、研究充分、文字优美，为科学发现之旅提供了一个独特且真实的视角。

——玛西娅·巴图西亚克，《华盛顿邮报》

利维奥拥有多重身份：科学家、侦探、讲故事大师。在《为什么伟大需要犯错》这本令人愉快的知识合集中，利维奥提醒我们，他也是我们银河系中最优秀的科学作家之一。

——史蒂文·斯特罗加兹

康奈尔大学应用数学教授，《X 的快乐》作者

在《为什么伟大需要犯错》中，利维奥没有遗漏任何历史细节，我们重新走过了铺满错误的道路，人类对宇宙的理解逐渐显现出来。

——尼尔·德格拉斯·泰森

美国天体物理学家，《太空编年史：面对终极边疆》作者

优雅、有趣且富有教益。

——安德鲁·罗宾逊，《柳叶刀》

利维奥先生是一位有天赋的故事讲述者……他展示了科学是如何在一定程度上通过修正过去的错误来运作的：一旦被认识到，这些错误会激发其

他科学家的创造力。不准确的世界观不仅仅是一个错误，更是一种催化剂，让我们可以更好地理解世界。

——塞缪尔·阿尔贝斯曼，《华尔街日报》

终于有了一本专门研究科学错误的书。对于那些想要了解全部故事的人来说，利维奥的书是一本令人着迷的佳作。

——唐纳德·西曼克，《今日物理学》

科学与宗教之间的最重要的不同之处在于，科学中我们（最终）愿意改变我们的观念。这被称为学习。正如利维奥在这本影响深远且充满启发的书中所生动描述的，许多著名的科学进步都涉及错误的开始或死胡同。在我研究的领域，据说爱因斯坦曾经说过，将宇宙学常数引入他的广义相对论方程是他“最大的错误”。回顾过去，当我们发现自己生活在一个未来可能由这个常数决定的宇宙中时，大多数人现在都会为了犯这样的错误而付出巨大的代价！

——劳伦斯·M. 克劳斯

亚利桑那州立大学起源计划主任，地球与太空探索学院的基础教授

关于五位著名科学家所犯错误的有趣描述……吸引人的、有说服力的警示，通向真理的科学道路并不是一帆风顺的。

——《柯克斯评论》

天体物理学家利维奥通过对曲折的、不可预测的发现之路的深刻思考，揭示了一些最伟大科学家在研究工作上的失误。

——安娜·库奇门特，《科学美国人》

利维奥擅长的使复杂的概念易于理解的能力，都体现在了他的这本书中……正如作者所表达的意图之一，错误是科学过程的一部分，科学不仅在错误之外前进，也通过错误前进……这本书中杰出的人物、有趣的思想以及令人惊叹的失误，让人着迷不已。

——玛丽安·弗莱伯格，*Plus* 杂志

《为什么伟大需要犯错》内容广泛而有趣，读者可能会因为“错误”而被迷惑和吸引，但阅读之后，他们肯定会为它的精彩而欣喜不已。

——罗伯特·谢弗，《纽约图书评论》

在幽默和精确的叙述中，利维奥提醒我们：即使是令人印象最为深刻的头脑也不是完美的，它们只是铺平了下一层次的理解之路。

——《出版人周刊》

利维奥拥有一种难得的天赋，能够向普通读者解释科学的成就和难题。

——弗兰克·克劳特尔，《查尔斯顿邮报与信使》

这是一次独特的科学和科学成就之旅，也是对五位受人敬仰的科学家的心理的深入研究。

——《印度教徒报》

利维奥是一位生动灵巧的故事讲述者，他选择了一些令人赞叹的科学家和一些经典的科学问题。

——罗伯特·扬，《肿瘤学时报》

在解构中重建，在错误中涅槃

马兆远
南方科技大学教授，英国物理学会会士
《世界的逻辑》《智造中国》作者

马里奥·利维奥的《为什么伟大需要犯错》举了案例说明伟大的科学工作为什么需要犯错，扩展些说，这个结论狭窄了，科学本身就需要犯错。诚然，在大多数语境下，“错”往往被视为负面的、应当避免的。然而，在科学的历程中，错误却是常态。

在鼓励自由探索的科学氛围中，对错误的宽容度是推动创新的关键因素之一。错误是不可避免的，关键在于如何对待这些错误，它们是不是严谨的理性的错误，我们是否能从这些错误中学习来改进我们的认知。

在科学研究领域，错误并不是失败的标志，而是通往真理的一条路径。正如卡尔·波普尔在其著作《科学知识进化论》中提到的那样："我所想到的科学知识的增长并不是指观察的积累，而是指不断推翻一种科学理论，由另一种更好的或者更合乎要求的理论取而代之。"这意味着科学的进步并非通过累积正确的观察来实现，而是通过挑战现有理论、发现其不足之处并提出新的解释或理论来完成的。进一步而言，不能被验证为错误的理论，不能称之为科学。这已经成为一套理论是否符合现代科学标准的衡量准则。

回到这本书，利维奥所谈到的案例集中在遗传学、物理学等领域，通过这些案例探讨并说明了科学为什么要犯错。书中说到爱因斯坦提出广义相对论，定义引力为时空曲率，并指出时间也会因接近大质量物体而变慢。他还在其方程中引入了宇宙学常数 Λ，试图解释静态宇宙的存在，尽管后来的物理学发展证明宇宙实际上是动态的。爱因斯坦说这是他犯过的"最大的错误"，但这个常数的概念后来成为我们今天理解暗能量的关键。

同样，霍伊尔等人提出了稳态宇宙模型，主张宇宙虽然在膨胀，但由于物质不断创生而保持恒定状态。该模型与大爆炸理论形成了长期争论，直到更多证据支持大爆炸理论为止。然而，霍伊尔提出了恒星内部能够通过核聚变过程产生碳和其他重元素的理论，解决了大爆炸后无法生成足够数量的重元素的问题。这一理论得到了新的研究结果的支持，并成为理解宇宙化学组成的重要组成部分。

书中每个案例都展示了科学家们如何面对既有理论的局限性，勇于提出新的假设或修正现有理论的过程。它们共同强调了即使是最伟大的科学家也可能犯错，但正是这些错误推动了科学的进步和发展。

然而，我们同样要了解，生活中遇到的大多数问题是工程问题而非科学问题。面对这些问题，我们很难做到决策的科学化，而更容易做到在已知条件下的最优化。例如管理学的部分问题就是工程问题，而非科学问题，涉及组织利益的重大决策时，必须采取更为审慎的态度，确保每一步都经过充分考虑。当然，有科学的方法提供大量数据作为决策依据，我们可以小步快跑，尝试性纠错来适时改变策略。

在中国文化中，“学而优则仕”的观念根深蒂固，即优秀的学者应当担任管理者或其他重要职务。这种观念虽然体现了对知识分子的尊重，但也可能导致不适合的人选进入不适合他们的岗位。尤其是当一位杰出的科学家被任命为研究所所长甚至是更高层次的领导者时，他可能会发现自己面临着与以往完全不同的挑战——不再是追求真理的过程，而是需要处理复杂的组织管理问题。管理一样是一门复杂的学问。如果将科学家置于行政领导的位置上，往往会出现问题。这是因为科学家和管理人才思考问题的方式不同。

笔者的朋友保罗是美国国家标准与技术研究院一位德高望重的研究员。当老所长退休时，大家普遍认为保罗是最合适的接班人。然而，他勉为其难地接受了这个职位的一年时间里“刻意”犯了许多低级错误。领导最终忍无可忍，让他回到自己喜欢的科研岗位上。在这里，保罗这样的物理学家保持了创造力、探索精神和科学家的纯真。

科学家们习惯于在一个允许试错的环境中工作，他们理解并接受即使是最好的理论也可能被后来者超越或取代的事实。相反，管理则需要更加注重稳定性和可预测性，尽量避免不应该有的错误。

我们需要认识到，科学并不等同于绝对正确。事实上，科学是一套方法论，它提供了一种系统化的手段来验证假设、测试理论的有效性。即使是在最严格的科学实验中得出的结果，也只是基于当前可用的数据和技术条件得出的最佳估计。随着时间的推移和技术的进步，今天被认为是正确的结论或许明天就会被修正甚至推翻。在解构中重建，在错误中涅槃，科学的历程是人类迄今为止最伟大的行为艺术。

因此，认为科学神圣不可侵犯实际上是对科学精神的最大误解。真正的科学精神应该是开放的、敢于质疑现状的，并且愿意接受新的证据来调整自己的观点的。

伟大科学错误如何照亮创新之路

汪 波
文津奖得主，畅销书《芯片简史》作者

错误是科学进展中不可或缺的一环。本书讲述了生物学、地球科学和宇宙学等领域中出现的一些重大错误。犯下这些错误的不是常人，而是五位闻名世界的杰出科学家：达尔文、开尔文、鲍林、霍伊尔和爱因斯坦。

作者希望通过这些错误证明："即便是经由看似不可能成功的错误途径，也可以建立起发现和创新之路。"

本书涉及的主题跨越非常大，对作者在生物学、地球科学和宇宙学等领域的知识要求极高。不过，作者深刻把握了这些学科的内涵，并将复杂的历史变革过程生动地讲述出来。

书中五个主题的安排顺序很巧妙。先从生命演化开始，揭示了达尔文如何在错误的遗传理论下提出了演化论。它的一个重要支持证据是地球要有足够长的存在时间才能满足演化所需的时间。

由此引出了第二个主题：对地球年龄的估算。开尔文提出的估算地球年龄方法简约明了，结论是一亿年，比前人得出的结果有了重大进步，然而其前提假设存在缺陷。但是，开尔文深陷原有框架中而无法跳出，难以接受后人提出的更准确的结果。

除了地球年龄问题，还有一个问题达尔文无法解决，那就是演化所需的遗传机制，这涉及全书的第三个主题：DNA 的结构。鲍林曾准确预测出蛋白质的结构，然而在 DNA 结构上犯了“低级错误”。正如作者所云：“本书介绍的种种错误，都成为惊人突破的催化剂。”沃森等人被鲍林的错误激励，迅速提出了著名的双螺旋结构，为达尔文的演化论补足了证据链。

与生命的演化对应的是宇宙的演变的问题。宇宙是一直处于稳定状态？还是在一次大爆炸后不断膨胀？科学家曾争论不休，奇怪的是，“大爆炸”这一经典之词来自反对宇宙演变的阵营，即本书第四位登场的主角：霍伊尔。本书讲述了这个精彩的“乌龙”故事。

最后，爱因斯坦对宇宙演变这一问题也倾注了极大的精力。在得知宇宙并不稳定之后，为了保持平衡，爱因斯坦在其著名的广义相对论方程中引入了一个常数。然而等待这个常数的是波折起伏的命运，而爱因斯坦也因此犯下了一生“最大的错误”……

难能可贵的是，作者还深入剖析了科学家犯错的心理因素，解释了为什么发生在别人身上的错误一下子就能发现，而自己犯的错误却很难觉察到。

此外，一些著名科学家此前取得的成功，反而成为他们后续创新的绊脚石，类似的情形在芯片等领域也同样出现过。作者的揭示对当下的科技创新也具有普遍意义，令后人警醒。

本书是用讲故事的方式充分展示了科学发现进程，细节丰富、可靠。书中事实多采自一手资料，这可从致谢名单中出现的众多档案馆窥见。此外，作者对流传已广的一些说法，如爱因斯坦一生最大的错误究竟是什么并不人云亦云，而是深入调研了许多一手资料，得出了不一样的结论。这些让本书具有相当高的可信度。

失误之光：照亮非凡之路的科学启示

何万青
博士
清程极智副总裁
原英特尔首席工程师、阿里云高性能计算负责人

在科技创新领域，精确往往被奉为圭臬。然而在马里奥·利维奥这本《为什么伟大需要犯错》中，利维奥精辟剖析了达尔文、开尔文、鲍林、霍伊尔和爱因斯坦等科学巨匠的失误，揭示了这些失误并非智力上的失败，而是范式转变道路上固有的挑战和必要的迂回；证明了进步的基石往往不由完美铸就，而是由深刻甚至是巨大的失误铸就，这些失误成了通向革命性理解的垫脚石。作为一名在 HPC 和 AI 领域工作了 20 年的工程师，我发现利维奥对错误的探索既令人谦卑，又让人深有共鸣。

在科学和工程计算领域，我们习惯于为可靠性、可扩展性和正确性进行设计，我们倾注心血于每一个小数点、每一线程调度、每一次浮点运算的极致精确。这是数字时代探索的基石。我们构建、测试，常常跌跌撞撞。在算法、数据和数值模拟的复杂交织中，错误不仅仅是异常现象，更是指引我们不断改进、获得更深刻洞察的重要信号。推动科学巨轮真正向前的，往往并非无懈可击的完美，而是那些闪烁着智慧光芒的“失误”。

在我看来这本书提醒我们从两个方面深入思考和实践，其一是坚持科学精神，提出大胆的理论，并对其进行严格的检验，即使面临可能的证伪。它强调了识别、分析和从错误中学习的关键作用。其二是鼓励“失败的创造力”，我们这些从事先进计算、机器学习和科学基础设施的人要创造一种文化，在这种文化中，偶尔的失误不是要掩藏的短板，而是发现的必要催化剂，甚至值得叫一声“啊哈”！

当下，机器学习系统日益精于模仿人类理性的某些模式，利维奥书中这些跨越时空的故事更显其宝贵的时代价值。它们清晰地映照出机器尚难以企及的人类探索之精髓：那是一种源于直觉的勇气——敢于拥抱看似“错误”却可能孕育新生的想法；那是面对挫折时展现出的非凡韧性——在废墟之上重建更坚固的理论殿堂；那更是科学探索中独有的“意外之美”——在追逐一个目标的过程中，与另一个变革性的发现不期而遇。这些，正是人类智慧最独特、最动人的光辉。

我向任何从事科学、工程或领导工作的人推荐这本书，因为他们希望了解混乱、非线性和非常人性化的创新之路。在这个世界上，机器的精确性和算法的决定性日益成为我们的工具，利维奥提醒我们，不完美并不是进步的敌人，它往往是进步的源泉。

在错误中超越，科学进程的螺旋式突破

在人类认知与科学探索的历程中，错误始终如影随形，从普通人到天才科学家概莫能外。作为科研工作者，我的日常研究实践中充斥着各类错误——既有自身的疏漏，也有同行的失误。值得注意的是，人类文明的进步本质上就是一个不断纠错的过程，这一现象在科学领域表现得尤为显著。历史表明，诸多重大科学突破往往源于对前人理论，甚至是科学巨匠们所犯错误的修正与超越。一个值得关注的现象是（至少在物理学和天文学领域），许多突破性发现往往由年轻学者完成，他们勇于质疑权威，突破传统桎梏。然而颇具讽刺意味的是，这些做出开创性贡献的学者在功成名就后，往往会陷入与前辈相似的认知困境，之后又由新一代的年轻人突破枷锁，再改正前人的错误。

从概念范畴而言，“错误”这一术语具有广泛的内涵，其外延可从简单的代码漏洞或计算失误，延伸至理论构建中的关键要素遗漏乃至研究方向偏差。本书所探讨的错误特指后者，即作者所定义的“blunder”（重大失误）。需要强调的是，科学发展进程中的诸多“blunder”往往不能简单归咎于科学家个体的认识或思想局限。科学进步呈现螺旋式上升的特征，这一论断在科学史研究中得到充分印证。我们对世界的认知呈现出显著的曲折性，这种特征源于科学理论的演进与特定历史时期的技术条件密不可分。即便是最杰出的科学家，也无法脱离实验数据和观测事实而凭空构建理论体系（那将进入形而上学范畴）。科学家基于特定时代的观测数据所构建的“完美”理论，在新的技术条件下往往显露出局限性，进而被修正或取代。从认知心理学的视角来看，科学家在心理层面往往难以完全摒弃既有理论框架而重建全新体系。本书作者甚至援引现代心理学理论，为科学家犯错的认知机制提供了新的解释路径。

本书选取了几位科学史上非常著名的科学家，深入剖析天才科学家们所犯的重大错误。初看这些故事，读者可能会感到诧异与困惑：这些科学巨匠何以会犯下看似“低级”的错误？作者详细地介绍了每位科学家的情况，首先系统梳理了相关科学家的重大成就，继而详细考察了其错误产生的具体情境与历史背景。通过这种对比分析，读者不仅能够深入理解天才科学家们犯错的必然性，更能获得对特定历史时期科学发展的深刻洞见。

这里我特别想把化学家鲍林和天体物理学家霍伊尔的观点拿出来和读者分享。

> 鲍林：如果你认为你有一个好主意，就发表出来！不要害怕犯错误。在科学上，犯错误没有什么害处，因为有很多聪明人会立即发现错误并纠正它。那只会让你自己看起来愚蠢，除伤害你的自尊心外，并没有什么害处。然而，如果它碰巧是一个好主意，而你却

没有发表它，科学可能会因此蒙受损失。

霍伊尔：要想真正取得有价值的研究成果，就有必要反对同行的意见。要成功地做到这一点，不仅仅需要成为一个怪人，更需要有良好的判断力，尤其是对那些长期得不到解决的问题。

对于有意从事科研工作的读者，这两种似乎有些激进的观点可能真正代表了科学的发展。简单来说就是不要怕犯错误，更不要一味地随波逐流。最后在本书的翻译出版过程中，编辑对后期文字工作给予了很大帮助，在此表示感谢。正如我们所说的，错误总是在所难免。限于译者的水平，翻译中也不可避免有一些疏漏和错误之处，欢迎读者批评、指正或交流。

当最聪明的大脑开始犯错，世界便有了转机

在我撰写这本书的整个过程中，每隔几周就会有人问我这本书讲述的是什么。我逐渐形成了一个标准答案："这本书是关于错误的，而且它不是一部自传！"这会引起一些笑声和偶尔的赞同声："多么有趣的想法。"我的目标很简单：纠正科学突破仅仅是成功故事的刻板印象。事实上，通往成功的道路不仅铺满了错误，而且奖励越大，潜在错误也就越大。

伟大的德国哲学家康德曾经写过一段著名的话："有两件事情我们越是经常而持久地思考它们，就越使我们心怀敬畏和赞叹：头顶的星空和内心的道德法则。"自从他的《实践理性批判》(*The Critique of Practical Reason*)于 1788 年出版以来，我们在理解前者方面取得了令人瞩目的进展，在阐明后者方面进展却较少。显然，对于生命或心灵的自我理解更加困难。然而，生命科学正在加速发展，尤其是对人脑运作的研究。因此，不久之后也许我们就能完全理解，为什么进化"创造"了"人类"这种有知觉的物种。

尽管本书涉及一些令人瞩目的探索生命和宇宙的成就，但更关注的是科学的旅程而不是终点。我试图专注于思考科学发现的过程和在发现之路上遇到的障碍，而不仅仅关注成就本身。

目 录

重磅赞誉

推荐序一 在解构中重建，在错误中涅槃

马兆远
南方科技大学教授，英国物理学会会士
《世界的逻辑》《智造中国》作者

推荐序二 伟大科学错误如何照亮创新之路

汪 波
文津奖得主，畅销书《芯片简史》作者

推荐序三 失误之光：照亮非凡之路的科学启示

何万青
博士
清程极智副总裁
原英特尔首席工程师、阿里云高性能计算负责人

译者序 在错误中超越，科学进程的螺旋式突破

前 言 当最聪明的大脑开始犯错，
世界便有了转机

序 章 绝妙的错误，惊人突破的催化剂 001
从国际象棋到生命密码：错误如何突破人类心智极限 003
错误悖论：为什么最持久的突破往往始于错误假设 006

第一篇 达尔文的基因迷雾：当错误孕育现代遗传学 010

达尔文
进化论主要奠基人

第 1 章 达尔文进化论：改写生命认知的科学革命 011
打破神创论：从神话走向科学的生命观变革 014
四大支柱撑起进化论大厦：进化、渐进、共同祖先与物种形成 018
自然选择：驱动生命进化的幕后推手与实证依据 028

第 2 章 生命之树的缺口：重新审视遗传规律 041
湮没：适者生存的数学漏洞 045
被孟德尔豌豆实验推翻的融合遗传理论 047
达尔文的错误，意外催生现代遗传学新发展 052

第二篇

开尔文的时间困局：
算错地球年龄引发的科学革命 068

第 3 章 热力学构筑的“年轻”地球 069

创世记：对地球年龄的奇妙推算 071

时间之箭：地球和生命获得了历史 076

地球冷却：用热力学方法估算地球年龄 079

开尔文 vs 达尔文：当生物进化需要一亿年 091

第 4 章 开尔文的错估，开启地质年代学新探索 097

佩里的质疑：大胆的弟子凿出第一道裂缝 100

放射性：推翻开尔文权威测算的“致命”一击 108

认知失调：“情感思维”压倒“理性思维” 113

聚变：找到关于太阳年龄的答案 116

开尔文勋爵

现代热力学之父

第三篇 鲍林的螺旋迷途：输得彻底的三链 DNA 122

鲍林
横跨生物学和医学领域的天才化学家

第 5 章 生命的诠释者：破解蛋白质与 DNA 结构 123
通往 α 螺旋之路：病榻上画出的模型 126
抢先一步：在 50 岁生日当天提交论文 132
DNA 结构，“设计”生命的蓝图 137
同一时刻，在英格兰 142
意外的干扰，“竞赛”进入最后阶段 150
三重螺旋体，错到离谱的 DNA 结构 154

第 6 章 鲍林的三螺旋，为 DNA 结构的发现“反向助力” 161
解剖一个错误，鲍林失败的真正原因 164
看到双链，富兰克林的第 51 号 X 射线照片 172
诺贝尔奖得主的滑铁卢，顶级科学家的失误启示录 182

第四篇 霍伊尔的永恒执念：否认大爆炸 188

霍伊尔
天文学界的"一代枭雄"

第 7 章 B 表示大爆炸：宇宙中元素的来源之谜 189
化学元素的起源，物质历史的开场白 194
霍伊尔的伟大贡献：恒星核合成理论 203

第 8 章 大爆炸模型 vs 稳态宇宙模型：拓展宇宙学边界 219
是谁发现了宇宙正在膨胀 224
为何霍伊尔拒绝宇宙有开端 234
科学史最戏剧对决：两个阵营的三十年拉锯战 237
稳态理论不断为宇宙演化注入活力，并催生新的思想 249

第五篇 爱因斯坦的幽灵常数：被复活的 Λ 260

爱因斯坦
伟大的天才科学家

第 9 章 最大的错误：相对论大厦的裂缝 261
爱因斯坦的宇宙 264
物质告诉时空如何弯曲，时空告诉物质如何运动 267
放弃 Λ，20 世纪最戏剧性学术撤回 271
迷上 Λ，宇宙学常数的坚定支持者 285

第 10 章 **从被废弃的参数到暗能量** 289

从最大到最小的结构，真空并非空无一物 292

宇宙膨胀一直在加速 296

人择原理与多重宇宙，从不同角度思考宇宙的本质 300

爱因斯坦的第二个“奇迹之年” 308

天才的错误，追求真理比占有真理更为可贵 309

尾 声 **错误进化论：通往未来的认知法则** 315

致 谢 321

参考文献 325

序　章

绝妙的错误，惊人突破的催化剂

重大错误如同粗绳子，由许多细微部分组成。如果你将每根绳线逐一拆开，就可以分析每一个小问题的根本原因，并将这些小问题逐个解决，然后说：不过如此。但是，这些绳线一旦被捻在一起，缠绕在一起，就变成了一个无法解开的巨大错误。

维克多・雨果
《悲惨世界》

1972 年夏天，当容易情绪化、堪称历史上最知名国际象棋选手的鲍比·费舍尔（Bobby Fischer）终于现身冰岛雷克雅未克，与鲍里斯·斯帕斯基（Boris Spassky）角逐世界冠军赛王座时，整个国际象棋界都充满了期待。就连从未对国际象棋产生兴趣的人，都屏住了呼吸，等待这场“世纪之赛”的对决。然而，在第一局比赛的第 29 步，当棋面看起来陷入僵局时，费舍尔做出了一个连业余棋手都会本能拒绝的错误走法。这是“棋盲”（chess blindness）的典型表现，这种错误在国际象棋文献中被标记为“??”，连社区棋院的 5 岁小棋手犯下了都会觉得丢脸。令人震惊的是，这个错误竟然是由费舍尔这样一个在世界级比赛中取得 20 连胜的人犯下的。[①] 这种“盲”只会在国际象棋中出现吗？在其他脑力工作的领域，是否也会出现类似的惊人错误？

从国际象棋到生命密码：错误如何突破人类心智极限

王尔德曾经写道：“经验是一个人给自己所犯错误取的名字。”的确，我

① 在大多数世界级棋赛中，出现平局的概率和分出胜负的概率差不多。

们都会在日常生活中犯下各种各样的错误。我们会把钥匙锁在车里，会买错股票（有时选股正确，但时机错误），会过分高估自己处理多项任务的能力等。而且，我们总是将自己的不幸归咎于完全错误的因素，这种错误的归因正是我们很少能从错误中吸取教训的原因之一。通常，我们只有在犯了错误之后才会发现这是错误，这正是王尔德所说的“经验”的含义。另外，我们更擅长评价别人而非剖析自己。正如心理学家和诺贝尔经济学奖获得者丹尼尔·卡尼曼[①]所说：“我对人们改变他们思考方式的能力不怎么乐观，但我对人们发现他人错误的能力深感乐观。”

就连涉及刑事司法系统的那些需要小心构建的流程，也会偶尔出现错误，有时甚至错得令人痛心。例如，美国亚利桑那州菲尼克斯市的雷·克朗（Ray Krone）并未犯下残忍的谋杀案，却因此被两次定罪并被监禁十多年，甚至面临死刑威胁。最终，DNA 证据证明了他的清白，并指出了真凶。

然而，本书的内容并不是讨论以上这些错误（无论它们有多严重），而是关注那些重大的科学错误。所谓“重大科学错误”，是指特别严重的科学概念错误，它可能会危及整个理论和方案，或者至少会在一定程度上阻碍科学的进步。

在人类历史上，各个学科都有发生过重大错误的故事。纵观人类史，无论是著名的军事指挥官、家喻户晓的哲学家还是划时代的思想家，都不免犯下过严重的错误。第二次世界大战期间，德国陆军元帅费多尔·冯·博克（Fedor von Bock）愚蠢地重蹈拿破仑在 1812 年进攻俄国败北的覆辙。这两

① 丹尼尔·卡尼曼（Daniel Kahneman），行为经济学之父，第一位凭借心理学研究荣获诺贝尔经济学奖的心理学家。其作品《噪声》中文简体字版已由湛庐引进、浙江教育出版社出版。——编者注

位将领都未能认识到“冬将军”[①]这一难以撼动的力量，他们没有对俄国漫长而酷寒的严冬做好准备。英国历史学家 A.J.P. 泰勒（A.J.P.Taylor）曾对拿破仑的失败做出这样的总结：“就像大多数研究历史的人一样，他（拿破仑）学会了如何从过去的错误中吸取教训，并犯下新的错误。”

在哲学领域，伟大的亚里士多德曾相信所有物体都朝其“自然的”位置移动。他在物理学上的错误观念与实际不符。同样地，弗洛伊德的许多关于精神方面的分析推测，无论是关于“死本能”（一种要摧毁秩序、回到前生命状态的冲动），还是关于幼年时期的俄狄浦斯情结在女性神经症中的作用，都已被证实是错误的。

你可能会想，人都会犯错误，但是，对于过去两个世纪中最伟大的一些科学家，例如，两次诺贝尔奖得主莱纳斯·鲍林（Linus Pauling）或卓然超群的爱因斯坦，至少在让他们扬名立万的理论上是正确的吧？毕竟，现代的智慧之光不正是将科学确立为一门经验学科，且将防范错误的数学奠定为这门学科的“基础语言”吗？那么，对这两位杰出人士和其他可相提并论的思想家而言，他们的理论，想必没有严重错误了吧？不，答案并非如此！

本书的目的是详细介绍几位顶尖科学家所犯的一些惊人的错误，并追踪这些错误所带来的意外后果。同时，我也想尝试分析这些错误的可能原因，并尽可能地找出这些错误与人类心智特征或人类大脑极限的有趣关系。最终，我希望证明，**即便是经由看似不可能成功的错误途径，也可以建立起发现和创新之路。**

---

① 冬将军（General Winter）是对多次令外国入侵俄罗斯失败的极寒气候的拟人化描述。——编者注

我们将看到，进化的线索微妙地贯穿在本书详细探讨的所有错误之中。这些错误与地球生命的进化、地球自身的进化以及宇宙整体的进化等理论密不可分。

错误悖论：为什么最持久的突破往往始于错误假设

在《牛津英语词典》中，evolution（进化）一词的定义之一为：“任何可以类比作有机生命体的东西，按照其内在的秉性发展或成长……此外，任何依靠自然发展的兴盛或起源，区别于特性行为所产生的结果。”但这不是这个词的最初含义。在拉丁语中，evolutio 指的是展开纸卷或卷轴形式的书籍并阅读。当这个词开始在生物学中流行时，它最初也仅用于描述胚胎的生长。evolution 一词第一次在物种起源的背景下使用，是在 18 世纪瑞士博物学家查尔斯 · 邦尼（Charles Bonnet）的著作中，他认为上帝在创造第一个生命形式的胚芽中，预先规划了新物种的诞生。

整个 20 世纪，“进化”一词与达尔文的名字联系得非常紧密，你可能很难相信，达尔文在巨著《物种起源》（*On the Origin of Species*）1859 年的第一版中，连一次也没有提到 evolution 这个词！不过，这本书的最后一个词确实是 evolved。

从《物种起源》出版至今，进化的意义已经被扩展到更广泛的范畴。如今，我们可以用进化谈论形形色色的事物，例如英语、时尚、音乐和观点的进化，以及社会文化、软件等方面的进化。如若不信，不妨看看有多少网页专门讨论“嬉皮士的进化”。美国前总统伍德罗 · 威尔逊（Woodrow Wilson）曾经强调，理解美国宪法的正确方法是通过进化：“政府不是机器，而是生物……它要对达尔文负责，而不是对牛顿负责。”

我将焦点放在生命、地球和宇宙的进化上，不代表科学家只在这些科学领域会犯下错误。我之所以选择这些主题，有两个主要原因。第一个原因是，我想以批判的眼光审视几位世人心目中的伟大智者所犯的错误。这些伟大智者都是杰出的学者，他们所犯的错误，尽管发生在一个世纪前，也与当今科学家乃至全体人类所面临的问题息息相关。我希望通过对这些错误进行分析，能够形成一种可操作的知识体系，这一知识体系不仅内容引人入胜，还可以指导从科学实践到道德行为等不同领域的活动。第二个原因则很简单：自人类文明出现，生命、地球和宇宙的进化这些主题就一直吸引着人类不断地去探索，以揭示我们的起源和过去。人类对这些知识的好奇，至少有一部分凝结成宗教信仰、创世神话和哲学探究的根源。与此同时，这种好奇中比较讲究经验与实证的一面，最终孕育了科学。人类在揭示生命、地球和宇宙的进化中涉及的一些复杂进程方面取得的进展，简直可以说是奇迹。虽然难以置信，但我们认为，人类已经能够追溯到宇宙诞生仅仅不到一秒的时期。尽管如此，很多问题仍悬而未决，而进化这一主题仍是未来科学研究的重要课题之一。

我花了很长时间来决定把哪些重要的科学家包含在这本书中，最终我选择了 5 个人。我的了不起的“错误者”名单包括：举世闻名的博物学家查尔斯·达尔文、物理学家开尔文勋爵①、历史上最有影响力的化学家之一莱纳斯·鲍林、著名的英国天体物理学家和宇宙学家弗雷德·霍伊尔（Fred Hoyle），以及无须介绍的爱因斯坦。对于他们每个人的错误，我将从两个不同但互补的角度进行分析。一方面，这本书将探讨这些伟大科学家的某些理论以及这些理论之间的迷人关系，从不同视角观察他们的弱点和失败之处。另一方面，通过简要地检视各种不同类型的错误，我试图找出造成这些错误的心理原因，或者尽可能地找到神经科学上的原因。我们将会发现，错误其

① 热力学温度的单位以开尔文的名字命名。

实是不一样的，名单上这五位科学家的错误在性质上相当不同。达尔文的错误在于没有意识到一个特定假设的全部含义。开尔文因为忽视了未预见的可能性而犯错。鲍林的错误是由于过去的成功导致的过度自信。霍伊尔犯了固执地支持脱离主流科学的错误。爱因斯坦会失败，则是因为他被形式上的简洁美学所误导。本书的重点是：我们将会发现，错误不仅不可避免，更是科学进展中不可或缺的一环。科学的发展不是直接走向正确答案的。如果没有错误的开端和死胡同，科学家就可能长期走在错误的道路上。就某个方面而言，本书介绍的种种错误，都成为惊人突破的催化剂，因此，我形容它们是“绝妙的错误”。它们是把科学带入正确方向的契机，让通常是一小步一小步发展的科学，偶尔会突飞猛进。

我是这样规划这本书的：针对每一位科学家，我都先介绍他们最著名的一些理论的精髓。这些都是非常简洁的总结，旨在向读者介绍这些大师的思想，为他们的错误铺垫适当的背景，而不是全盘展示理论的细节。同时，我选择聚焦每位科学家的一个主要错误，而不是罗列他们职业生涯中可能犯过的所有错误。接下来，我将首先介绍这个男人，《纽约时报》(*New York Times*）在 1882 年 4 月 21 日为他发表的讣告中写了一句很公道的话：“他的著作被阅读了无数次，但被探讨的次数更多。”①

① 原文为：“he has been read much, but talked about more。”——编者注

本章回顾 »

BRILLIANT BLUNDERS

- 王尔德：经验是一个人给自己所犯错误取的名字。
- 丹尼尔·卡尼曼：我对人们改变他们思考方式的能力不怎么乐观，但我对人们发现他人错误的能力深感乐观。
- 纵观人类史，无论是著名的军事指挥官、家喻户晓的哲学家还是划时代的思想家，都不免犯下严重的错误。
- 我想尝试分析这些错误的可能原因，并尽可能地找出这些错误与人类心智特征或人类大脑极限的有趣关系。
- 即便是经由看似不可能成功的错误途径，也可以建立起发现和创新之路。
- 我们将会发现，错误不仅不可避免，更是科学进展中不可或缺的一环。科学的发展不是直接走向正确答案的。如果没有错误的开端和死胡同，科学家就可能长期走在错误的道路上。
- 错误或许会成为惊人突破的催化剂、把科学带入正确方向的契机，让通常是一小步一小步发展的科学，偶尔会突飞猛进。

第一篇　达尔文的基因迷雾：当错误孕育现代遗传学

生命及其蕴含之力能，最初由造物主注入寥寥几个或单个类型之中。当这一行星按照固定的引力法则持续运行之时，无数最美丽与最奇异的类型，即是从如此简单的开端进化而来，并依然在进化之中。生命如是之观，何等壮丽恢宏！

查尔斯·达尔文
英国博物学家，进化论主要奠基人

第 1 章

达尔文进化论：改写生命认知的科学革命

进化论在人的思想中引起了一场，比自文艺复兴时期科学得以再生以来任何其他科学的进步更伟大的变化。

恩斯特·迈尔

关于地球上的生命，最引人注目的，莫过于它惊人的多样性。在一个春天的下午漫步，你可能会遇到几种鸟类、许多昆虫，或者一只松鼠、几个人（有人可能在遛狗），以及多种植物。从最容易区分的特征来看，地球上的生物在大小、颜色、形状和能力等方面各不相同，它们的栖息地也各不相同，所吃的食物亦是。地球上既有身长不及十万分之一英寸的细菌，也有超过 100 英尺长的蓝鲸。[①] 在成千上万种已知的海洋软体动物中，有些外观平平无奇，有些却拥有地球生物中最华丽的色彩。鸟类可以飞到大气层中惊人的高度：1975 年 11 月 29 日，一只秃鹫在西非象牙海岸 37 900 英尺处被吸入飞机的发动机。其他鸟类，如候鸟斑头雁和大天鹅，也经常飞到 25 000 英尺以上的高空。海洋生物可以抵达的深度也同样令人惊讶。1960 年 1 月 23 日，屡创纪录的探险家雅克·皮卡德（Jacques Piccard）和美国海军中尉唐·沃尔什（Don Walsh）乘坐一艘特制的探测用潜水艇，缓慢潜至太平洋海底最深处，位于关岛南部的马里亚纳海沟。当他们终于抵达突破历史纪录的 35 800 英尺的深度时，他们惊讶地发现周围有一种前所未见、栖息于海

① 1 英寸 =2.54 厘米；1 英尺 =0.3048 米；1 磅 ≈0.45 千克；1 英里 ≈1.6 千米；1 磅 / 平方英寸 ≈6.895 千帕。为了确保数据的准确性，本书中的英制单位不改为国际制单位。——编者注

底的虾类，它们似乎不受周围 17 000 磅 / 平方英寸环境压力的影响。2012 年 3 月 26 日，电影导演詹姆斯·卡梅隆也乘坐一艘特制的潜水艇来到马里亚纳海沟的最深处。他形容那里像月球一样荒凉，但他也表示见到了像小虾一样身长不超过 1 英寸的微小生物。

打破神创论：从神话走向科学的生命观变革

没有人能确定目前地球上居住着多少物种。一份发布于 2009 年 9 月的物种名录，正式描述并命名了约 190 万种生物，其中数量最多的是微生物或非常微小的无脊椎动物，但人们通常难以接触到这类生物，因此，对于物种总数的估计，大多只是人们凭借经验及知识所做的猜测。物种总数的估计值一般在 500 万～1 亿，而 500 万～1 000 万被认为是最有可能的数值范围。[①] 当我们意识到仅仅一勺土壤就可能藏有数千种细菌时，物种总数的不确定性也就不足为奇了。

除了多样性，地球上生命的另一个惊人特征是，无论是植物还是动物，都展现出不可思议的适应力。从食蚁兽的管状口鼻，到变色龙长而伸缩奇快的舌头（能够在约三万分之一秒内击中猎物），再到啄木鸟强大、造型独特的喙，以及鱼眼的晶体，看起来生物都被完美地塑造了生命所需的特征。蜜蜂靠自身构造可以轻松自如地飞入花朵中采集花蜜，而花朵可以利用蜜蜂的来访，让蜜蜂的身体和脚沾满花粉，使花粉得以传播到其他花朵，借此进行繁衍。

---

① 作者依据的是联合国环境署 2011 年 8 月 24 日发布的一份研究结果。据《自然世界新闻》（*Nature World News*）2016 年的报道，研究发现，地球上总共约有 1 万亿种生物，而人类目前已知的仅占总数的十万分之一。——编者注

自然界中，有很多物种以一种令人惊奇的“你帮我，我也帮你”的方式互动，或以共生方式存活着。例如，小丑鱼[①]就生存在公主海葵如刺一般的触手之间。海葵的触手能保护小丑鱼不受食肉动物的攻击，小丑鱼则保护海葵免遭其他以海葵为食的鱼类的伤害。小丑鱼身上特殊的黏液还能保护它不受宿主有毒触手的伤害，这更加完善了它们之间的和谐适应关系。甚至细菌和动物之间也形成了合作关系。例如，在深海热液喷口处，沐浴在富含氢气的热流中的贻贝，能够通过摄取深海热液喷口附近的硫氧化细菌所合成的有机物来使自身茁壮生长；同样，来自立克次氏体（Rickettsia）的一种细菌能够确保甘薯白粉虱（sweet potato whitefly）的生存优势，进而造福自己。

BRILLIANT BLUNDERS

硫氧化细菌可以通过氧化水体中的硫化氢，从而合成有机物，而这些有机物就是深海热液喷口处生物们的美食。

附带一提，某个广受欢迎的、令人吃惊的共生关系的例子，可能只是个传说。很多文章都提到尼罗鳄和埃及鸻[②]之间有共生关系。据希腊哲学家亚里士多德说，当尼罗鳄打哈欠时，这种小鸟就会“飞进它的嘴里，帮它清洁牙齿”，鳄鱼觉得舒适惬意，小鸟也因此获得了食物。公元 1 世纪的自然哲学家老普林尼[③]影响深远的《自然史》（*Natural History*）一书中也有类似的描述。然而，现代科学文献中却没有任何关于这种共生关系的记录，也没有任何记录这种行为的照片。或许我们不必太惊讶，老普林尼的科学记录多少有点可疑，因为他的许多科学主张都已被证明是错误的！

---

① 眼斑双锯鱼（Ocellaris clown fish），科学学名为 Amphiprion ocellaris，俗称公子小丑鱼。——编者注

② 埃及鸻，别名鳄鸟、牙签鸟、燕千鸟。——编者注

③ 盖乌斯·普林尼·塞孔都斯（Gaius Plinius Secundus），又称老普林尼（Pliny the Elder），古罗马百科全书式的作家。——编者注

大自然有着极为丰富多样的生命形态，这些生命形态之间经过复杂精巧的组合和相互适应，让从 13 世纪的托马斯·阿奎那到 18 世纪的威廉·佩利（William Paley）等许多自然神学家都相信，地球上的生命是一位顶级设计师的杰作。这种思想甚至在公元前 1 世纪就已出现。著名的罗马演说家马库斯·图利乌斯·西塞罗（Marcus Tullius Cicero）认为，自然界必定源自某种神圣的“理性”：

> 如果宇宙所有部分都是指定而成的，不能为了使用而加以改良，也无法做得更美观……如果自然的成就超越了人类设计所能达到的成果，同时人类的技术只有在理性的运用下才能取得成功，那么我们就必须承认，自然也不缺乏理性。

西塞罗也是最早提出“钟表匠”比喻的人，这一比喻后来成为支持“智能设计论”（以下简称“设计论”）[①] 的关键论据。西塞罗是这么说的：

> 如果我们承认雕像或绘画是艺术作品；在远处观察一艘船的航行时，我们相信它的前进是理性和人类技术掌控的；在检查日晷或水钟的设计之后，我们知道它能报时是因技术而非偶然。那么，既然宇宙拥有这些技术、能工巧匠和其他事物，又怎能认为宇宙欠缺目的和理性呢？

这正是佩利在近两千年后所采用的推理方式 [②]：有装置就意味着有发明

① 智能设计论认为，世界上所有的生物都来自一个智能设计者在一瞬间的创造，且这些生物除了为同一创造者造出之外毫无共通之处，即使之间具有差异也不可能改变物种。——编者注

② 威廉·佩利在《自然神学》（*Natural Theology*）中将自然的岩石和钟表做对照。具有讽刺意味的是，通过放射性定年法（见第 4 章）可知，从岩石的构造可以判定地球的年龄，这比任何钟表制造商测得的时间间隔都要长得多。

人，一如有设计就意味着有设计者。佩利认为，一块复杂的钟表，就是钟表匠存在的证据，因此，对于像生命这样精妙的事物，我们难道不该得出同样的结论吗？毕竟，“每一种精心设计和构造，既存在于钟表内，也存在于自然的作品内；唯一的不同是，自然的作品更多，差别更大，而且在某种程度上超越了所有人的估计”。这种必须有一个“设计者”的强烈主张说服了许多自然哲学家，[①] 直到 19 世纪初期才有所转变。

设计论隐含的另一个主张是：物种被认为是绝对不可变的。这种永恒存在的观念起源于人们长期以来对于其他实体的信念，这些实体通常被认为是永恒的和不变的。例如，在亚里士多德学派的传统中，天界是完美无瑕、永不改变的，天体是完全光滑、呈球形的。直到伽利略时代，随着“新”星[②]的发现，这个观念才被彻底打破。17 世纪和 18 世纪，物理学和化学的惊人进展的确指出，当我们谈论事物的本质时，有些本质比其他本质更加基本和长久，它们几乎不受时间影响，可以存在很长时间。例如，人们意识到，氧和碳等化学元素的基本特性是恒定的（至少在人类历史时期），恺撒将军吸入的氧气与牛顿吸入的氧气是相同的。同样，牛顿的运动定律和万有引力定律，从坠落的苹果到行星轨道处处适用，并且看起来不可改变。然而，在欠缺明确方针指引的情况下，人们无法确定自然中哪些数量或概念是真正基本的。尽管有些经验主义哲学家，如约翰·洛克（John Locke）、乔治·伯克利（George Berkeley）和大卫·休谟（David Hume）等，做出了大量的努力，但没有人能给出具体的答案。因此，许多 18 世纪的博物学家干脆选择接受古希腊“物种完美、不变”的理想观念。

这些观念是当时人们对生命的普遍想法，直到一个有勇气、有远见卓

① 因为除此之外，唯一的选项只剩下偶然或机遇，但这一观点让人无法接受。

② 其实是超新星，也就是恒星进化到生命周期最后阶段时所发生的一种剧烈爆炸现象。

识、有深刻洞察力的男人，把一堆分散的线索编织成了一张华丽的挂毯。这个男人就是查尔斯·达尔文（图 1-1 是他晚年的照片），他提出的进化论，已成为最鼓舞人心的非数学理论。**达尔文将对地球生命的理解，从神话转化为科学。**

图 1-1　晚年的达尔文

四大支柱撑起进化论大厦：进化、渐进、共同祖先与物种形成

达尔文的《物种起源》第一版于 1859 年 11 月 24 日在伦敦出版，那一天生物学被永远改变了，图 1-2 是《物种起源》第一版封面。在出版时，达尔文将《物种起源》比作“我的孩子”。在探讨《物种起源》的核心观点之前，我们必须先了解这本书没有讨论的内容。对于生命真正的起源或宇宙整体的进化，达尔文只字未提；另外，与一般人所想的恰恰相反，他完全没有

讨论人类的进化，除了在书的结尾写了一段乐观的预言："在遥远的将来，我看到了非常重要的研究的开阔领域。心理学将建立在新的基础之上，这是每一种心理的动力和能力经过渐进之后必然获得的。人类的起源及其历史将会得到阐明。"①

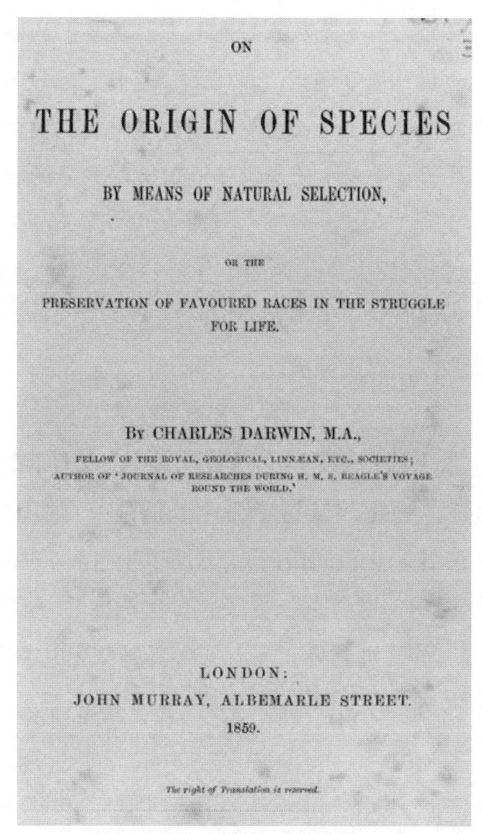

ON

THE ORIGIN OF SPECIES

BY MEANS OF NATURAL SELECTION,

OR THE

PRESERVATION OF FAVOURED RACES IN THE STRUGGLE FOR LIFE.

BY CHARLES DARWIN, M.A.,

FELLOW OF THE ROYAL, GEOLOGICAL, LINNÆAN, ETC., SOCIETIES;
AUTHOR OF 'JOURNAL OF RESEARCHES DURING H. M. S. BEAGLE'S VOYAGE ROUND THE WORLD.'

LONDON:
JOHN MURRAY, ALBEMARLE STREET.
1859.

The right of Translation is reserved.

图 1-2 《物种起源》第一版封面

① 达尔文在 1871 年出版的《人类的由来及性选择》（*The Descent of Man and Selection in Relation to Sex*）和次年出版的《人类和动物的情绪表达》（*The Expression of the Emotions in Man and Animals*）中对自己的预测进行了跟踪研究。目前，进化心理学的研究可视为这些开疆辟土之作的后续发展。

在他后期的著作，与《物种起源》相隔12年出版的《人类的由来及性选择》中，达尔文才决定讲清楚：他相信他的进化理论适用于人类。在《人类的由来及性选择》中，达尔文讲得更加明确和具体，他断定人类或许是住在旧大陆[①]森林里的猿类生物的自然后裔：

> 由此我们得知，人类是从一种有毛发、有尾巴的四足动物进化而来的，这种动物可能习惯生活在树上，是旧大陆的居民。如果一位博物学家研究了这种生物的全身构造，它一定会被归入灵长类动物的范畴中，灵长类动物也是新大陆和旧大陆猴子的祖先。[②]

《物种起源》已经完成了进化论的大部分研究内容。达尔文一举推翻了设计论，并揭示了物种并非永恒不变，同时他提出了一种机制，这种机制使物种的适应作用和多样化得以完成。

简单地说，达尔文的理论包含四大主要支柱，它们都由同一种机制支撑。这四大支柱是：**进化、渐进（gradualism）、共同祖先（common descent）和物种形成（speciation）**。驱动以上种种，并将不同要素黏合在一起产生协同作用的关键机制，就是“自然选择”。现代科学研究表明，除“自然选择”这一重要机制外，还有一些其他机制也对进化起到推动作用，而其中有些达尔文当时并不知道。

---

① 旧大陆（Old World）的物种，指生活在以欧洲、亚洲和非洲为中心的地区的物种。新大陆（New World）的物种，指生活在美洲及其周围地区的物种，比如南美洲和中美洲的动、植物，以及其他生物群体。——编者注

②《物种起源》出版12年后，达尔文满怀信心地将他的进化论扩展到包含了人类，这是他在《物种起源》中试图回避的问题。毫无疑问，如果进化论不适用于人类，对达尔文主义的强烈抗议声将会小得多。达尔文在《人类的由来及性选择》中的想法激励了路易斯·利基（Louis Leakey）家族的许多成员坚持不懈地在非洲寻找和发现人类化石。

以下是关于达尔文理论的简单介绍。我们主要追溯达尔文本身的理念，而不是这些理论的更新与现代版本。但在一些地方，我们会难以避免地提到自达尔文时代以来积累的事实依据。在下一章中我们会发现，达尔文犯了一个严重的错误，这一错误差点全盘否定他最重要的发现：自然选择。但这个错误的根源不是达尔文的过错，而是因为 19 世纪没有人了解遗传学，达尔文并没有认识到这一点，他所运用的遗传学理论对于自然选择这个概念是非常致命的。

进化论的第一大支柱就是进化本身。虽然关于进化的一些思想早有先例，但在达尔文之前的法国和英国博物学家[①]未能提供令人信服的进化机制。以下是达尔文自己对进化的描述："许多博物学家直到最近还持有和我以前一样的观点，即每个物种都是独立创造出来的，这一观点是错误的。我非常确信，物种不是不变的，那些所谓同属的物种都是通常已经灭绝的一个早期物种的直系后裔。"换句话说，我们今天见到的物种，并不是一直存在的，它们可能是某些早期物种的后裔，而这些早期物种已经灭绝了。现代生物学家倾向于区分微观进化（microevolution）和宏观进化（macroevolution）。微观进化是一种相对较短时间内在本地群体中发生的进化过程，比如有时在细菌中观察到的变化。[②]宏观进化的时间尺度较长，通常涉及不同物

BRILLIANT BLUNDERS

微观进化与宏观进化

一些生物在几年内发展出的对抗生素和杀虫剂的耐药性，就是微观进化的例子。哺乳动物起源于爬行动物则是宏观进化的一个例子。

---

① 其中的杰出人物包括皮埃尔 - 路易·莫佩尔蒂（Pierre-Louis Moreau de Maupertuis）、让 - 巴普蒂斯特·拉马克（Jean-Baptiste Lamarck）、罗伯特·钱伯斯（Robert Chambers）和达尔文的祖父伊拉斯谟斯·达尔文（Erasmus Darwin）。

② 本地群体指的是生物种群在某个确定的地理区域内的群体，也就是相对较小的、局限于狭窄区域的群体。微观进化通常是指在这些小规模群体之间发生的遗传变化和适应性转变。——编者注

种之间的进化，可能也涉及大规模的灭绝事件，比如恐龙灭绝事件。自《物种起源》出版以来，进化论的思想已经成为所有生命科学研究的指导性原则，连20世纪最杰出的进化生物学家之一——西奥多西厄斯·多布赞斯基（Theodosius Dobzhansky）都在1973年发表了一篇文章《没有进化之光照耀，就无法解释生物学中的一切》（*Nothing in Biology Makes Sense Except in the Light of Evolution*）。在这篇文章的结尾，多布赞斯基提到德日进[①]"是一个创世论者，但他了解这个世界上的创造是通过进化的过程来实现的"。

达尔文理论的第二大支柱，即渐进，主要从两位地质学家的作品中借鉴而来。一位是18世纪的地质学家詹姆斯·赫顿（James Hutton），另一位是和达尔文同时代，后来与其结为好友的查尔斯·莱尔（Charles Lyell）。地质记录显示了横跨广大地区的水平带状图案，表明了地球上不同年代的岩石层之间的差异。在这些岩石层中，我们可以发现不同种类的化石。这些带状图案和化石的发现揭示了渐进的变化过程。赫顿和莱尔在形成现代均变理论[②]方面起到了重要作用，该理论认为，像侵蚀和沉积等过程，现在发生的速度与过去相近。[③]达尔文认为，就像地质作用是渐进且稳定地塑造地球一样，进化的转变也历经数十万代的转型过程。因此，我们不应期望在一万年内看到重大的变更，除非是繁殖非常频繁的生物，例如细菌。如今我们知道，细菌可以在极短的时间内产生抗药性。然而，不同于现代均变理论，一个物种的进化速度通常在时间上是不均匀的，不同物种之间的进化速度也可能有很大的差异。自然选择导致不同物种面临不同的压力和挑战，进而决定了物种

① 德日进，全名为皮埃尔·泰亚尔·德·夏尔丹（Pierre Teilhard de Chardin），20世纪法国哲学家、古生物学家和地质学家。——编者注

② 莱尔在其影响深远的著作《地质学原理》（*Principles of Geology*）中，极大地扩展了地质变化这一概念，其是在不可测量的长时间内微小变化不断积累的结果。

③ 我们会在第3章中讨论开尔文勋爵时，回到这个理论。

的进化速度。有些“活化石”，如圆口鳗[①]，似乎 3 亿 6 千万年以来都没有任何进化。值得一提的是，渐进式进化的观念最初是在 17 世纪由经验主义哲学家约翰·洛克提出的，他写了一句十分具有洞察力的话：“人们用于区分物种的界限，都是人创造的。”

达尔文理论的第三大支柱，即共同祖先的概念，现已成为探究生命起源的主要动力。达尔文率先主张，同属任一分类的成员，如所有的脊椎动物，无疑都源于共同的祖先。他的想象力带领他远远飞越这个概念。虽然在达尔文发表他的学说之际，还没有人知道所有生命都拥有许多共同特征，如 DNA 分子、少数氨基酸，以及像流通货币一样的携带能量的分子，但达尔文仍大胆宣称：“类推法引导我更进一步，即我相信所有的动、植物都是从某一原型传衍下来的。”紧接着，在谨慎地承认“类推法也可能是骗人的向导”后，他仍断言：“很可能所有曾经在地球上生活过的有机生物，都是从某种原始类型传衍而来，变成最初会呼吸的生命。”

共同祖先

达尔文进化论的这一支柱已被许多惊人的发现所证实。例如，有羽毛的恐龙化石的发现，与鸟类是从爬行动物进化而来的观点相一致。

你或许会纳闷儿，如果地球上所有的生命都起源于一个共同的祖先，怎么会发展出如此惊人的多样性？毕竟，在关于生命的特征中，这是我们第一个明确需要解决的问题。达尔文并没有退缩，他直面这个挑战，他的书名中有“物种”这个词并非巧合。达尔文对多样性问题的解释，包含了另一个原创性的想法：分支进化，即物种形成，这也是达尔文理论的第四大支柱。达

① 一种没有下巴、嘴像漏斗的海洋脊椎动物。

尔文推断，生命起源于一个共同祖先，就像一棵树只有一个树干。树干长出树枝，树枝再分出细枝，“生命之树”通过许多分支和分叉事件进化出不同的物种。其中，许多物种会灭绝，就像有些树枝会枯死或断裂。但是，既然在每一个分叉点，衍生自特定祖先的后代物种数量将会倍增，不同物种的数量自然急剧增加。那么什么时候会发生物种形成呢？根据现代观点，物种形成主要发生在一群特定物种的成员被分隔在不同地理环境时。例如，一个群体可能游荡到山脉迎风多雨的那一侧，其他成员则待在干燥的山坡那边。随着时间的推移，这两个种群在截然不同的环境里会产生不同的进化路径，最终导致它们无法再杂交。换句话说，它们成为不同的物种。在更加罕见的情况下，物种间的杂交还可能产生新的物种，例如意大利麻雀。2011 年，科学家发现意大利麻雀的基因介于西班牙麻雀和家麻雀之间。意大利麻雀和西班牙麻雀的行为举止像截然不同的物种，意大利麻雀和家麻雀却确实构成了杂交区（hybrid zone），这两种彼此杂交物种的分布区在此重叠。

BRILLIANT BLUNDERS

杂交区

指两个或多个不同种类的生物相遇并杂交的地理区域。在这个区域内，两个不同种类的生物的基因池交错在一起，导致产生了一些具有混合性状的后代。

1945 年，以《洛丽塔》（*Lolita*）和《微暗的火》（*Pale Fire*）闻名的作家弗拉基米尔·纳博科夫（Vladimir Nabokov）出乎意料地提出了一个关于一种名为蓝斑蝶的蝴蝶群体进化的全面性假说。作为一个终身酷爱蝴蝶的人，纳博科夫推测这些蝴蝶在持续数百万年的时间里从亚洲大陆迁徙至新大陆。令人惊讶的是，一支科学家团队在 2011 年利用基因测序技术证实了纳博科夫的猜测。他们发现，新大陆的蝴蝶有一个生活在一千万年前的共同祖先，与它们的邻居相比，许多生活在新大陆的蝴蝶与旧大陆的蝴蝶有更近的亲缘关系。

达尔文深知物种形成对进化论的重要性，因此附了一张“生命之树”的插图，如图 1–3 所示。这张图是达尔文于 1837 年画在笔记本上的。实际上，它也是《物种起源》中唯一的一张图。有趣的是，在这一页的顶部，达尔文还特别注明了“I think”（我认为）。

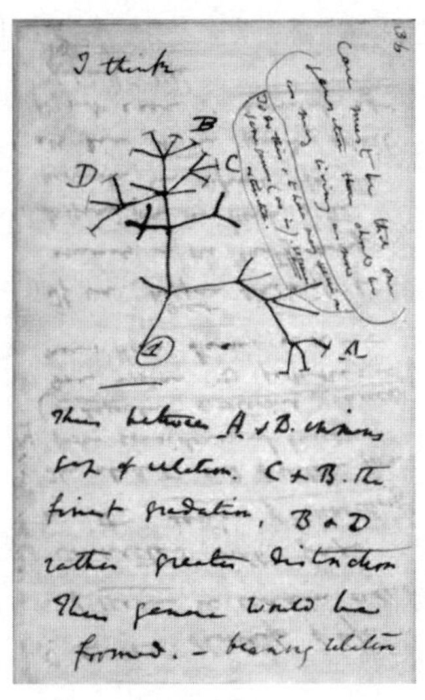

图 1–3　达尔文的“生命之树”

进化生物学家通过研究很多案例，比如刚从同一物种一分为二的成对物种，或者即将被迫分离的成对物种，已经能够识别物种形成的大部分步骤。科学家通过对哺乳动物的 DNA、蛋白质及化石等方面的研究，为所有现存的以及即将灭绝的哺乳动物，建立了一个相对清楚且年代大致确定的“家谱树”。①

① 在一项研究中，梅瑞迪斯 · R.W.（Meredith R. W.）使用 26 个基因构建了哺乳动物家族的系统发育过程并估计了分化时间。

写到这里，我忍不住要跑题一下，就我个人的观点，让达尔文的理论如此独特的，是关于共同祖先和物种形成概念的另一个方面。十几年前，在我埋首撰写《正在加速的宇宙》（*The Accelerating Universe*）时，我试图找出是什么使科学家把宇宙的物理理论变得如此“美丽”。最后，我得出了结论，首先是两个非常基本的要素，一是简约，二是哥白尼原则。[①]所谓“简约”，其实是指简化论[②]，即能让多数物理学家理解，尽可能以最少的定律解释最多的现象，这一直是现代物理学的目标。比如，亚原子世界有一个极为成功的理论，即量子力学；还有一个同样成功的理论，可以解释整个宇宙，即广义相对论。但物理学家不满足于一种非常成功的理论只能用来解释自然界的某个特定领域，他们希望能找到一种更为全面、统一的，能够解释宇宙中所有现象的理论，即所谓的“万物理论”（theory of everything）。

哥白尼原则之名来自波兰天文学家哥白尼，就是在16世纪将地球推出宇宙中心的那位。在遵循哥白尼原则的理论中，人类不再占有特别的一席之地。哥白尼教导我们地球不是太阳系的中心，随后的天文学发现更加强化了我们的认知：从物理学的观点来看，人类在宇宙中没有扮演什么特殊的角色。我们生活在一颗小小的行星上，绕着一颗普通的恒星旋转，我们生活的银河系里有数千亿颗类似的恒星。我们在自然界的无关紧要，还不止这些。在我们可以观测到的宇宙中，大约有2 000亿个星系，而即使是我们与所有星系中的星星和气体所组成的普通物质，也仅仅占据了宇宙所有能量比例的4%多一点。这表明了我们在宇宙中确实微不足道，事实上我们真的没有什么特殊之处。[③]

---

① 就物理学而言，还有第三个要素，即对称性。

② 简化论这个经常被滥用的术语，有时也可以直接用于暗示人们可以忽略复杂性，将一个学科完全简化为另一个学科。但任何人都不应该试图从物理定律的角度来理解拜伦的《唐璜》（*Don Juan*）。

③ 在第10章中，我还会分享一些观点，这些观点表明：在我们意识到人类在宇宙中微不足道的同时，也不能太过放弃自我意识和自我价值。

简约和哥白尼原则都是达尔文进化论的特征。达尔文只用一个统一的观点，就解释了几乎所有与地球生命有关的事物（除了它的起源）。很难比这更简约了。同时，他的理论又深刻体现了哥白尼原则。人类和其他生命一样，都是进化而来的。达尔文经常用"生命之树"来形象地比喻生命的进化历程，在这棵树中，所有最年轻的枝条都是通过相似数量的分支与主干连接的，唯一的区别是它们生长的方向不同。同样地，在达尔文的进化体系中，所有目前存在的生命，包括人类，都是类似进化途径的产物。在这个体系中，人类并不是例外，没有什么与众不同之处，更不是造物主；人类只不过由其在地球上的祖先经过适应、进化而成。这标志着"绝对人类中心主义"就此落幕。地球上的一切生物都是同一个大家庭的成员。正如杰出的进化生物学家斯蒂芬・杰・古尔德（Stephen Jay Gould）所说："达尔文的进化论是灌木林，而非阶梯。"这 150 多年来，人们之所以反对达尔文，很大程度上是源于内心的恐惧：害怕进化论会把人类从自己构筑的神坛上拉下来。达尔文启发了我们重新思考世界与人类的本质。请注意，在接下来要讨论的"适者生存"的图景中，有人可能会争辩：昆虫显然比人类高级，因为它们的数量远超人类。事实上，英国遗传学家 J. B. S. 霍尔丹（J. B. S. Haldane）在被神学家问及宇宙万物的研究有没有得出任何关于造物主的结论时，他是这么回答的——上帝"特别喜爱甲壳虫"。今天我们知道，即使是在基因组规模方面，人类也远远落后于一种名为多足鱼的淡水单细胞生物，这种生物的基因组有 6 700 亿个碱基对，可能是人类基因组碱基对数量的 200 多倍！①

达尔文的进化论充分满足了简约和哥白尼原则这两个要素，是一种具有极高美学价值的理论，这样说多少有点主观。但毫无疑问，《物种起源》这本书掀起了科学史上最为戏剧性的思想革命。

① 鉴于基因组测定是用较早的方法完成的，这一结果可能不是十分准确。

现在回到进化论本身，达尔文并不满足于只是讲述生物进化和多样化的现象，他认为自己的任务是解释这些进化和多样化的过程是如何发生的。为了达成这一目标，他必须提出一个理论，用于证明自然界中复杂的“设计”不是来自上帝的创造，而是自然选择的结果。达尔文的这一想法，即“自然选择”，被塔夫茨大学哲学家丹尼尔·丹尼特①评价为“人类有史以来提出的最优秀的构想”。

自然选择：驱动生命进化的幕后推手与实证依据

进化论概念所面临的最大挑战之一是适应性，因为物种似乎能与周遭环境达成完美的和谐，而生命本身的各种特征，如身体器官和生理过程，也能相互适应。这就产生了一个难题，让达尔文之前那些具备进化思维的博物学家疑惑不解：如果物种适应得这么好，它们怎么能够一边进化，一边维持良好的适应性呢？达尔文很清楚这个难题的存在，而他确信自己的自然选择理论能够提供一个令人满意的答案。

自然选择的基本思想相当简单，一经指点就能明白。就像其他“时候到了”的发现一样，博物学家阿尔弗雷德·罗素·华莱士（Alfred Russel Wallace）在大约相同的时间独立地提出了非常类似的构想。但华莱士很清楚大部分功劳应该归给谁，在 1864 年 5 月 29 日给达尔文的信中，他写道：

> 关于自然选择的理论，我始终认定那其实是你的想法，专属于

① 丹尼尔·丹尼特（Danile Dennett），世界知名哲学家、认知科学家，美国艺术与科学院院士，塔夫茨大学教授，2001 年荣获被誉为“心灵哲学诺贝尔奖”的让·尼科奖。他的作品《丹尼尔·丹尼特讲心智》中文简体字版已由湛庐引进、天津科学技术出版社出版；《直觉泵和其他思考工具》已由湛庐引进、浙江教育出版社出版。——编者注

你一人。在我拥有关于这个主题的任何想法之前，你已经研究了我完全没想到的细节；我的论文从来未能说服任何人，顶多被认为是巧妙的推测，但你的著作已经彻底改变博物学的研究。

我们试着跟随达尔文的思路来思考：首先，他指出，物种产生的后代数量往往比能够生存下来的数量要多；其次，同一物种的每个个体不可能完全一样。如果其中一些个体在适应环境方面有些优势，比如能更好地应对环境的变化，假定这些优势能够被遗传并且传给它们的后代，那么随着时间的推移，这一种群将逐渐转变成适应能力更好的生物。达尔文在《物种起源》的第 3 章中这样写道：

由于这种生存斗争，无论多么微小的变异，无论这种变异缘何而生，倘若它能在任何程度上、在任何物种的一个个体与其他生物以及外部条件的无限复杂的关系中，对该个体有利的话，这一变异就会使这个个体得以保存，而且这一变异通常会遗传给后代。其后代也因此有了更好的存活机会，因为任何物种周期性地产出的很多个体中，只有少数得以存活。我把通过每一个微小的（倘若有用的）变异被保存下来的这一原理称为“自然选择”。

若用达尔文完全不知道的现代遗传学术语，我们可以简单地说，从生存和繁衍的角度自然选择就是那些基因比较“优良”的个体能够产出更多的后代，而这些后代也会有相对更好的基因。换句话说，经过许多代的进化后，有利的基因突变将会占上风，有害的基因突变则会逐渐被淘汰，

BRILLIANT BLUNDERS

基因

曾称“遗传因子”，遗传信息的基本单位，一般指位于染色体上编码一个特定功能产物（如蛋白质或核糖核酸分子等）的一段核苷酸序列。

从而使物种对环境的适应能力不断提高。例如，我们很容易看出跑得更快对捕食者和猎物都有利。因此，在东非塞伦盖蒂的开阔草原上，自然选择造就了一些地球上速度最快的动物。

以下几项因素共同组成了自然选择的完整图景。首先，自然选择发生于种群而非个体之中，种群是指在一定地理区域内彼此能交配繁殖的个体的集合。其次，种群通常具有极高的繁殖能力，如果不加抑制，其数量会呈指数级增长。例如，雌翻车鲀一次最多可产下 3 亿颗卵，即使其中只有 1% 的卵受精并存活到成年，海洋中也很快就会充斥着翻车鲀，而成年翻车鲀的平均重量超过 2 000 磅。幸好，由于种群内部存在的资源竞争、天敌的猎食以及环境的不利条件等，任何物种的一对父母平均只有两个后代可以存活和繁殖。

这段描述明确说明在达尔文的自然选择中，“选择”这个词实际上更像是指淘汰一个群体中在生存和繁殖方面“较弱”成员的过程，而不是被拟人化的自然所做出的选择。你可以把淘汰过程想象成用一张巨大的筛网筛选，较大的颗粒能留在网上，即生存和繁殖的能力较强的个体能够适应环境并留下来，而那些从筛网上漏下去的“颗粒”则被淘汰。环境就是让筛网摇动的动力。因此，在华莱士 1866 年 7 月 2 日写给达尔文的信中，他建议达尔文考虑改变“自然选择”这一理论的名称：

> 因此，我想建议您用斯宾塞的术语“适者生存”来代替“自然选择”，因为这样可以完全避免误解。“适者生存”非常简单明了地表达了事实，而“自然选择”是一种隐喻表达，在某种程度上是不准确的，因为即使是将自然拟人化，她也并不是选择那些有利的变异，而是消灭了那些最不利的变异。

达尔文在《物种起源》第五版中采用了这种表述方式，它是由博学多才的赫伯特·斯宾塞（Herbert Spencer）在 1864 年创造的词汇，“适者生存”是“自然选择”的同义词。然而，现代生物学家很少使用这个术语，因为它可能会给人们留下错误的印象，认为只有强壮或健康的生物才能生存下来。

事实上，对达尔文来说，“适者生存”的意义和“自然选择”一模一样。也就是说，那些拥有适应环境和遗传优势的生物，将会更成功地将这些特征传递给它们的后代。因此，就算达尔文承认自己受到一些哲学激进派的思想启示，比如政治经济学家托马斯·马尔萨斯[①]（Thomas Malthus）提出的某种生物经济学理论，他提出的自然选择和生物经济学理论之间仍存在一些重要的差异。

关于自然选择一定要提的第三点，也是最重要的一点是，它其实包含两个连续的步骤，第一步主要是随机的或偶然的，第二步则完全是非随机的。在第一步中，会产生一种可遗传的变异。用现代生物学的语言来说，我们理解这种遗传变异是由随机突变、基因重组以及与有性繁殖和受精卵形成相关的所有过程导致的。在自然选择的第二步，即选择中，无论是与同一物种的成员竞争、与其他物种的成员竞争，还是以其应对环境的能力而言，那些最适合竞争的个体，更有可能生存和繁殖。然而，选择的过程并不能完全决定一切。例如，好的基因也无法帮助一种恐龙免受巨大陨石撞击的灭

> BRILLIANT BLUNDERS
>
> **遗传变异**
>
> 指同一基因库中不同个体之间在 DNA 水平上的差异。也是对同一物种个体之间遗传差别的定性或定量描述。

① 马尔萨斯在 1798 年出版的《人口原理论》（*Principle of Population*）中指出，人类生育了太多的后代，因此，如果不加以控制，饥荒和过早死亡必将以某种形式或其他方式降临至人类身上。马尔萨斯的思想不仅影响了达尔文和华莱士，也影响了经济学和政治哲学。

顶之灾。因此，概括地说，进化的实质是在长时间自然选择的作用下种群基因频率发生变化的过程。

自然选择和“设计”的概念在两方面有显著差异。第一个差异是，自然选择并不存在一个长期的“战略计划”或终极目标。自然选择并非朝着造就某种完美的理想而努力，而是通过每一代逐渐淘汰适应性较差的物种，不断地进行调整、修改，它常常改变方向，甚至会导致整个物种灭绝。这不是一个大师级设计师所期望的结果。第二个差异是，自然选择是建立在已有生物基础之上进行微调和适应的过程，实际上它只能做到那么多。自然选择是通过修改已经进化到某种状态的物种开始的，而不是从零开始设计。因此，它的作用就像请一位裁缝修改一件旧衣服，而不是请范思哲时装公司去设计一件新衣服。因此，就“设计”人类而言，自然选择还有很多需要改进的地方：拥有 360 度的视野或者 4 只手，会不会更好？牙齿中有牙神经、前列腺腺体完全包围尿道，这些真的是好主意吗？所以，即使某些特征具有适应性优势，但只要没有可遗传的变异实现这一特征，自然选择就永远无法产生这些特征。实际上，不完美是自然选择不可避免的结果。

你可能已经注意到，达尔文的进化论基本上很难通过直接证据来证明，因为它通常在非常漫长的时间段运作，若对这个时间段按比例换算，那么看小草生长，感觉就像是看快节奏的动作片一样。达尔文曾在 1861 年 4 月 20 日写信给地质学家弗雷德里克·沃拉斯顿·赫顿（Frederick Wollaston Hutton）[①]：“老是告诉人们我不妄求举出一个物种变成另一个物种的证据，我真的厌烦了，但我相信这个观念大致正确，因为有那么多的现象可以由此归类和解释。”尽管如此，生物学家、地质学家和古生物学家已经积累了大量

① 赫顿作为地质学家为达尔文审阅了《物种起源》书稿。

间接证据支持进化，其中大部分并不是本书讨论的重点，因为这些证据与达尔文的错误没有直接关系。但是，我要指出一个事实：化石记录清楚地显示了生命从简单到复杂的进化过程。具体来说，在数十亿年的地质时间内，化石被发掘的地质层越古老，其物种就越简单。

举出一些支持自然选择的证据是很重要的，因为对达尔文同时代的人来说，最令他们感到不安的是，生命可以在没有目标方向的情况下进化和实现多样化。我已经提过一条证明自然选择确有其事的线索，即各种病原体产生的抗药性。例如，一种叫金黄色葡萄球菌的细菌，是导致葡萄球菌感染的最常见病因之一。每年至少有 50 万名美国人感染上这种病。20 世纪 40 年代初，所有已知的金黄色葡萄球菌菌株都畏惧青霉素。然而，随着突变所产生的抗药性和自然选择的作用，多数葡萄球菌菌株都能抵抗青霉素了。在这个例子中，整个进化过程的时间已被大幅压缩，[①]因为细菌每一代的寿命都很短，而种群数量非常庞大。自 1961 年以来，一种名为 MRSA[②] 的葡萄球菌菌株不仅对青霉素，而且对甲氧西林、阿莫西林、苯唑西林和其他大量抗生素都产生了抗药性。要证明自然选择的作用，几乎找不到比这更好的例子了。

关于自然选择，还有一个非常有趣，但有些争议的例子是桦尺蛾[③]的进化。[④]在工业革命之前，桦尺蛾通常栖息于地衣和树木上，较浅的体色为其提供了足够的伪装。但是，英国工业革命造成了严重污染，摧毁了大片地衣，也让许多树木蒙上灰尘。因此，浅色的桦尺蛾突然暴露在环境中，遭受大规模的捕食，导致它们濒临灭绝。与此同时，在 1848 年左右，由于具有

① 一部分归因于人类施加的选择压力。

② 抗药性金黄色葡萄球菌 methicillin-resistant Staphylococcus aureus 的缩写。

③ 生物学家称之为 Biston betularia betularia。

④ 英国遗传学家伯纳德·凯特威尔（Bernard Kettlewell）对桦尺蛾的工业黑化进行了大量研究。他的发现受到了一些人的质疑，也得到了很多人的支持。

更好的伪装特性，黑色桦尺蛾[1]开始不断繁衍。仿佛要证明“绿化”的重要性一样，在采用了更好的环境标准之后，浅色桦尺蛾又重新出现了。虽然对桦尺蛾及上述的“工业黑化”的研究遭到了一些创世论者的批判，但有些批判者也认同，这是一个明显的自然选择案例，他们争论的只有一点：这个案例并未提供进化的证明，因为最终的结果只是一种形态的蛾转变成另一种蛾，而不是一起进化成全新的物种。

对自然选择的另一个常见且更具哲学性的反对意见是：达尔文对自然选择的定义存在循环或者说自定义问题。简单来说，自然选择的意思是“适者生存”，但是如何定义“适者”呢？一般指的是那些生存得最好的；因此，这个定义是一个自证恒等式[2]。这个论点虽然很常见，但是完全错误。达尔文所说的“适者”并不是指存活者，而是指相较于其他同种群的成员，能够更好地适应环境从而有望生存的个体。一种生物的变异特征与其所处环境之间的相互作用至关重要。当生物个体之间竞争有限的资源时，一些能够存活，一些则不能。另外，为了使自然选择发挥作用，适应性特征必须具有遗传性，即能够通过基因传递给后代。

令人惊讶的是，就连知名的科学哲学家卡尔·波普尔（Karl Popper）也怀疑自然选择是“逻辑自证”，但是他的质疑更为微妙。波普尔对自然选择能否真正解释进化的质疑，主要依据的论点是：如果一个物种已经存在，就表示它们适应环境，否则就已经被淘汰了。换句话说，波普尔认为适应性只是被定义为保证生物存在的特质，并没有排除任何内容。但自从波普尔公开发表了这个观点之后，一些哲学家已经证明它是错误的。事实上，达尔文的进化论排除的情况比它保留的情况更多。例如，达尔文认为，没有祖先，就

① 英文为 carbonaria，桦尺蛾的一种变异型，其主要特征是身体颜色为黑色。——编者注
② tautology，即同义反复。

不可能出现新的物种；同样地，在达尔文的理论中，任何不能逐步实现的变异都会被排除。在现代术语中，“可实现性”指的是由分子生物学和基因学定律支配的过程。这里的关键是适应性具有统计性质，不能对个体做出任何预测，只能对概率做出预测。同卵双胞胎不见得能生出相同数量的后代，甚至不能保证它们两个自身都能存活。不过，波普尔后来确实承认自己的错误，并且宣告：“我已经改变了对自然选择的看法，不再认为自然选择不可测试或逻辑自证；此外，我很高兴能有改变论调的机会。”

最后，为求完整，我应该提及这一点：虽然自然选择是进化的主要驱动力，但其他过程也可能造成进化式的转变。其中一例是达尔文不可能知情的、已被现代进化生物学家定名为“基因漂变”（genetic drift）的现象：一个基因的不同变体，即不同的等位基因，在一个种群中出现的相对频率会由于偶然或抽样误差而发生改变。这种影响在小种群中更加明显，接下来的例子可以说明这一点。当你掷硬币时，可以预期正面朝上的概率是 50%。这意味着，如果掷硬币 100 万次，你得到正面朝上的次数将接近 50 万次。但是，如果你只投 4 次硬币，每一次都是正面朝上的概率是不容忽视的，约为 6.2%，这大大偏离了预期。现在，想象一下，岛上有一个非常庞大的生物群落，这种生物只有一个基因，这个基因只有两个变体，即两个等位基因：X 或 Z。这两个等位基因在群体中出现的频率相等，各占 1/2。然而，在这些生物有机会繁殖之前，一场巨大的海啸席卷整个岛屿，只有 4 个生物幸存下来。这 4 个生物的等位基因组合可能是以下 16 种组合之一：XXXX、XXXZ、XXZX、XZXX、ZXXX、XXZZ、ZZXX、XZZX、ZXXZ、XZXZ、ZXZX、XZZZ、ZZZX、ZXZZ、ZZXZ、ZZZZ。你会发现，在这 16 种组合中，有 10 种 X 基因的数量与 Z 基因的数量不同。换句话说，在幸存的种群中，与保持最初的等频状态相比，发生基因漂变的概率更高，即等位基因出现的相对频率发生变化的概率更高。

基因漂变会导致小规模种群的基因库发生相对迅速的进化，而与自然选择无关。一个常被引用的基因漂变例子，与宾夕法尼亚州东部阿米什（Amish）教派的社区有关。在这群阿米什教徒中，多指[①]的情况比美国一般人口多好几倍。[②]这是罕见的埃利伟综合征（Ellis-van Creveld syndrome）的表现之一。像埃利伟综合征这类隐性基因疾病，需要个体拥有两个相同的隐性基因才会发病，也就是说，父母必须都带有这种隐性基因。这个阿米什社区的多指基因频率会高于正常值，是因为阿米什教徒只跟自己族群的人结婚，而整个族群最初只由大约 200 名德国移民组成。这个群体的规模很小，因此研究人员得以将埃利伟综合征追溯至一对夫妻：1744 年来到此处的塞缪尔·金（Samuel King）和他的妻子。

关于基因漂变，需要强调 3 点。第一，基因漂变所导致的进化性变化完全是由于偶然性和抽样误差导致的，而不是选择压力驱动的。第二，基因漂变不能引起适应性变化，自然选择是唯一直接影响适应性进化的机制。实际上，由于基因漂变是完全随机的，因此它可能会导致某些性状或特征的进化，这些特征的用途可能会令人费解。第三，因为所有种群的规模都是有限的，因此，基因漂变在所有种群中都或多或少会发生，但影响最为明显的是那些小规模、与世隔绝的种群。

以上是达尔文自然选择进化论的一些核心要点。达尔文主要在两个方面彻底改变了生物学的思维。他不仅认识到人们数百年来的信仰可能是错的，还展示了如何仔细收集信息，将大胆的理论假设与事实联系起来，以获得科学真理。相信你已经了解，达尔文的理论极好地解释了地球上的生命为何如

① 手指或脚趾较多。

② 这是“创始人效应”的一种表现。当一个种群由于环境变化或移民而减少到非常小的规模时，产生这一种群的“创始人”的基因就会表现为不成比例地过高。

此多样，以及生物为何具备它们现有的特征。一位 19 世纪的英国妇女参政权主义者和植物学家莉迪娅·贝克尔用优美的文字描述了达尔文的成就[①]：

> 昆虫在花朵里爬进爬出、寻找花蜜，这种举动看起来一点也不重要！如果我们看到一个人花费时间观察昆虫的活动，并用好奇的眼光记录它们的飞舞，我们可能会认为这个人只是为了打发时间。如果我们这样想，就可能大错特错！那些看似微不足道的昆虫，实际上对博物学家来说，是一种闪耀着奥秘之光的信使。通过观察它们的行为，我们可以发现迄今为止未曾揭示的科学奥秘。就像牛顿在苹果掉落中看到了万有引力定律一样，达尔文也在蝇与花的联系中发现了一些最重要的证据，从而支持了他所发表的关于动物具体形态发生改变的理论。

的确，**达尔文之于 19 世纪，就如牛顿之于 17 世纪和爱因斯坦之于 20 世纪**。在科学的历史上，进化论构成了最激烈的革命之一，这是非常奇特的。套用生物学家和科学史学家恩斯特·迈尔（Ernst Mayr）的话，它“在人的思想中引起了一场比自文艺复兴时期科学得以再生以来任何其他科学的进步更伟大的变化”。既然如此，问题来了：达尔文错在哪呢？

① 莉迪娅·贝克尔（Lydia Becker）在 1870 年至 1890 年间出版了《妇女参政期刊》（*Women's Suffrage Journal*）。这篇关于达尔文的文章发表于 1869 年，源自贝克尔在 1867 年 1 月 30 日作为曼彻斯特女子文学协会主席时所做的演讲。

本章回顾 »

BRILLIANT BLUNDERS

- 达尔文将对地球生命的理解，从神话转化为科学。
- 达尔文一举推翻了设计论，并揭示了物种并非永恒不变，同时他提出了一种机制，这种机制使物种的适应作用和多样化得以完成。
- 简单地说，达尔文的理论包含四大主要支柱，它们都由同一种机制支撑。这四大支柱是：进化、渐进、共同祖先和物种形成。驱动以上种种，并将不同要素黏合在一起产生协同作用的关键机制，就是“自然选择”。
- 我们今天见到的物种，并不是一直存在的，它们可能是某些早期物种的后裔，而这些早期物种已经灭绝了。
- 微观进化：一种相对较短时间内在本地群体中发生的进化过程，比如有时在细菌中观察到的变化。
- 宏观进化：时间尺度较长，通常涉及不同物种之间的进化，可能也涉及大规模的灭绝事件，比如恐龙灭绝事件。
- 就像地质作用是渐进且稳定地塑造地球一样，进化的转变也历经数十万代的转型过程。
- 一个物种的进化速度通常在时间上是不均匀的，不同物种之间的进化速度也可能有很大的差异。自然选择导致不同物种面临不同的压力和挑战，进而决定了物种的进化速度。

- 达尔文推断，生命起源于一个共同祖先，就像一棵树只有一个树干。树干长出树枝，树枝再分出细枝，“生命之树”通过许多分支和分叉事件进化出不同的物种。

- 科学家把宇宙的物理理论变得如此“美丽”，首先是两个非常基本的要素，一是简约，二是哥白尼原则。

- 自然选择就是那些基因比较优良的个体能够产出更多的后代，而这些后代也会有相对更好的基因。经过许多代的进化后，有利的基因突变将会占上风，有害的基因突变则会逐渐被淘汰，从而使物种对环境的适应能力不断提高。

- 进化的实质是在长时间自然选择的作用下种群基因频率发生变化的过程。

- 化石记录清楚地显示了生命从简单到复杂的进化过程。在数十亿年的地质时间内，化石被发掘的地质层越古老，其物种就越简单。

- 达尔文之于 19 世纪，就如牛顿之于 17 世纪和爱因斯坦之于 20 世纪。

- 恩斯特・迈尔：进化论在人的思想中引起了一场比自文艺复兴时期科学得以再生以来任何其他科学的进步更伟大的变化。

第 2 章

生命之树的缺口：重新审视遗传规律

生命或许是唯一让我们不愿放弃的谜!

威廉·吉伯特
《威尼斯船夫》

达尔文错误的根源是，19世纪盛行的遗传理论在根本上存在缺陷。达尔文自己也意识到了这种理论的不足，他在《物种起源》中坦率承认：

> 支配遗传的法则，很多都是未知的。没有人可以说明，为何同一特性在同种的不同个体间或者异种的个体间，有时候能遗传，有时候则不能遗传；为何子代常常重现祖父或祖母甚或其他更远祖先的某些性状；为何一种特性常常从一种性别传给雌雄两性，或只传给其中的一种性别，更为常见的，但并非绝对的是传给跟自己相同的那种性别。

说遗传法则“很多都是未知的”，或许是整本《物种起源》中最明显的轻描淡写。达尔文当时接受的教育是，父母的特征会在子代身上融合，就像颜料融合在一起一样。按照这种“颜料桶理论”，祖先的遗传贡献在每一代中都将减少一半，任何子代都是他们父母遗传物质的中间型。用达尔文自己的话来说：“一般来说，第十二世代，来自任何一个初代祖先的血统，其比例仅为 1 ∶ 2 048。”也就是说，拿杜松子酒和奎宁水[①]举例，如果你一直在酒里加奎宁水，最后就会尝不到杜松子酒的味道。不知为何，尽管达尔文理解了遗传物质稀释的不可避免性，但他仍期待自然选择能够发挥作用。例如，在狼捕食鹿的例子中，他得出结论：

> 倘若习性或结构方面任何细微的变化对一只狼有利的话，那么这只狼就会有最好的生存机会并留下后代。它的一些幼仔大概也学会、继承同样的习性或结构。通过不断重复这一过程，一个新的变种可能就会形成。

然而，达尔文并没有意识到，在融合遗传理论的假设下，他的这些预期不可能实现。最先指出这个矛盾的是苏格兰工程师弗莱明·詹金（Fleeming Jenkin）。

BRILLIANT BLUNDERS

突变

詹金将偶然发生的、非常罕见的变异称为“sport”（历史术语），今天的科学家通常称之为“突变”（mutation）。突变即生物体（细胞生物和非细胞生物）中基因或染色体发生稳定的、可遗传的结构变异的过程。

詹金多才多艺，兴趣广泛，从为路人画肖像到设计海底电缆，都是他的爱好。他对达尔文的批评也相当直率。詹金认为，自然选择在选择一种变异（sport）时几乎完全无效，因为任何这样的变异都会被群体里所有正常的品种稀释，不出几代就会完全消失。

但达尔文不该因此受到责难，因为在他所处的时代，这一遗传理论是当时科学界

① 奎宁水是由苏打水、糖、水果提取物以及奎宁调配而成的液体，带有一种天然的植物性苦味，经常被用来与烈酒调配各种鸡尾酒。——编者注

公认的正确理论。因此，我认为达尔文采用融合遗传理论并不算错。达尔文错在完全忽略了一大重点，至少在一开始的时候，他完全忽略了这一点：他的自然选择的机制，在融合遗传理论的假设下，根本不可能按照他所想象的那样起作用。接下来，让我们更详尽地探讨这个严重的错误以及它可能导致的毁灭性后果。

湮没：适者生存的数学漏洞

在一篇对《物种起源》第四版的匿名评论上，詹金发表了他对达尔文理论的批判。这篇文章刊登于 1867 年 6 月出版的《北不列颠评论》（*North British Review*）。虽然这篇文章在多个方面批评了进化论，但这里我只集中讨论一个揭露达尔文错误的观点。为了证明自己的观点，詹金假设每个个体都会有 100 个子代，但是平均只有一个子代能够幸存并且繁殖下一代子代。然后，他讨论了一个拥有罕见基因突变的个体，这种基因突变使它的存活及繁殖机会是其他个体的 2 倍。詹金是一位严谨的工程师，他在 1860 年至 1886 年间获得了不少于 37 项专利。为精确计算出这种基因突变对整个群体的影响，他决定采用量化的方法①：

> 这一个体将会繁殖大约 100 个子代，这些子代将是普通个体与变异个体的中间型。② 在融合遗传理论的假设下，第一代子代的生存概率将是普通个体的 1.5 倍；因此，他们的生存优势不如发生突变的父辈；但由于基数庞大，第一代子代中有 1.5 个可以存活。这 1.5 个子代将再次与普通的个体交配，③会产生 1.5×100=150 个第二

① 因为詹金只是用量化的方法计算，所以会出现子代数量并不是整数的情况。——编者注
② 因为这种变异是非常罕见的，所以我们预期变异个体会与普通个体交配。
③ 这些有优越性的子代之间相互交配的概率极低，可以忽略不计。

代子代，第二代子代的生存优势为普通个体的 1.25 倍。在这 150 个第二代子代中，大约有 2 个[①]可以存活，他们将会产生 200 个孩子，而这些孩子的生存优势比普通个体高 1/8。这些孩子中有 2 个多可以存活，但生存优势再次减小，再过几代，它将不再被观察到，就像身体器官中许多不重要的小优势一样，它变得无足轻重，不会在生存竞争中体现出优势。

詹金认为，哪怕是在最极端的选择形式下，如果某种新特征只在群体中出现了一次，人们也不能期望将一个已经流传已久的特征完全转变为一个新特征，例如肤色。为了说明这种湮没效应，詹金选择了一个偏激的例子，即一个白人在一个黑人居住的岛屿发生船难。[②]詹金提到，即使这个人“在生存斗争中杀死了许多黑人”，“有很多妻子和孩子”，“在第一代中将会有几十个聪明的混血儿”，但是，“谁会相信整个岛屿将逐渐出现白种人或黄种人？”

事实上，詹金在计算中犯了一个严重的逻辑错误。他假设每一对伴侣会有 100 个子代，而其中只有一个能够生存下来并进行繁殖。但是，因为只有雌性能生育，所以每一对父母必须平均有两个子代存活，且必须为一雄一雌，否则每一代种群规模都将减半，并将导致迅速灭绝。令人惊讶的是，只有英国利兹文法学校的助理数学教师阿瑟·斯莱登·戴维斯（Arthur Sladen Davis）发现了这个明显的错误，并在 1871 年写给《自然》（*Nature*）的信中解释了这个错误。

戴维斯证明，当我们对种群进行校正以保持其大致稳定的规模时，变异

---

① $1.25 \times 150 \div 100 = 1.875 \approx 2$

② 这个故事充满种族歧视和帝国主义色彩的论调，让今天的我们非常震惊，但在 19 世纪末的英国可能相当普遍。

的影响并不会像詹金所认为的那样消失；相反，实际上尽管这种影响可能会被稀释，但它会分布到整个种群中。比方说，在融合遗传理论的假设下，我们将 1 只黑猫引入一个全是白猫的种群中，则会产生 2 只灰色的子辈小猫、4 只毛色更淡的孙辈小猫，以此类推。随着后代的不断产生，它们的颜色会逐渐变浅，但是黑色这个基因不会完全消失。戴维斯还得出了正确的结论："一个有利的突变如果只发生一次，并不会对一个种群的基因组成产生太大的影响，因为它并不能被遗传到后代中。但是，如果这个突变在不同的代际中多次独立发生，就可能会产生可观的变化。"

撇开詹金的数学错误不谈，他整体的批评是正确的：在融合遗传理论的假设下，即使在最有利的情况下，只出现一次黑猫，无论它的优势有多么明显，也不可能将整个白猫种群变成黑色。

为什么达尔文在当时并没有意识到自己理论中的这个看似致命的缺陷？在仔细探究这个问题之前，先从现代遗传学的角度来理解融合遗传理论会更有帮助。

被孟德尔豌豆实验推翻的融合遗传理论

根据我们目前对基因的理解，被称作 DNA 的分子负责为所有有机生命提供遗传机制。大体上来说，DNA 是由基因组成的，这些基因包含可以编码蛋白质信息的编码区，以及一些非编码区域。从生物学角度来说，DNA 位于染色体上，每个有性繁殖的生物都有两套染色体，一套来自母亲（雌性），一套来自父亲（雄性）。因此，每个生物体都有两套基因，其中每个

> BRILLIANT BLUNDERS
>
> **DNA**
>
> DNA 是包含 4 种碱基（腺嘌呤、胸腺嘧啶、鸟嘌呤和胞嘧啶）的一种生物分子。

基因的两份拷贝可能相同，也可能略有不同。染色体上的一个特定位置可能会有不同形式的基因存在，这些不同形式的基因被称为等位基因（alleles）。

现代遗传学理论的创始人是一位看似不可能的“探险家”：19 世纪一位名叫格雷戈尔·孟德尔（Gregor Mendel）的教士。他进行了一系列看似简单的实验，将成千上万株只产生绿色种子和只产生黄色种子的植物进行了杂交。出乎意料的是，第一代子代只有黄色种子。但下一代，黄色种子和绿色种子的比例为 3∶1。从这些令人费解的结果中，孟德尔得出了一种颗粒遗传理论。与融合遗传理论截然相反，孟德尔的理论指出，基因[①]是各自独立的实体，不仅会在个体发育过程中得以保留，还能原封不动地传递给下一代。孟德尔进一步指出，每个子代都从父母那里继承了这样一个基因，一个特征可能不会在一个子代中表现出来，但仍然可以传递给下一代。这些推断就像孟德尔的实验本身一样，堪称卓越。在人类进入农业社会的近一万年中，没有人得到类似的结论。孟德尔的成果一举推翻了融合遗传理论，因为在第一代子代中，所有种子都不是父母的平均状态。

通过一个简单的例子，我们可以更清楚地说明孟德尔遗传理论和融合遗传理论在自然选择方面的主要差异。尽管融合遗传理论从未使用过“基因”这一概念，但我们仍然可以使用这种语言，同时保留融合过程的本质。

天才的谬误 BRILLIANT BLUNDERS

融合遗传理论与孟德尔遗传理论

假设有种生物，携带 A 基因的是黑色，携带 a 基因的是白色。我们从一黑一白两个个体开始，每个个体都有两个相应基因的副本（见图 2-1）。

① 孟德尔称之为“因子”（factor）。

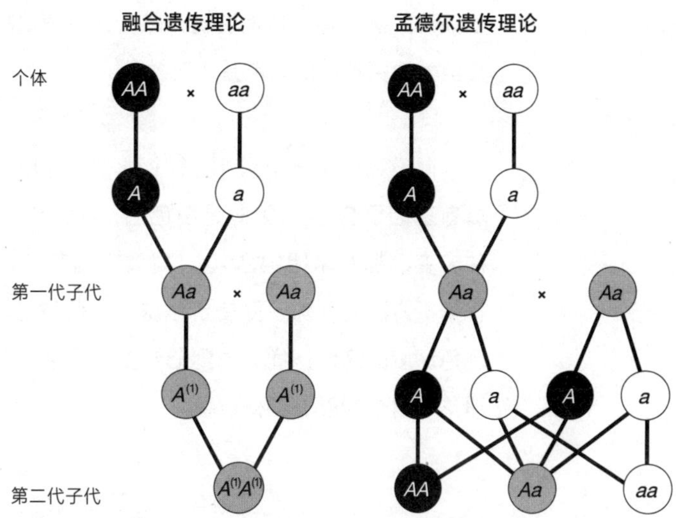

图 2-1　融合遗传理论与孟德尔遗传理论

如果不存在其中一个基因比另一个强势的情况，那么无论是融合遗传理论还是孟德尔遗传理论，这对配偶的子代都会是灰色的，因为它们将拥有基因组合或基因型 *Aa*。但是，二者的关键区别是：在融合遗传理论中，基因 *A* 和 *a* 会在物理上融合在一起，创造出一种新型的基因，使其携带者呈现灰色。我们可以称这种新基因为 $A^{(1)}$；在孟德尔遗传理论中不会出现这种融合，每个基因都将保持其独立的特征。如图 2-1 所示，在融合遗传理论下，第二代子代都是灰色的，而在孟德尔遗传理论下，它们可能是黑色（*AA*）、白色（*aa*）或灰色（*Aa*）。换句话说，孟德尔遗传理论会将极端的基因类型从一代传到下一代，从而有效地维持遗传变异。反观融合遗传理论，这种变异将不可避免地会丧失，因为所有极端的类型都会经融合形成中间型，逐渐稀释直至消失。正如詹金的正确发现，下面这个高度简化的例子将清楚地说明，融合遗传理论的这一特点对达尔文自然选择理论的影响是灾难性的。

假设我们从一个有 10 个个体的种群开始，其中 9 个个体具有基因组合 *aa*，因此是白色的，而另外 1 个个体则由于某种突变而拥有基因组合 *Aa*，导致它呈灰色。假设黑色在生存和繁衍方面有优势，即使是略微深的颜色也比纯白要好，随着颜色深度的降低，优势也逐渐变小。图 2-2 展示了在融合遗传理论下这个种群的进化过程。

在第一代中，*A* 基因与 *a* 基因的融合会产生新的 $A^{(1)}$ 基因。当 $A^{(1)}$ 基因与 *aa* 基因交配时，将产生 $A^{(1)}a$ 基因，再次融合会产生 $A^{(2)}$ 基因，使携带者颜色更浅、优势更小。你会发现，经过 *n* 代之后，最可能出现的情况是种群全部转变为 $A^{(n)}A^{(n)}$ 基因组合，而此时它们的体色只比原始的白色略深一点点。尤其是，黑色在第一代之后就已绝迹，因为它的基因已被融合，不复存在了。

但根据孟德尔遗传理论（见图 2-3），因为 *A* 基因是从一代传到下一代的，所以最终两个拥有 *Aa* 基因的个体会交配并产生黑色的 *AA* 品种。如果黑色在这个生存环境中具有优势，那么随着时间的推移，自然选择最终会将整个种群都变成黑色的。

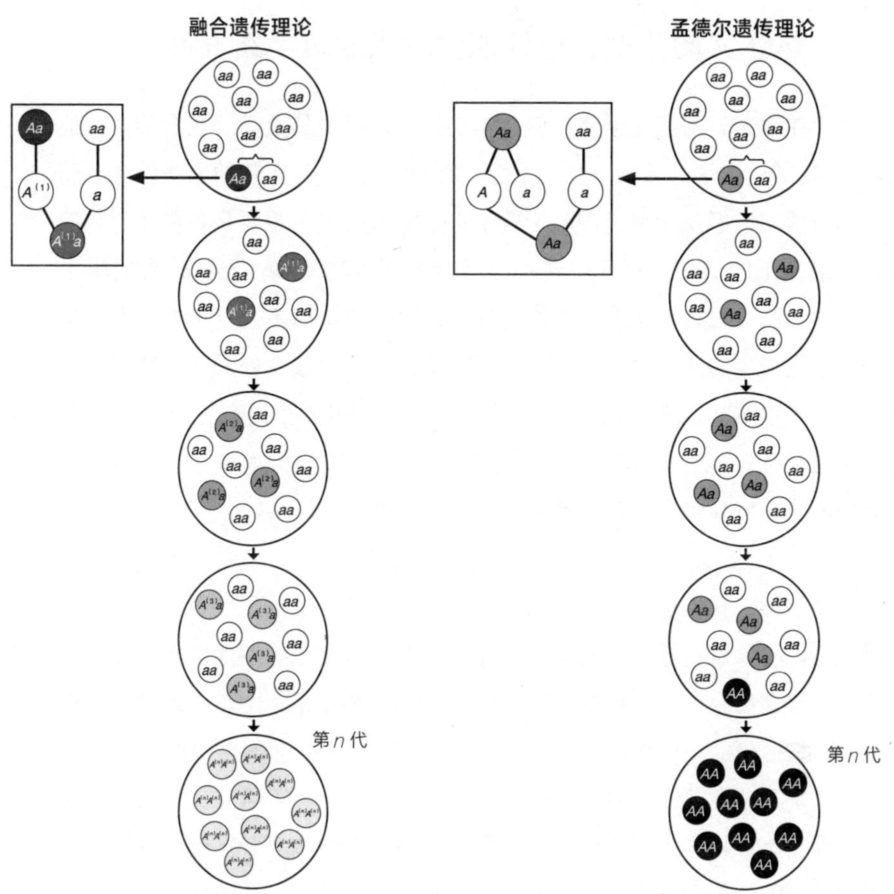

图 2-2　融合遗传理论下种群的进化

图 2-3　孟德尔遗传理论下种群的进化

结论很简单：达尔文的自然选择进化论需要孟德尔遗传理论的支持才能真正起作用。然而，在基因尚未被发现的年代，达尔文该如何应对詹金的批评？

达尔文的错误，意外催生现代遗传学新发展

尽管在很多方面都是天才，但达尔文并不是很擅长数学。在自传中，他承认："我试着去学好数学，我在 1828 年还和一位非常无聊的家庭教师一起去巴茅斯学习，但我学得很慢。学数学真是太讨厌了，主要是我在学代数的时候连最基础的部分都搞不明白……我觉得程度稍微高一点的，我就学不会了。"因此，《物种起源》中的讨论通常是定性的，而不是定量的，尤其是在涉及进化产生的变化方面。在《物种起源》中，少数几处需要尝试简单计算的地方，达尔文也常常做得一塌糊涂。这也就不奇怪，当读过詹金对自己的数学批评后，他在给华莱士的一封信中承认："我当时太盲目，认为单一的变异可能很容易保存，现在看来没有那么可能了。"

即便如此，我们还是很难想象，达尔文一直没有察觉到融合遗传理论的湮没效应，直到读过詹金的文章他才完全认识到这一点。但他也不是真的浑然不觉。早在詹金发表评论的 25 年前，也就是 1842 年，达尔文就已经观察到："如果在任何一个国家或地区，让同一物种的所有动物自由交配，那它们之中任何微小的变化倾向，都会不断地被中和掉。"实际上，达尔文甚至在一定程度上依赖湮没效应来维持种群的完整性，以应对个体由于变异而偏离原有类型的趋势。那么他怎会不理解，单一的变异与融合的平均力量抗衡有多困难？达尔文之所以出错，之所以对詹金的观点反应迟缓，或许一方面是因为他对遗传学在全盘概念上的理解困难，另一方面则是因为他对"变异一定很稀有"的执念。后者可能部分源于他的生殖和发育的相关理论，因为他认为只有发展压力才会引发变异。而且，达尔文对遗传学的困惑不止这些，从下文的前后矛盾之处可见一斑。在《物种起源》中，达尔文指出：

> 一个品种已经失去了的某种性状，在许多代之后再次出现，那

合理的假设便是：这种性状并不是某祖先个体的数百代之后突然被某个个体所获得，而是它潜伏在每一个有产生这种特性趋势的后代中，遇到未知的有利条件后才出现。

这种“潜伏”的概念明显偏离了正常的融合遗传理论，从许多方面来看，它更接近于孟德尔遗传理论。但达尔文似乎最初并没有想到在回应詹金的争论中引用这个“潜伏”的概念。相反，他决定转移方向，将关注点从之前理论中强调的单一变异的作用，转移到个体差异[①]。这一新鲜素材为自然选择机制发挥作用提供了新的支持。换句话说，达尔文现在相信，物种依靠完整连续的变异，通过多代的自然选择形成进化。

1869年1月22日，达尔文在致华莱士的信中写道：“我已经暂时中止我的例行工作来筹备新版的《物种起源》[②]，那已经消耗了我极大的心力，而我希望在新版中对两三个重要内容进行大幅改进。我一直认为个体间的差异比单个变异更重要，现在我得出结论，它们个体间的差异是至关重要的，在这一点上我相信我和你的意见一致。弗莱明·詹金的论证已经说服了我。”为了反映他的新重点，达尔文对《物种起源》第五版和随后的版本进行了这样的修改：将与“个体”有关的词语从单数改成复数，例如将“any variation”改成“variations”，将“an individual”改成“individual differences”。他还在第五版中增加了一些新的段落，有两个段落特别引人注目。他在其中一段坦承：

我还发现，在自然状况下，对于像畸形这种某些偶然的构造偏

① 种群中存在大量的微小差异，这些差异被连续分布在整个种群中，提供了更广泛的选择和适应性变化的机会。

②《物种起源》的第五次修订。

> 差的保存，是不多见的。最初即使被保存下来了，到后来也会与正常个体杂交，直至消失。虽然这样，当我读过《北不列颠评论》上刊登的一篇有价值的论文后，才认识到，细微的或显著的单独变异，鲜有可以长久保存的。

在另一段文字中，达尔文自己简要总结了詹金的湮没效应。这段文字非常有趣，因为与詹金的原文相比，达尔文提出了两个看似微不足道、实则极其重要的差异。首先，达尔文假设 1 对动物会有 200 个后代，其中只有 2 个能够幸存并繁殖后代。尽管没有数学背景，但是，达尔文似乎在 1869 年已经预见到了这个问题，之后戴维斯才在 1871 年写给《自然》的一封信中对詹金的观点提出了修正：为了使种群不灭绝，必须平均有 2 个后代存活下来。其次，更加有趣的是，在达尔文的总结中，他假设“变异体”的后代中只有一半继承了有利的变异。但是，请注意，这个假设与融合遗传理论的预测相矛盾！可惜的是，当时达尔文还无法推敲出非融合遗传理论的可能影响，他只是接受了詹金的结论，但没有进行更进一步的讨论。

不过，有很多迹象显示达尔文对融合遗传理论已经不满了好一阵子。生物学家托马斯·亨利·赫胥黎（Thomas Henry Huxley）是达尔文的朋友，他常常在公众场合支持达尔文的进化论。1857 年，达尔文在写给赫胥黎的信中解释道：

> 我最近越来越倾向于从我最感兴趣的角度来探索“进化”这个课题，即遗传。在这方面，我一直以来都有一个粗略而模糊的猜想：真正的受精繁殖会使两个或无数个独立的个体产生某种组合，但不是真正的融合，这是因为它们的亲代又有各自的亲代和祖先的遗传信息。我不太理解，为何杂交型态回溯到祖先型态的程度如此

之大。不过，当然了，所有这些推测只是极为粗糙的想法。

无论是否粗糙，这一观察其实极富洞察力。达尔文在这里认识到，父系和母系的遗传信息的组合，更像是将两副纸牌洗在一起，而不是颜料的混合。

尽管达尔文在这封信中提出的想法可以被看作孟德尔遗传学的先导，但由于对融合遗传理论的理解存在困惑，达尔文最终得出了一个完全错误的理论，即泛生论（pangenesis）。在达尔文的泛生论中，整个身体都能向生殖细胞发出指令。达尔文在他的著作《动物和植物在家养下的变异》（*The Variation of Animals and Plants Under Domestication*）中推测道：

> 细胞在转化为完全被动[①]或"成形物质"之前，它们会释放微小的颗粒或原子，这些颗粒或原子在机体内自由循环。当它们得到适当的营养供应后，通过自我分裂繁殖，逐渐发展成为与它们起源的细胞相似的细胞。因此，严格来说，新生物的生成并不是由繁殖元素[②]单独完成的，而是由分布在整个机体中的细胞共同完成的。

BRILLIANT BLUNDERS

泛生论

该理论认为生物体各部分的细胞都带有特定的自身繁殖的颗粒，这些颗粒可由各系统集中于生殖细胞，传递给子代，使其呈现出亲代特征。环境的改变可使颗粒的性质发生变化，使得亲代的获得性状可遗传给子代。

① 当细胞转化为完全被动时，它们失去了进行自我繁殖和发展的能力，无法再产生新的细胞。——编者注

② 繁殖元素指的是在生物繁殖过程中起关键作用的细胞或细胞组织。在生物界中，繁殖元素通常是指精子和卵子。精子是雄性生物产生的细胞，卵子是雌性生物产生的细胞。它们包含了从父母个体遗传而来的遗传信息，其中包括基因的组合和遗传特征。——编者注

泛生论：一个彻底失败的理论

对达尔文来说，与融合遗传理论相比，泛生论的巨大优势在于，如果在生物的一生中出现了某种适应性变化，那种颗粒可以记录下这种变化，并寄居在生殖器官中，以确保这种变化会传递给下一代。不幸的是，泛生论把遗传理论带向与现代遗传学相反的方向。现代遗传学认为受精卵指导整个身体的发育过程，而不是反过来。尽管达尔文对泛生论存在困惑，但他固执地坚持这一理论，就像他之前坚持自然选择这个正确的理论一样。

虽然遭受科学界的激烈攻击，但是，达尔文仍在 1868 年给自己的重要支持者约瑟夫·道尔顿·胡克（Joseph Dalton Hooker）的信中写道："我由衷相信每个细胞都会释放出含有遗传成分的微粒或泛子；但无论如何，这个假设作为一个有用的联系纽带，连接了目前完全孤立的各种重要生理事实。"他还满怀信心地补充说，即使"泛生论现在夭折，感谢上帝，它一定会在未来某个时间再次出现，它将由其他学者以不同的方式重新提出，并以新的名称命名"。"颗粒遗传"其实是一个展示了绝妙思想的完美例子，但是，它因为结合了错误的应用机制"泛生论"而彻底失败了。

在 1866 年与华莱士的一次信件往来中，达尔文清晰地表达了他的遗传原子论（atomistic）观点，该观点在本质上和孟德尔遗传理论是一致的。首先，达尔文在 1 月 22 日的信中指出："我知道有许多变种，虽必须称之为变种，但它们并没有发生融合或交叉繁殖，而是产生与父母某一方非常相似的后代。”由于没有理解达尔文的观点，华莱士在 2 月 4 日回信道：“如果你‘知道变异没有发生融合或交叉繁殖，而是产生与父母某一方非常相似的后代’，这不正是确定一个物种是否独立存在的生理学实验吗？也就是证明物种起源的完整证据所缺失的那部分。”

知道自己被误解，达尔文马上在下一封信里纠正华莱士：

> 我觉得你可能没有理解我所说的“某些变种不会融合”的意思。这并不是指生殖。我举个例子来说明。我让彩色豌豆和紫色甜豌豆这两个颜色迥异的品种进行杂交，结果在同一个豆荚里得到这两个品种，但没有介于两者之间的。我想同样的情况一定也会发生在你的蝴蝶和那三种千屈菜上。虽然这些例子看起来如此奇妙，但另一种情况可能更为普遍：世上每一个雌性生育的后代，不是雄性就是雌性。

这封信有两个方面值得注意。首先，达尔文在这里描述的实验结果，与孟德尔进行的实验相似，实际上，正是这些实验引领孟德尔构思出孟德尔遗传理论。达尔文只差一点点就能发现孟德尔的 3∶1 比例了。

天才的谬误 BRILLIANT BLUNDERS

金鱼草实验：与正确的遗传理论失之交臂

达尔文将普通的两侧对称的金鱼草与异常的星形金鱼草进行杂交，得出的结果是，第一代全部都是普通型，而第二代则有 88 株普通型和 37 株异常型（比例为 2.4∶1）。其次，达尔文指出了一个非常明显的事实：所有后代不是雄性就是雌性，

> 没有介于中间的雌雄同体。这一事实本身就反驳了“颜料融合”理论！因此，正确遗传形式的证据就摆在达尔文的眼前。正如他在《物种起源》中所说：“首次杂交或第一代中的杂种的变异性程度轻微，比之其后连续世代的极大的变异性，是一桩奇特的事实，并值得关注。”还要注意的是，以上达尔文和华莱士的通信都发生在詹金发表评论之前。不过，尽管达尔文与孟德尔的遗传理论非常接近，但他没有领悟到孟德尔遗传理论的普遍性，也未能意识到它对自然选择的重要性。

为了完全理解达尔文对颗粒遗传的态度，还有一些令人困扰的问题需要解决。1865 年，孟德尔向布鲁恩自然历史学会提交了记述他的实验和遗传学理论的重要论文《植物杂交实验》[①]。达尔文是否有可能在某个时间读过这篇论文？他在 1866 年写给华莱士的信是否在某种程度上受到了孟德尔工作的启发，而不是代表他自己的见解？如果他读过孟德尔的论文，为什么他没有看出孟德尔的成果就是回应詹金批评的正解呢？

有趣的是，至少有 3 本在 1982—2000 年出版的著作，声称达尔文的个人图书收藏中有孟德尔论文的副本，甚至还有第四本书（于 2000 年出版）声称达尔文建议《大英百科全书》（*Encyclopaedia Britannica*）在 hybridism（杂交）条目下列入孟德尔的名字。显然，如果最后这个说法被证明是真实的，那就意味着达尔文对孟德尔的工作非常清楚。

2003 年，剑桥大学达尔文通信项目（Darwin Correspondence Project）的安德鲁·斯克莱特（Andrew Sclater）对所有这些问题做出了明确回应。事

① 该论文原名为 *Versuche über Pflanzen-Hybriden*，英文名为 *Experiments on Plant Hybridization*。

实证明，在达尔文收藏的所有书籍和文章的清单中，孟德尔的名字（作为作者）一次也没有出现过。这并不令人意外，因为孟德尔的原始论文发表在布鲁恩自然历史学会的会刊上，而这是一本比较冷门的期刊，达尔文从未订阅过。此外，孟德尔的工作几乎无人问津，在沉寂了34年后，直到1900年才被重新发现，当时德国的植物学家卡尔·科伦斯（Carl Correns）、荷兰的雨果·德弗里斯（Hugo de Vries）和奥地利的埃里希·冯·切尔马克-塞森内格（Erich von Tschermak-Seysenegg）各自独立地发表了支持性的证据。然而，在达尔文的两本藏书中确实提到了孟德尔的工作。达尔文甚至在著作《植物界异花受精和自花受精的效果》（*The Effects of Cross and Self Fertilisation in the Vegetable Kingdom*）中引用了其中一本：赫尔曼·霍夫曼（Hermann Hoffmann）于1869年出版的《确定物种和品种价值的研究》[①]。然而，达尔文从未引用过孟德尔的工作，也没有在霍夫曼的书中做任何关于孟德尔的标注。这同样不令人意外，因为霍夫曼本人并没有理解孟德尔的工作的重要性，他用一句非常简单的话总结了孟德尔的论点："杂交种后代具有回归亲本的倾向。"达尔文还有另一本藏书提到孟德尔的豌豆实验：威廉·奥尔伯斯·福克（Wilhelm Olbers Focke）的《植物混种》[②]。图2-4是这本书的封面，达尔文还在上面写了名字。正如我亲眼所见，这本书的命运甚至更微不足道：在达尔文的这本藏书中，记述孟德尔工作的那几页根本没有裁切！[③]图2-5为根据我的请求所拍摄的达尔文藏书的照片，显示了未裁切的书页。话说回来，即使达尔文阅读了这些页面，他也不会有太多的启发，因为福克并未理解孟德尔的理论。

---

① 该书原名为"Untersuchungen zur Bestimmung des Werthes von Species und Varietä"，英文名为"Examinations to Determine the Value of Species and Variety"。

② 该书原名为"Die Pflanzen-Mischlinge"，英文名为"The Plant Hybrids"。

③ 老式的书籍装订，书页的外缘连结在一起，必须裁切之后才能阅读。

DIE

PFLANZEN-MISCHLINGE

EIN BEITRAG

ZUR

BIOLOGIE DER GEWÄCHSE

VON

WILHELM OLBERS FOCKE.

BERLIN, 1881.

VERLAG VON GEBRÜDER BORNTRAEGER.

ED. EGGERS.

图 2-4 《植物混种》封面

图 2-5　达尔文藏书的照片

还有一个问题尚未解答：达尔文真的建议《大英百科全书》将孟德尔的名字纳入其中吗？

对此，斯克莱特给出了明确的答案：不，他没有。事实上，当博物学家乔治·罗曼斯（George Romanes）请达尔文为《大英百科全书》撰写一篇关于杂种的草稿并提供参考资料时，达尔文向罗曼斯推荐了福克的书（带有未切割的页面），并告诉他这本书“给你的帮助远胜于我”。

达尔文完全不熟悉孟德尔的工作，相较之下，达尔文的理论却对孟德尔的想法有明显的影响。不过，在 1854—1855 年孟德尔开展豌豆实验时，达尔文的理论还没有对他产生影响。直到孟德尔拥有了 1863 年出版的《物种起源》第二版德文版。在这本书中，他用线在页边标记了一些段落，用下划线标记了一些文字的部分。孟德尔的标记显示了他对某些话题的极大兴趣，如新品种的突然出现、人工选择和自然选择以及物种间的差异。

毫无疑问，阅读《物种起源》对于孟德尔在1866年所发表的论文有巨大的影响，因为这篇论文在许多地方反映了达尔文的各种概念。例如，当讨论可遗传变异的起源时，孟德尔写道：

> 假如植被条件的改变是影响植物变异的唯一原因，那么我们可以预期，那些被人耕种、在几乎不变的条件下生长好几百年的植物会重新稳定下来。然而，事实并非如此，这些植物反而更为多样化，并会出现变异程度最大的形态。

我们可以将这段话与达尔文《物种起源》中的一段话做比较："有记录表明，一种可变异的生物体会在培育状态下停止变异。诸如小麦之类的最古老的栽培植物，迄今还常常产生新的变种；最古老的家养动物至今仍能迅速地改进或变异。"但最重要的是，孟德尔似乎已经察觉，他的遗传理论或许可以解决达尔文最主要的问题：进化要有足够的可遗传变异才能发挥影响。这正是詹金所指出的融合遗传理论无法解释的地方。孟德尔写道：

> 如果我们认同杂交品种的发展是遵循"豌豆定律"的话，那么每次实验都必须通过大量的实验对象开展……在豌豆实验中已经证明，杂交品种会产生具有不同构成的卵细胞和花粉粒，而这正是导致它们后代变异的原因。

换句话说，变异会遗传，并且没有融合这回事。此外，孟德尔多次尝试将植物从它们的自然栖息地移植到修道院花园中来创造变异。当植物移植实验未能产生任何变化时，孟德尔告诉他的朋友古斯塔夫·冯·尼斯尔（Gustav von Niessl）："在我看来已经很清楚了，自然不会以这种方式改变物种，所以一定有其他力量在起作用。"因此，孟德尔至少接受了进化论的一部分内容。但这引发了另一个有趣的问题：如果孟德尔赞同达尔文的观点，甚至认识到自己的结果对进化的重要性，为什么他没有在自己的著作中提到达尔文的名字？

要回答这个问题，我们必须了解孟德尔所处的特殊历史背景。1852 年 9 月 14 日，奥地利皇帝弗朗茨·约瑟夫一世（Francis Joseph I）授权主教拉乌斯彻（Rauscher）代表他与梵蒂冈制订一份协定。这份协定于 1855 年签署，因为 1848 年欧洲掀起的革命浪潮，协定中包含了许多严格的规定。例如："所有天主教儿童的学校教育必须符合天主教教堂的教义……主教有权查扣对宗教和道德有害的书籍，并禁止天主教徒阅读这些书籍。"

这些限制造成了许多后果。例如，古生物学家安东南·弗里奇（Antonén Fric）甚至不被允许在捷克斯洛伐克的布拉格发表演说，讲述他参加 1860 年英国科学会议的感想，因为在那次会议中，赫胥黎提出了达尔文的理论。[①]

虽然梵蒂冈本身推迟了数十年才对达尔文的理论发表正式宣言，但一个德国天主教的主教会议早在 1860 年就声明："我们最初的祖先是由上帝直接创造的，因此我们宣布，那些大胆之徒竟然敢主张，人类是从不完美的状态经过自身的不断发展才变得更完美，显然严重违背了《圣经》和信仰。"在这种极为压抑的氛围下，1847 年被任命为神父、1868 年当选为修道院院长的孟德尔，或许会认为明确支持达尔文的学说并非明智之举。

① 这次会议因为《物种起源》的激烈辩论而闻名，史称"牛津论战"，是进化论和宗教两个阵营的直接交锋。——编者注

我们可能还很疑惑，如果达尔文在1866年11月21日之前读了孟德尔的论文，他那篇缺陷明显的关于泛生论的章节会发生什么变化。当然，这点我们永远无从得知，但我的猜测是不会发生什么改变的。达尔文还没有准备好去理解变异只会影响生物体的某一部分，而不会影响其他部分这一观点，而且他的数学能力也不足以让他理解和领会孟德尔的概率法。要从几个孤立的例子中发展出一个特定的、通用的机制，并以3∶1的比例传递某些特定植物的特性，并不是达尔文的长处。

此外，达尔文固执地捍卫他的泛生论，表明他在当时的人生阶段，可能备受现代心理学家所称的“自信心错觉”的困扰，这是一种人们高估自己能力的常见状态。虽然这种状态通常出现于那些自身技能不足而又对此一无所知的人身上，但它可以在某种程度上影响每个人。例如，研究表明，大多数象棋手都认为他们的正式排名明显低于自己的实际水平。如果达尔文确实有自信心错觉，那就相当具有讽刺意味，因为他自己曾充满洞察力地注意到，**“无知要比知识更容易让人产生自信”**。

从相互对立到相辅相成

将生存率和变异现象建立起量化理论，并充分整合达尔文进化论和孟德尔遗传学，是一项极其复杂的工作，科学界大约花费了70年的时间才解决。1900年，孟德尔1865年的先驱性报告被重新发现，而在随后的几年里，孟德尔的遗传学定律甚至被认为与达尔文的进化论相对立。遗传学家认为，作为唯一可接受的遗传变异形式，突变是突然发生并已经准备好的，而不是逐渐发生的。

直到 20 世纪 20 年代，经过了许多重要的研究项目之后，这种对立才逐渐消失。首先，生物学家托马斯·亨特·摩根（Thomas Hunt Morgan）团队的果蝇繁殖试验明确显示，孟德尔的定律是普遍适用的。后来，遗传学家威廉·欧内斯特·卡斯尔（William Ernest Castle）证明，他可以在一群老鼠中通过选择小型特征差异的行为来创造遗传的变化。最后，英国遗传学家西里尔·迪恩·达林顿（Cyril Dean Darlington）发现了染色体基因物质交换的实际机制。所有这些研究以及类似的研究表明，突变很少发生，而且大多数时候是不利的。在那些罕见的有利变异发生的情况下，自然选择被认为是唯一能够使它们在种群中传播的机制。

生物学家进一步认识到，大量独立作用的基因可以对一个特征的持续变化起作用。达尔文的渐进论获胜，自然选择确实会对细微差异造成适应性的作用。

达尔文的错误和詹金的批评意外地产生了另外一个后果：它们为罗纳德·费舍尔（Ronald Fisher）、霍尔丹和休厄尔·赖特（Sewall Wright）等人发展群体遗传学铺平了数学基础的理论道路。这项工作提供了最终证据，证明孟德尔的遗传学和达尔文的自然选择是互补的、彼此不可或缺的。尽管达尔文在遗传学方面存在基本错误，可令人惊叹的是，他竟然有那么多正确之处。

进化的故事并不仅仅是从神话到知识的简单叙事，而是一个千头万绪、错误百出、迂回曲折的故事。最终，所有这些纷杂的线索汇聚成了一个结论：要理解生命，必须先理解错综复杂的、与一些非常复杂的分子有关的化学过程。我们将在第 5 章和第 6 章中讨论蛋白质和 DNA 分子结构的发现历程，重新拾起这个重要的线索。

前文提到，詹金的文章还对达尔文的进化论提出了另一些反对意见。其中尤其值得注意的是，詹金引用了他的好友和合作伙伴、著名物理学家开尔文勋爵的计算，而这些计算似乎表明地球的年龄远比达尔文的进化理论所需的年代短得多。由此引起的争议，不仅让我们更深入地了解了不同科学分支之间研究方法的差异，还为我们揭示了人类思维的运作方式，尽管人类思维的运作方式更多的是推测。

本章回顾 »

BRILLIANT BLUNDERS

- 詹金认为：自然选择在“选择”一种变异时几乎完全无效，因为任何这样的变异都会被群体里所有正常的品种稀释，不出几代就会完全消失。哪怕是在最极端的选择形式下，如果某种新特征只在群体中出现了一次，人们也不能期望将一个已经流传已久的特征完全转变为一个新特征。

- 达尔文的自然选择进化论需要孟德尔遗传理论的支持才能真正起作用。

- 遗传学的研究表明：突变很少发生，而且大多数时候是不利的。在那些罕见的有利变异发生的情况下，自然选择被认为是唯一能够使它们在种群中传播的机制。大量独立作用的基因可以对一个特征的持续变化起作用。达尔文的渐进论获胜，自然选择确实会对细微差异造成适应性的作用。

- 群体遗传学的理论证明：孟德尔的遗传学和达尔文的自然选择是互补的、彼此不可或缺的。

- 尽管达尔文在遗传学方面存在基本错误，可令人惊叹的是，他竟然有那么多正确之处。

- 进化的故事并不仅仅是从神话到知识的简单叙事，而是一个千头万绪、错误百出、迂回曲折的故事。

第二篇　开尔文的时间困局：算错地球年龄引发的科学革命

这件事已经压在我的心头18年：那些坚决反对所有剧变假设的地质学家，都忽略了热力学的基本原理。他们不仅坚持认为，在人类诞生之前，地质史上就有各种地表活动来改变地壳，还说这些活动在过去从来没有或者整体上没有比现在更加剧烈过。

开尔文勋爵
现代热力学之父

BRILLIANT BLUNDERS

第 3 章

热力学构筑的“年轻”地球

起初，神创造天地……

依据我们的年代学，时间开始于儒略历710年10月23日前夜降临的时刻。

詹姆斯·厄谢尔

1658年

自有记载以来，人类一直对地球的年龄充满了好奇。毕竟，很少有一个数字像地球的年龄一样，对神学、地质学、生物学和天体物理学等不同领域都有着重要的影响。鉴于每个学科都有坚持己见的人士，出现这一现象也就不令人意外了：到19世纪时，对估算地球年龄的尝试已经导致了许多激烈的争论。

创世记：对地球年龄的奇妙推算

被广泛认可的线性时间这一概念并非一下子出现的。例如，在古印度传说中，时间本质上没有边界，宇宙就像古老的衔尾蛇符号一样，经历着不断毁灭和再生的循环。然而，古印度哲人提出了相当“精确”的地球年龄，[①] 2013年时这个数字为1 972 949 114年。在西方传统中，柏拉图和亚里士多德更关心的是，自然界存在的秩序是如何形成的，为什么会有这样的秩序，而并不关注它是何时形成的，但他们也曾简单考虑过与天体运动同步的循环

---

① 古印度教徒相信毁灭和再生的一个循环周期持续432万年。

周期的概念。另外，在基督教世界中，他们拒绝采用循环时间的概念，而是采用一条独一无二、不会重复的直线时间，从创世纪一直延伸到最后的审判。千百年来，在这种宗教背景下，测定地球年龄都是神学家的专属领域。在最早的一种估算中，安条克[①]第六位主教西奥菲勒斯（Theophilus）在公元169年得出结论，认为世界是在5 698年前被创造出来的。他声明，计算宇宙年龄的动机不是“为了提供讨论的话题”，而是“为了清楚地显示，从世界创始至今经历了多少岁月”。虽然西奥菲勒斯承认他的计算可能有些许误差，但他认为误差不会超过200年。

在西奥菲勒斯之后的许多年代学者，往往只是简单地将《圣经》中重要事件的时间间隔加起来，或者是将《圣经》中某些人去世时的年龄或各世代之间的时间跨度相加。这些学者中，最著名的当数17世纪英国剑桥大学的副校长约翰·莱特富特（John Lightfoot）和1625年成为阿马大主教的詹姆斯·厄谢尔（James Ussher）。尽管莱特富特把自己1642年的著作小心地取名为“关于创世记的少量新发现：大部分确定的，其余可能的，全都无害的，奇特的和以往罕见的”（“A Few, and New Observations, upon the Book of Genesis: The Most of Them Certain, the Rest Probable, All Harmless, Strange, and Rarely Heard of Before”），然而，莱特富特仍然毫不犹豫地宣布创造第一个人类——亚当的时间是早上9点整！而至于创造世界的日子，莱特富特定在公元前3928年。

厄谢尔的计算略微复杂，他不仅仅依靠“圣经故事”，还结合了一些天

① 塞琉西王国都城。故地在奥伦特河左岸，今土耳其南部之安塔基亚（Antakya）。约公元前300年由塞琉古一世（Seleucus Ⅰ，前306—前281年在位）所建，前64年归属罗马，7世纪被阿拉伯人占领，十字军东征期间在此建立安条克公国（1098年），16世纪初并入奥斯曼帝国版图。此外，在小亚细亚和伊朗高原亦有同名城市。——编者注

文和历史数据。他小心翼翼地得出结论：世界是在公元前4004年10月23日的前一天晚上诞生的。[①]

当然，基督教的时间观念大多是基于犹太传统而来的，而犹太传统主要以《创世记》故事的字面解读为基础。犹太人认为，他们在众神的戏剧中扮演着重要的角色。[②]依据这种观念，他们认为世界是在约5773年前创造出来的（以2013年为基准）。中世纪最有影响力的犹太学者之一马蒙尼德斯（Maimonides）颇有预见性，他坚决反对对《圣经》文本的字面解释。仿佛预见4个多世纪后伽利略会说的话一样，马蒙尼德斯认为，每当准确的科学发现与《圣经》相冲突时，就应重新诠释《圣经》的文本。荷兰犹太哲学家巴鲁克·德·斯宾诺莎（Baruch de Spinoza）表达了同样的观点：“关于《圣经》所包含的几乎所有知识，只能从《圣经》本身中寻找，就像对自然的认识只能从自然本身中寻找一样。”实际上，马蒙尼德斯甚至不是第一个提出《创世记》中的文章只是寓言的人。在公元1世纪，希腊化犹太哲学家斐洛·尤迪厄斯（Philo Judaeus）就有先见之明地写道：

> 认为世界是在6天内，或者说是在某个时间被创造出来，都是极其幼稚的观点。因为时间不过是日夜交替产生的现象，而这些现象与太阳在地球上方和下方的运动密切相关，但太阳是天空的一部分，所以时间必然是在世界之后形成的。因此，我们不应该说，世界是在时间中被创造的，正确的说法是，时间的存在归功于世界。

---

① 这个特定日期在英语世界中变得非常出名，因为它在1701年被写进英文版《圣经》中，在20世纪初又被去掉了。《圣经》原文为“儒略历710年”，应为厄谢尔推算框架中的标记年份，对应公历公元前4004年，非指尤利乌斯·凯撒改革制定的历法。——编者注

② 在犹太教中，有一种信仰认为上帝选择了犹太人作为特殊的民族，要通过他们来实现祂的旨意和救赎人类。这个观念认为犹太人的历史和经验具有特殊的意义和目的。——译者注

正如我们将在第 10 章中看到的那样，尤迪厄斯的最后一句话与爱因斯坦广义相对论中的观点非常一致。

伟大的德国哲学家康德是最早对《圣经》的诠释和自然科学的法则之间的平衡进行批判性评价的人之一。康德本人明确倾向于自然科学。他在 1754 年指出了依赖人类寿命来估计地球年龄的危险。康德写道："试图用人类在特定时间内历经多少世代来推算上帝伟大杰作的年龄，是个天大的错误。"康德参考了法国作家伯纳德・勒・博维耶・德・丰特内勒（Bernard le Bovier de Fontenelle）在1686年写的一段讽刺文字[①]，以玫瑰猜想园丁年龄作为隐喻，康德从玫瑰的角度加了一段"证词"："我们的园丁是一位非常年迈的人；在玫瑰的记忆中，他一直以来都是这个样子；他不会死亡，甚至不会改变。"

大约在康德思考存在的本质的同时，法国外交官兼地质学家伯努瓦・德・马耶（Benoît de Maillet）进行了首开先河的大胆尝试：利用实际观察和系统科学推理来确定地球的年龄。马耶利用自己担任法国总领事、派驻地中海沿岸不同地点的优势，进行地质观察。这些观察使他相信地球不可能在瞬间完全形成。他推测地球的形成有一段漫长的渐进地质过程。虽然他已将关于地球历史的理论写成了一系列手稿，但马耶意识到挑战教会正统观念的风险，这些手稿直到 1748 年，也就是马耶去世 10 年后才编纂成书，以"泰利阿梅德"[②]为名出版。

这部作品是以一连串虚构的对话形式书写的，主要角色包括一位名叫泰利阿梅德的印度哲学家和一位法国传教士。尽管马耶原本的想法在编辑亚

① 引自《世界的多元性》（*A Plurality of Worlds*）。
② 原书名为"Telliamed"，"de Maillet"倒序。

伯·让·巴普提·勒·马斯克里耶（Abbott Jean Baptiste le Mascrier）的干预下有些被削弱，但后人仍不难看出其基本论点。以现代术语来形容，这是一种现在被称为沉积作用的理论。在山顶附近的沉积岩中发现的贝壳化石，使马耶得出结论，海水曾完全覆盖年轻的地球。这个假设为两个世纪前达·芬奇苦苦思索过的一个问题提供了可能的答案：“为什么巨大鱼类、牡蛎、珊瑚、其他各种贝类以及海螺的骨骼会在靠近海洋的高山顶上被发现，就像它们在海洋深处被发现一样？”马耶还将海水覆盖地球的观点与笛卡尔的太阳系理论结合在一起。在笛卡尔的理论中，太阳位于一个涡旋中，行星围绕着这个涡旋旋转。马耶提出，地球的水正流失到这个涡旋中。马耶在亚克、亚历山大港和迦太基等一些古老的港口观察到，海平面每个世纪下降约 3 英寸，因此他估算地球的年龄约为 24 亿年。

严格来说，马耶的计算和所依据的理论在很多方面存在缺陷。首先，地球从未完全被水覆盖，马耶没有想到，可能不是海水退去，而是陆地隆起。其次，他对岩石形成的理解严重不足。并且，马耶偶尔会陷入幻想之中，这一点更加削弱了他的观点的可靠性。例如，为了支持自己的观点，即所有生命形式都起源于海洋（这个观点与现代的想法其实是一致的），马耶竟然以“美人鱼”和“有尾巴的人”作为论述依据。然而，马耶对地球年龄的估算，标志着对这个问题的思考方式发生了重大转变。第一次，地球的年龄不再以人类的寿命为标准来确定，而是取决于自然过程的速度。

马耶虔诚地用自己的著作向法国剧作家塞拉诺·德·贝尔热拉克（Cyrano de Bergerac）致敬，而他在马耶出生前不到一年的时候就已经去世了。献词的开头是这样写的：“谨将我目前的作品献给您，希望您别见怪，因为对于书中所包含的浪漫幻想，我找不到比您更可敬的保护者了。”今天我们已经意识到，马耶的作品不仅仅是“浪漫幻想”，还包含着地质年代学的种子。通过科学方法确定地球的年龄，即将成为一项让世人绞尽脑汁的挑战。

时间之箭：地球和生命获得了历史

在 1687 年出版的巨著《自然哲学的数学原理》（*Philosophiae Naturalis Principia Mathematica*，简称 *Principia*）中，牛顿指出："一个大小等于地球的炽热的铁球，即直径约 4 000 万英尺的球体，在与地球历史一样多的时间里，或是在 5 万多年里是不会冷却下来的。"意识到这一结果与他的宗教信仰不太吻合，牛顿很快补充道："但我怀疑有一些潜在原因，使得热量持续时间增加的比例小于体积增大的比例。我很期望看到能用实验测出真实比例。"

牛顿并不是 17 世纪里唯一一位思考这个问题的科学家。著名的哲学家笛卡尔和莱布尼茨也讨论过地球从最初的熔融状态冷却下来的问题。然而，第一个认真考虑牛顿"以实验探究"的建议，并且有足够想象力试着用冷却问题来估算地球年龄的人，是 18 世纪的数学家和自然学家乔治·路易斯·勒克莱尔（Georges Louis Leclerc），也就是布冯伯爵（Comte de Buffon）。

布冯才华横溢，不仅是造诣深厚的科学家，还是成功的商人。他最为人称道的或许是提出了一种清晰而有力的、研究自然的新方法。他不朽的毕生巨作《自然史》[①] 是一部宏大的著作，其中有 36 卷在他的有生之年完成，另外还有 8 卷在他去世后出版。在当时，这部巨著是欧洲和北美大部分受过教育的人士的必读之作。布冯的目标是按照从太阳系、地球、人类到不同生物界的各种主题依次处理。

① 该书原名为"Générale et Particulière"，英文名为"Histoire Naturelle"。

在脑海中探索地球的过往历史时，布冯假设地球是因某颗彗星撞击太阳而弹射出来的熔融的球体。[①]秉持真正实验主义者的精神，布冯并不满足于纯理论的假设，他立即着手制造不同直径的球体，并准确测量它们冷却所需的时间。通过这些实验，他认为，地球凝固需要 2 905 年，并需要 74 832 年冷却到目前的温度，但他怀疑冷却时间可能更长。

然而，最终将地球年龄问题带上舞台的，并不是纯粹的牛顿力学。18 世纪突然兴起的化石研究，让乔治·居维叶（Georges Cuvier）、让－巴普蒂斯特·拉马克以及詹姆斯·赫顿等博物学家深信，古生物学和地质学的记录都需要地质力量在漫长时间内的作用。正如赫顿所说，这一时间长到他找不到“开始的痕迹和结束的时间”。

考虑到将整个地球历史塞入仅有几千年的《圣经》的困难日益增加，有些具有宗教倾向的博物学家（当然不只是他们）选择依赖洪水之类的灾难作为快速变化的因素。如果我们否定了漫长的时间跨度，灾难似乎是唯一能够迅速塑造地球表面的力量。当然，海洋化石的分布为地球地质历史中的洪水和冰川活动提供了明确的证据，但许多热衷于灾变论的人之所以相信这一理论，是因为他们对《圣经》文本的忠诚和信仰，而不仅仅是基于科学的证明。当时非常著名的化学家理查德·柯尔文（Richard Kirwan）[②]明确表达了这个立场。柯尔文将赫顿与摩西（《圣经》中的人物）直接对立起来，描述了赫顿因发现“有关地球远古年代的质疑对摩西历史、宗教和道德信誉产生了严重的影响”而感到沮丧。

---

① 布冯的著作《自然史：一般与特殊》（*Natural History: General and Particular*），第 20 卷为《自然的各个时代》（*Epochs of Nature*）。在这一卷中，他把地球的历史分为 7 个时期，并尝试估算了每个时期的时间长度。

② 柯尔文是皇家爱尔兰科学院院长。他写了一系列文章和一本书来支持《圣经》，反对赫顿。

随着查尔斯·莱尔在1830年至1833年间出版了三卷《地质学原理》，情况开始发生戏剧性的转变。莱尔是达尔文的亲密朋友，他明确表示，灾变论学说太薄弱，无法作为科学与神学的折中物。他决定先将地球起源的问题搁在一旁，专注于地球的进化。莱尔认为，塑造地球的力量，即火山活动、沉积作用和侵蚀等类似的过程，无论是强度还是性质，从地球诞生至今基本上没有改变过。正是这种均衡论的观念，激发了达尔文对物种渐变进化概念的灵感。均衡论的基本假设很简单：地球上那些具有缓慢作用的地质力量需要经过很长时间才能产生明显的影响。莱尔的追随者几乎完全抛弃了确切年龄的概念，转而支持相当模糊的"难以想象的久远"的时间。换句话说，莱尔认为地球几乎处于稳定状态，其变化以极其缓慢的速度在几乎无限的时间尺度上进行。这一原则与神学上对地球年龄的估算形成了鲜明的对比。

在某种程度上，地质年龄不可估量的世界观渗透到了达尔文的《物种起源》中，尽管达尔文自己也试过估算威尔德山谷[①]的年龄，结果却错得离谱，他最终不得不撤回这一估算结果。达尔文想象，进化需经历多个漫长阶段，每个阶段可能持续约1 000万年。然而，达尔文的立场与地质学家的立场有一个重要的区别：虽然达尔文的确需要漫长的时间来让进化发生，但他坚持直线的"时间之箭"（arrow of time）；稳定状态或循环式的发展无法让他满意，因为进化的概念赋予了时间明确的走向。一场争议自此开始酝酿。这场争议并非达尔文和莱尔之间的个人争论，也不是一般意义上的地质学和生物学之间的争论，而是物理学的支持者和一些地质学家及生物学家各持己见。就在这时，这个时代最卓越的物理学家之一出场了，他就是威廉·汤姆孙（William Thomson），也就是后世所尊称的开尔文勋爵。

① 威尔德（Weald）是一片位于英格兰东南部的经过侵蚀的山谷。

地球冷却：用热力学方法估算地球年龄

1897 年，汇集了英国社会周刊《名利场》（*Vanity Fair*）每周精彩亮点的《名利场画报》（*Vanity Fair Album*），刊登了一篇关于开尔文勋爵的颂词，部分内容如下所述：

> 他的父亲是格拉斯哥大学的数学教授。1824 年他出生于贝尔法斯特，后在格拉斯哥大学和圣彼得学院接受教育；在圣彼得学院，他以第二名毕业，并获得史密斯奖（Smith's Prize）[①]，之后成为学院的研究员。不同于苏格兰人的作风，他不久便回到了格拉斯哥，成为一位自然哲学教授。自那以后，他发明了很多东西。由于深谙数学知识，他做得非常出色，他的名字“威廉·汤姆孙”不仅在英国家喻户晓，还传播到了海外。当他还是一名爵士的时候，他发明了磁性罗盘，还发明了一种声音导航仪器，很可惜的是，没有太多人知道这一点。他还在海上做了很多电气工作：作为大西洋电缆的工程师，他发明了镜像电流计和虹吸记录仪，以及其他许多既科学又实用的东西。他是如此优秀，因此在 1892 年被封为开尔文勋爵；但他仍然充满智慧，封爵并没有让他变得傲慢自满……对于热学，他知道所有知识；对于磁学，他掌握了目前为止已知的所有知识；对于电学，他则不断地探索和发现新的知识。他是一位非常杰出、诚实和谦逊的科学家，他著作等身，贡献良多。

① 剑桥大学数学荣誉考试中获得最高分的本科生，可以获得“Senior Wrangler”荣誉。汤姆孙是大多数人所认为的 Senior Wrangler。他的导师库克森博士指出：“如果他没有入选，这对学校来说将是一个巨大的惊喜。”汤姆孙对此不以为然。当比赛开始时，另一名学生斯蒂芬·帕金森（Stephen Parkinson）作为候选人脱颖而出，他快速、高效地完成了答题过程，赢得了第一名。最终，更有天赋但速度较慢的汤姆孙获得了第二名（Second Wrangler）。然而，汤姆孙确实击败了帕金森，获得了史密斯奖。史密斯奖是授予在一系列考试中表现最好的人，被认为需要更深刻的分析能力。

BRILLIANT BLUNDERS

热力学温度

又称开尔文温标（Kelvin Scale）、绝对温标，简称开氏温标，是国际单位制七个基本物理量之一，单位为开尔文，简称开。

这是一段相当精确又不失幽默的叙述，介绍了这位被一位传记作家封为“生机勃勃的维多利亚人”的男人的诸多成就。在1892年册封典礼上，汤姆孙获得拉格斯开尔文勋爵的头衔，取自开尔文河，它流经格拉斯哥大学汤姆孙实验室的附近。“以第二名毕业”指开尔文在剑桥数学荣誉学院（令他失望地）以第二名毕业。传说在考试成绩公布的那天早上，他派仆人去看看“谁是第二名”，当听到“先生，是您”后，他十分震惊。开尔文无疑是当代最顶尖的人物，见证了古典物理学的落幕和近代物理学的诞生。图 3-1 是开尔文勋爵画像，可能是依照 1876 年拍摄的照片绘制的。

图 3-1　开尔文勋爵画像

在1907年去世时，他被安葬在威斯敏斯特教堂的一座陵墓中，与牛顿共眠。但是，这篇颂词并未提到，开尔文在科学界的地位最终一落千丈。年老之后，开尔文逐渐得到一个“阻碍近代物理学”的名声，常常被描述为顽固地坚持自己旧观点，始终抗拒有关原子和放射性的新发现。更令人惊讶的是，尽管麦克斯韦在发表令人印象深刻的电磁学理论时，应用了开尔文的一些能量原理，开尔文仍反对这个理论，并表示：“我要说，这个理论中的一个方面对我来说似乎是可以理解的，但我认为它是不可接受的。”① 作为一个精通技术的人，开尔文在技术方面也做出了同样令人惊讶的宣言。比如，他说：“除气球航行之外，我对空中航行没有丝毫信心。”就是这样一位谜一样的男人，年轻时才华横溢的科学家，晚年却似乎与时代脱节，试图证实地质学家对地球年龄的观点不正确。

1862年4月28日，开尔文（当时仍叫汤姆孙）向爱丁堡皇家学会提交了一篇论文《论地球的长期冷却》（*On the Secular Cooling of the Earth*）。这篇论文紧随上个月发表的另一篇论文《论太阳热量的年龄》（*On the Age of the Sun's Heat*）之后。开尔文开门见山地挑明，这不会是又一篇容易被遗忘的技术性论文。地质学家假设塑造地球的力的本质永恒不变，开尔文对此进行了强烈抨击：

> 这件事已经压在我的心头18年：那些坚决反对所有剧变假设的地质学家，都忽略了热力学的基本原理。他们不仅坚持认为，在地球上，不仅在人类诞生之前，地质史上就有各种地表活动来改变地壳，还说这些活动在过去从来没有或者整体上来说没有比现在更加剧烈过。

① 1884年，开尔文在约翰斯·霍普金斯大学的巴尔的摩讲座上就分子动力学和光的波动理论发表了这一评论。

BRILLIANT BLUNDERS

热力学第二定律

克劳修斯的表述：不可能使热量由低温物体传递到高温物体，而不引起其他变化。
开尔文的表述：不可能从单一热源取热，把它全部变为功而不产生其他任何影响。

尽管“压在心头”这个词多少有些过于夸张，但开尔文确实早在1844年（当时他还是20岁的学生）和1846年的时候，就分别撰写过有关热传导和地球内部热量分布的论文。[①] 甚至在17岁之前，开尔文就在一篇有关热传导的论文中挑出了错误，这篇论文是由一位爱丁堡教授写的。

开尔文的论点很简单：从对矿井和水井的测量结果来看，热量从地球内部流向地表，这暗示着地球最初是一个更热的行星，正在冷却。因此，开尔文认为，除非能够证明存在某种内部或外部的能量来源来补偿热量损失，否则显然不可能存在稳定状态或重复相同的地质循环。莱尔实际上意识到了这个问题，在《地质学原理》一书中，他提出了一种自我维持的机制，他相信地球内部的化学能、电能和热能可以循环交换。基本上，莱尔设想了一个情景，在这个情景中，化学反应产生热量，热量驱动电流，电流又将化合物分解成它们最初的组成成分，从而重新开始这个过程。开尔文对此简直难掩轻蔑之情，甚至明确地表示，这样的过程相当于某种永动机，违反了能量耗散（和守恒）的原则，当机械能像摩擦一样转化为热能时，这种转化是不可逆的。因此，莱尔的机制违反了热力学的基本定律。对开尔文来说，这是地质学家完全无视物理原理的决定性证据，他刻薄地评论道：

① 开尔文对热力学做出了许多贡献。1844年，他发表了一篇关于温度分布“年龄”的论文。他基本证明了现在测量的温度分布只能是过去有限时间内存在的热量分布的结果。1848年，他发明了以自己名字命名的绝对温标。1851年，在论文《热的动力学理论》（*On the Dynamical Theory of Heat*）中，他阐述了我们今天所熟知的热力学第二定律的其中一个版本。

> 假如像莱尔一样采用化学的假说，因为物质结合会产生热量，所以产物可以再次被热电流以电解方式分解。因此，化学作用及其产生的热量在一个无尽的循环中持续进行，这就像相信一个装有自动上弦机制的时钟能够实现永远运转一样，完全违背了自然哲学的原则。

从本质上来说，开尔文计算地球年龄的方法简单明了。他解释说，既然地球在冷却中，就可以采用热力学原理来计算地球有限的地质年龄，也就是地球从固体地壳成形开始到目前的状态所经过的时间。这个思路并非全新的，法国物理学家傅里叶在19世纪就发展出热传导和地球冷却过程的数学理论。开尔文意识到这个理论的潜力，因此从1849年开始，他和物理学家詹姆斯·大卫·福布斯（James David Forbes）一起进行了一系列的地下温度的测量工作，并于1858年提议进行全面的地热调查，以便准确计算地球的年龄。

> BRILLIANT BLUNDERS
>
> **热传导**
>
> 由于物质分子、原子或电子的运动，热量从物体内高温处向低温处，或者从高温物体向低温物体传递的过程。

开尔文认为，热量从地球内部传输到地表的机制，与热量从火炉上的铁锅传到把手上的传导机制是相同的。然而，为了将傅里叶的理论应用于冷却的地球，他需要了解3个物理量：

- 地心温度。
- 温度随深度变化的变化率。
- 由岩石组成的地壳的热导率。

BRILLIANT BLUNDERS

热导率

衡量物质导热能力的物理量。在稳态条件下，单位时间通过单位面积、单位厚度的材料，在温度梯度为1开尔文时传递的热量。

开尔文自认基本掌握了其中的两个物理量。一些地质学家的测量结果表明，虽然温度随深度变化的变化率会因地而异，但平均而言，每向地球中心下降50英尺，温度大约会增加1华氏度[①]，这个物理量被称为温度梯度。至于热导率，开尔文依靠自己对两种岩石和沙子的测量结果，得出了他认为可接受的平均值。第三个物理量地心温度，即地球最深处的温度，非常棘手，因为它无法直接测量。但开尔文没那么容易被这种困难所吓倒。运用自己的分析思维能力，最终他推算出未知地心温度的估算值。为取得这个数值，他绞尽脑汁、抽丝剥茧，这一过程既展现了他最出色的一面，也揭示了他最大的缺点。一方面，他在物理学方面的出色才能和他利用敏锐逻辑思考各种可能性的能力都是无人能及的；另一方面，正如我们将在下一章中看到的，他过于自信，有时可能完全看不见预料之外的可能性。

开尔文通过分析各种可能的地球冷却模型来着手解决地心温度的问题。当时一般的假设是：地球的初始状态是熔融的球体，是一次碰撞产生高热的结果，而这次碰撞可能是与多颗较小的天体（如陨石）碰撞，也可能是与一颗质量几乎相等的天体碰撞。这个熔融球体的后续进化取决于岩石的特性，但这一特性当时尚不确定：熔融岩石在凝固时可能是膨胀的（如冻结的水），也可能是收缩的（如金属）。我们可以预料，如果是前者，固体的地壳会漂浮在液体之上，就像冬天湖面上的冰一样；如果是后者，在地球温度较低的表面附近成形、温度较低的固态岩石将会沉下去，最终像坚实的脚手架一样支撑表面的地壳。虽然欠缺实证，但以熔化的花岗岩、板岩和粗面岩进行

① 华氏度（℉），温度的一种度量单位。在标准大气压下，冰的熔点为32华氏度，水的沸点为212华氏度，中间有180等份，每等份为1华氏度。华氏度（℉）= 摄氏度（℃）×1.8+32。——编者注

的实验，似乎全都显示熔化的岩石在冷却和凝固期间会收缩。开尔文利用这些信息描绘了一个新的情景。他提出，在完全凝固之前，温度较低的表面液体会向地心沉降，从而产生类似在油炸锅中所形成的对流。这个模型假设对流几乎保持着均匀的、各处一致的温度。因此，开尔文认为，在这个凝固的时间点，各处的温度都和岩石熔化的温度差不多，而他就以此作为地心的温度（假设此后地心并未大幅冷却）。这个模型暗示了地球在物理性质方面几乎是均匀的。不幸的是，就连这个极具巧思的方案也无法完全解决问题，因为在开尔文时代，岩石的熔化温度仍是未知的。因此，他只好凭借所掌握的知识进行猜测，最终选取 7 000 ～ 10 000 华氏度作为可接受的温度范围。①

BRILLIANT BLUNDERS

对流

又称对流传热，依靠流体的宏观运动进行的热量传递。

综合所有这些信息，开尔文最终计算出地壳年龄为 9 800 万年。即使考虑到假设和可用数据的不确定性，开尔文也有一定的把握自信地说，地球的年龄应该在 2 000 万～ 4 亿年。②

从许多方面来看，尽管存在不确定的假设，但这确实是一次非常出色的计算。谁能想到我们可以计算出地球的年龄呢？开尔文解决了一个看似无法解决的问题。他在问题的表述和计算方法上都运用了可靠的物理学原理，并结合了当时最佳的测量数据（其中一些数据是他自己测量的）。与他的测定相比，地质学家的估算似乎只不过是基于对侵蚀和沉积等过程的浅显理解而

① 2007 年进行的地震测量，认为在地球表面下 1 860 英里处的温度约为 6 700 华氏度。

② 开尔文承认：“我们对高温在改变岩石的电导率和比热方面的影响，以及它们的聚变潜热，仍一无所知。”这些性质的不确定性对他所犯的错误产生了重要影响。最终，开尔文得到了一个粗略的时间估算结果，这个时间标度今天被称为开尔文 - 亥姆霍兹时标。

做的粗略猜测和空洞推测。

开尔文提出的数字大约是 1 亿年，与他之前对太阳年龄的估计基本一致。这一点非常重要，因为就连一些与开尔文同时代的人也意识到，他关于地球年龄的论证的可信度，至少部分来自他对太阳年龄的计算。开尔文在《论太阳热量的年龄》以及后续的几篇类似论文中的基本前提，都与他分析地球年龄的核心论点没有太大区别。他的关键假设是，太阳唯一拥有的能源是力学上的引力势能。太阳的能量是通过流星坠入太阳来补充的，这是开尔文最初的观点，但后来被否定；另一种观点是，太阳通过持续不断的收缩来释放能量，将其引力势能转化为热能释放出来，1887 年开尔文重申了这个观点。然而，由于能源供应显然不是无限的，而且太阳不断通过辐射失去能量，因此开尔文合理地得出结论：太阳不可能永远保持不变。为了计算太阳的年龄，开尔文借鉴了法国物理学家皮埃尔 - 西蒙 · 拉普拉斯（Pierre-Simon Laplace）和德国哲学家康德提出的关于太阳系形成的理论，并结合了与他同时代的德国物理学家赫尔曼 · 冯 · 亥姆霍兹（Hermann von Helmholtz）对太阳收缩的重要观察。开尔文将这些要素综合起来，编织成一个连贯的图景，从而估算出太阳的年龄。开尔文这篇论文的最后一段，反映了他对其中诸多不确定性的认识：

> 因此，整体上看起来最可能的情况是，太阳并未照耀地球 10 亿年，而几乎可以确定的是，太阳不会再照耀地球 5 亿年。至于未来，我们可以同样肯定地说，除非我们能够发现或开发出目前尚未知晓的能源来源，否则数百万年后的地球居民无法再继续享受维系生命所需的光和热。

我将在下一章中展开描述并在第 7 章中详细解释，开尔文的最后一句话极具前瞻性。

对太阳和地球年龄的估算是独立进行的，而二者的计算结果竟然是相近的，这使得开尔文的计算更具说服力，因为大家有足够的理由推测，整个太阳系大约是在同一时间形成的。尽管如此，仍有不少英国地质学家对此表示怀疑。对其中一些人来说，与其用物理定律说明这些，还不如用美国地质学家托马斯·钱伯林（Thomas Chamberlin）在 1899 年戏称的“随便从时间银行开张汇票”来得方便。人们对开尔文研究成果持怀疑态度的最好例证是在 1867 年他与苏格兰地质学家安德鲁·拉姆齐（Andrew Ramsay）一次引人入胜的交流中。事情发生在地质学家阿奇博尔德·盖基（Archibald Geikie）以苏格兰地质史为题发表演说的会场。后来在描述这次交流时，开尔文提到，几乎每个词都“深深地刻在我的脑海中”：

> 我问拉姆齐他认为地质历史持续了多久。他回答说，他觉得是无限的。我说：“你的意思是，地质历史已经延续了 10 亿年吗？”“当然！”“100 亿年？”“是的！”“太阳是一个有限的星体，你可以判断它有多少吨吗？你觉得它已经照耀了 1 万亿年吗？”“对于你们物理学家给出有限的地质时间的原因，我无法评估和理解，就像你无法理解我们为什么估计地质史是无限的。”我回答道：“如果你肯动脑筋想想，你完全可以理解物理学家的推理。”

开尔文绝对是对的。暂且不论他的物理假设是否可靠，以及他计算中的数学细节，开尔文的主要观点是容易理解的。由于太阳和地球都在失去能量，而且它们没有任何已知的能源可以补充损失，因此开尔文认为，地球过去的地质活动一定比现在更活跃。比较热的太阳会引起更旺盛的蒸发，进而增加降雨的侵蚀率。与此同时，比较热的地球也会经历剧烈的火山活动。

因此，开尔文推断，地球在几乎无限的时间里保持近似恒定状态的均变论（Uniformitarianism）是站不住脚的。

BRILLIANT BLUNDERS

均变论

一切地质变化均是在漫长的过程中逐步完成的，以往的地质事件可以用现今所观察到的现象和作用力来解释。例如，流水侵蚀经过漫长的时间形成山谷，沉积作用经过无数春秋形成厚厚的沉积岩层。

因此，1868年，当开尔文在格拉斯哥地质学会发表演讲时，他选择了一本引起广泛关注的作品作为自己发表尖锐批评的对象，这本书是第一本将詹姆斯·哈顿（James Hulton）提出的均变论原理引入大众视野的著作。这并不令人意外。这本书是苏格兰科学家约翰·普莱费尔（John Playfair）于1802年出版的《哈顿地球理论的实例》（*Illustrations of the Huttonian Theory of the Earth*）。开尔文从这本书中引用了下列令人震惊的段落，对他来说，这代表了当时地质学界主流观点的核心：

> 衰败和更新的交替循环多久重复一次，我们无法确定；正如这一理论的创始人（哈顿）所言，它们构成了一连串事件，我们既看不到起点也看不到终点，这一观点与其他领域的经济规律相吻合……在行星运动中，凭借几何学的帮助，我们可以预测未来的行星运动和回溯其过去，却无法找到任何明显的迹象，说明当前的秩序是何时开始或结束的。的确，认为这种迹象应该存在，是不理智的想法。大自然的创造者并没有赋予宇宙像人类制度一样的法则，人类的制度往往存在自我毁灭的因素。创造者没有让他的作品显示出衰老或年幼的迹象，也没有给出任何让我们能够推断它们未来或过去持续时间的线索。虽然创造者可能在某个确定的时间结束当前的宇宙系统，就像他赋予了宇宙起源一样，但这个结束不会是

由现有的法则引起的，也不会被我们所察觉到的任何迹象所预示。

开尔文对这段摘录的回应相当无情。“没有什么比这，”他说，“更背离事实了。”他用外行人能听懂的方式再次解释他的观点：

> 无论我们从哪个地方钻进去，地球都是温热的，而如果我们钻得足够深，毫无疑问，我们会发现它非常热。假设在你面前有颗砂岩做的球，你钻进去发现它是热的，钻到另一个地方发现它也是热的，不管钻到哪里都是热的，那么，如果说这颗球一千天以来都是现在这个样子，合理吗？你可能会说：“不，这块砂岩没几个小时前才被放在火炉里加热。”这就等于拿出一只热水瓶，例如在马车里用的那种，然后说瓶子一直就是这么热也是合理的。这和普莱费尔断言地球一直都是如此，没有开始的迹象也没有结束的进程一样。

BRILLIANT BLUNDERS

潮汐

由日、月等天体的引力引起的地球各层（如大气层、海洋和地壳等）产生的周期性变化现象。

为进一步强化自己的论点，开尔文决定不仅仅依靠他以前对地球和太阳的推理。他以地球绕地轴的旋转为基础，提出了第三项证据。这项证据本身极具巧思且易于理解。刚开始熔化的地球，由于旋转的关系会略微呈现扁圆形：两极较扁平，赤道较隆起。初转速度越快，形状就越不圆。开尔文推断，这种形状会在地球凝固时保存下来。只要精确测量目前的形状与球形的误差，就能判定最初的自转速率。因为月球造成的潮汐会像摩擦力一样，使旋转慢下来，我们可以估算地球花了多长时间，才从最初的旋转速度变成现在的 24 小时转一圈。

虽然这听起来相当迷人，但是要利用它计算地球的实际年龄，就非常棘手了。开尔文自己也承认："由于没有潮汐的完整数据，我们不可能算出它对减少地球自转的真正影响有多大。"不过，开尔文觉得，单凭我们可以为地球年龄设限的事实，无论这个年龄有多不准确，都足以驳斥均变论时间无限的观念。引用了自己"地球自转周期每世纪延迟 22 秒"的估算值，他得出结论："（无论）地球损失的时间是 22 秒，还是远比 22 秒多或少，原理都是一样的。不可能一直都是这样的。地球上充满了证据，证明它不会永远像现在这个状态，并且存在一系列的事件朝着和现在天差地别的方向变化。"

令开尔文失望的是，依据地球旋转速度估算地球年龄的方法，并没有维持多久，至少在定量描述方面不可行。仿佛是命运捉弄，证明这个论点对估算地球年龄毫无用处的人，正是达尔文的第五个孩子——乔治·霍华德·达尔文（George Howard Darwin）。乔治·达尔文是具备优秀数学能力的物理学家。他以无比的耐心和对细节的关注处理地球旋转的问题。在主要发表于 1877 年至 1879 年间的一系列论文中，乔治·达尔文能够证明，与开尔文的预期相反，就算地球的自转速率慢下来，它的形状也会逐渐发生改变。这是因为凝固的地球并非完全坚硬。结果十分明确，乔治·达尔文证明，由于地球内部有太多未知，通过地球旋转来测算它的年龄并不可靠。

不用说，达尔文很开心看到儿子有办法"技压"伟大的开尔文，他惊呼："为地球深处和那里的黏性欢呼，为月亮欢呼，为天体欢呼，为我的儿子乔治欢呼。"

但乔治·达尔文的论文并未影响开尔文的主要论断，这些论文只证明了开尔文的第三个论点（有关地球旋转）不能用来支持估算地球的年龄。不过，乔治·达尔文的工作还体现了另一层含义：就连令人敬畏的开尔文勋爵也不是永远都不犯错。正如我们将在下一章中见到的那样，这或许有助于为进一步的批评开启大门。

开尔文 vs 达尔文：当生物进化需要一亿年

若把地球年龄的争论描述成物理学与地质学之间的生死对决，那就错了。虽然这两大学科关系确实紧张，但开尔文仍自视为英国地质学的主流。在 1878 年格拉斯哥地质学会议的演讲中，他毫不犹豫地宣称：“我们地质学家因为没有要求物理学家进行有关物质属性的实验而负有过错。”这种“灵活”的自我认同，反映了 19 世纪的科学界其实没有明显的派别之分。维多利亚时代的科学家可以自由地参加其他科学分支学会的会议。因此，与其说地球年龄的争论是两大学科之争，不如说是开尔文与某些地质学家的学说之间的冲突。

你或许会好奇，一开始是什么促使开尔文探究这个问题。实际上，答案非常简单。只要粗略探究就能发现，达尔文在 1859 年出版的《物种起源》，赋予开尔文立刻开始着手估算太阳和地球年龄的动力。但要明确一点，开尔文并不反对进化论本身。例如，在 1871 年担任英国科学发展协会主席时的演讲中，开尔文表达了对《物种起源》中某些内容的适度支持。但是，他完全否定了自然选择，因为他始终认为这个假说不包含真正的进化论，如果进化属于生物学范畴的话。为什么呢？他解释道，因为他“深信最近的动物学推论太忽略设计论了”。换句话说，即使是这位坚定的数学物理学家，曾激情洋溢地宣称“科学的本质在于从已经观察到的现象中推断出先前的条件，并预测未来的进化”，也坚信“无数强有力的证据表明，智慧和仁爱的设计无处不在”。实际上，开尔文认为热力学定律本身就是宇宙设计的一部分。尽管如此，我们应该记住，虽然开尔文对“设计”这一概念有某种程度的依恋，但他对地质学家的批评仍是以真正的物理学为依据，而非出于宗教信仰。

开尔文对地质学有何影响？在 19 世纪 60 年代以前，地质学家对地球内部是固体还是液体的关注，远胜于地球的年代学。然而，到了 19 世纪 60 年代中期，许多有影响力的地质学家开始认真关注开尔文的观点。其中最重要的是约翰·菲利普斯（John Phillips）、阿奇博尔德·盖基（Archibald Geikie）和詹姆斯·克罗尔（James Croll）。菲利普斯以沉积物的研究为基础，在 1860 年提出地球的年龄约为 9 600 万年；到了 1865 年，他公开支持开尔文的观点。作为苏格兰地质调查局（Geological Survey for Scotland）的新任局长，盖基或多或少地扮演了物理学和地质学之间的桥梁和中介角色：一方面，他批评开尔文“地球过去的地质活动较活跃”的观点，引用了似乎能证明“整体而言，强度反而增加了”的证据；另一方面，在 1871 年发表的一篇论文中，他基本上放弃了均变论，并表示基于物理学的研究，“所有地质历史必须分配到大约 1 亿年的时间范围内”。克罗尔是一位令人钦佩、自学成才的物理学家和地质学家，他完全相信开尔文对地球冷却的计算，尽管他极度怀疑开尔文估算的太阳年龄，但接受地球有 1 亿年历史的说法。

要判断某个科学理论是否具有冲击力，通常可以从那些有所牵涉的权威人物的反对有多激烈进行判断。从开尔文的例子来看，反对派一定会注意到的信号是，生物学家赫胥黎在 1869 年 2 月对开尔文的估算值提出了质疑。

赫胥黎因为积极支持进化论和热切为之辩护而获得了“达尔文的斗牛犬”之称。赫胥黎热爱辩论的程度不亚于达尔文对辩论的厌恶程度。他与牛津主教塞缪尔·威尔伯福斯（Samuel Wilberforce）在 1860 年 6 月 30 日的一次传奇性的短暂言语交锋最为著名。这次事件发生在英国科学促进会年会期间，辩论地点位于牛津大学新博物馆的图书馆。1898 年 10 月发行的《麦克米兰杂志》（*Macmillan's Magazine*）生动地讲述了这个故事，当然其中可能有些夸张和虚构的成分。作者回忆道：

> 我很幸运地在牛津大学见证了这个难忘时刻，当时赫胥黎先生公然挑战了威尔伯福斯主教……然后主教站起来，以一种轻蔑的语调，用华丽而流利的辞藻，向我们保证进化论毫无根据，岩鸽永远都是岩鸽。然后，威尔伯福斯主教转向对手，带着一种嘲笑的傲慢，向对手问道，他是经由他的祖父还是祖母得知自己是猴子的后代？此时，赫胥黎先生缓缓而又从容地站了起来。身材稍高、神情严肃而面色苍白的他，静静地站在我们面前，说出那段非同小可的话，现在似乎没有人确切记得这些话语，甚至在它们刚刚被说出后也无法立即回忆起来。因为这些话语的意义让我们屏息，给我们以深刻震撼，我们对其意义毫不怀疑。他并不以自己的祖先是猴子为耻，但他会以之为耻的是，与那些用伟大才能掩盖真相的人有关联。没有人怀疑他的意思，而那段话产生了巨大的效果。一位女士晕倒，被抬了出去。

尽管关于这次即兴交锋的确切措辞有多种版本，但赫胥黎的演讲技巧和对教会干涉科学的抵制情绪，都使这个故事广为传颂。科学史学家詹姆斯·摩尔（James Moore）甚至认为：“这是自滑铁卢之后 19 世纪最为人熟知的战争。”

赫胥黎决定在 1869 年由他主持的伦敦地质学会的主席演讲中，为地质学家辩护。首先，因为开尔文的批判是针对普莱费尔较早期的作品，赫胥黎提出疑问：“我不认为，在当今时代还会有地质学家坚持绝对的均变论。”接着，赫胥黎反问道，真有哪个地质学家需要超过 1 亿年的时间来解释地质现象吗？这实际上是一种巧妙的辩证手法，因为赫胥黎的“导师”达尔文将威尔德山谷的年龄错估为 3 亿年。最后，在提出另外一些不太可靠但极具说服力的主张后，赫胥黎得出结论：“这个反对（地质学和生物学）的论点已经完全崩溃。”

赫胥黎的演讲引来开尔文最坚定的支持者之一——彼得·格思里·泰特（Peter Guthrie Tait）的愤怒回应。这位数学家从不错过任何激烈的辩论机会，他针对开尔文和赫胥黎的演讲写了一篇评论，用一些礼貌的话语对赫胥黎进行了侮辱。然后，为了给予赫胥黎更致命的打击，泰特决定引用一个丝毫没有物理学根据，甚至比开尔文最极端的估计还要短的地球年龄数字：

> 我们发现有相当大的可能性，可以说，自然哲学已经指出，只要 1 000 万至 1 500 万年的时间，就可以满足地质学家和古生物学家的目的；并且很可能在有更好的实验数据的情况下，这个时间还可以进一步缩短。

泰特挑衅性的言论加重了地质学家的不满情绪，他们觉得，尽管他们努力与开尔文的年龄限制达成共识，但物理学家没有给予地质证据足够的重视或认同。尽管存在一些细节问题，但毫无疑问，至少在概念上，开尔文赢得了这场战争，地球年龄是有限而非无限的观念获得了胜利。到了 19 世纪末，人们放弃了地球是一个稳定不变的系统这一观念，利用物理原理计算地球年龄已成为地质学的重要内容。

你或许会以为，这些地质学的巨大成就加上开尔文对科学领域的其他众多贡献（他发表了 600 多篇论文），应该使他享有和伽利略、牛顿等那些具有永恒影响力的人物相当的地位。可惜事实并非如此，即使开尔文在学术和技术领域都取得如此大的成就也无济于事。1999 年，《物理世界》（*Physics World*）和物理学网站“Physics Web”（由英国物理学会出版的互联网刊物）进行了一项调查，在该调查中，他们询问了 100 位顶尖物理学家，让他们列出有史以来最伟大的 10 位物理学家。开尔文的名字在这两个榜单上都没有出现。开尔文的地位后来一落千丈，他对地球年龄的争论是其中一个原因：今天我们知道地球的年龄约为 45.4 亿年，是开尔文估算值的将近 50 倍！开尔文根据物理学定律所进行的计算，怎么会错得这么离谱呢？

本章回顾 »

BRILLIANT BLUNDERS

- 开尔文无疑是当代最顶尖的人物，见证了古典物理学的落幕和近代物理学的诞生。

- 开尔文认为，热量从地球内部传输到地表的机制，与热量从火炉上的铁锅传到把手上的传导机制是相同的。为了将傅里叶的理论应用于冷却的地球，他需要了解 3 个物理量：地心温度、温度随深度变化的变化率、由岩石组成的地壳的热导率。

- 开尔文提出，熔化的岩石在完全凝固之前，温度较低的表面液体会向地心沉降，从而产生了类似在油炸锅中所形成的对流。这个模型假设对流几乎保持着均匀的、各处一致的温度。这个模型暗示了地球在物理性质方面几乎是均匀的。

- 由于太阳和地球都在失去能量，而且它们没有任何已知的能源可以补充损失，因此开尔文认为，地球过去的地质活动一定比现在更活跃。比较热的太阳会引起更旺盛的蒸发，进而增加降雨的侵蚀率。与此同时，比较热的地球也会经历剧烈的火山活动。因此，地球在几乎无限的时间里保持近似恒定状态的均变论是站不住脚的。

- 科学的本质在于从已经观察到的现象中推断出先前的条件，并预测未来的进化。

- 到了 19 世纪末，人们放弃了地球是一个稳定不变的系统这一观念，利用物理原理计算地球年龄已成为地质学的重要内容。

第 4 章

开尔文的错估，开启地质年代学新探索

科学，只有在想象自己已经达到目标时，才会变得危险。

萧伯纳

开尔文与赫胥黎针对地球年龄的争论，引发了科学界和大众的高度兴趣。开尔文的地位经过这场争论有了一定程度的提升，这一点很少有人反对。但后来证明，赫胥黎确实提出了一个颇有见地的论点。

事实上，这个论点指出了开尔文错误的关键所在：

> 数学或许可以比作一座工艺精致的磨坊，它能将任何材料磨得精细无比。但是，你能得到什么，取决于你放入了什么——即使是世界上最先进的磨坊也无法从豌豆荚中提取小麦粉。同样，一页一页的公式也无法从松散的数据中得出确定的结果。

的确，开尔文具有异常出色的数学能力，基本上可以保证，就算他犯了什么错，也一定不是在实际计算中的错。而需要严密检视的，是他为这些计算提供数据的一系列假设。

佩里的质疑：大胆的弟子凿出第一道裂缝

第一个试图（虽然并非自愿）在开尔文的原始假设中找出漏洞的，是开尔文的学生兼助手、工程师约翰·佩里（John Perry）[①]。巧合的是，佩里在开尔文的哥哥詹姆斯·汤姆孙（James Thomson）的指导下学习工程学，后来他又在开尔文的格拉斯哥实验室待了一年。尽管佩里的科学成果主要集中在电气工程和应用物理学领域，但如今他最为人所知的，或许是他对地质学的短暂涉猎。

1894年8月，第三代索尔兹伯里侯爵罗伯特·塞西尔（Robert Cecil）在英国科学促进会第64次会议中担任主席，并发表重要演讲。基于开尔文估算的地球年龄（1亿年），索尔兹伯里认为自然选择的进化过程不可能发生。[②]但是，这样过于武断的观点通常会产生与预期相反的效果，至少对佩里而言是这样的。索尔兹伯里对进化论的驳斥让佩里相信，开尔文的计算一定有什么错误。地质学和古生物学积累的资料令佩里印象深刻。佩里写信给一位物理学家朋友："一旦我清楚地意识到开尔文的估算必然存在缺陷，那么发现这一缺陷就不是偶然的问题了。"[③]

佩里在1894年10月12日完成了他对地球冷却问题的第一版研究报告，并在接下来的几周里将论文副本寄给了包括开尔文在内的一些物理学家，希

① 约翰·佩里出生于爱尔兰，在英国和日本担任机械工程教授后，他被任命为伦敦芬斯伯里技术学院的工程和数学教授。1896年，他晋升为英国皇家科学院的教授。在职业生涯中，佩里在数学中引入了新颖的教学方法，并研究了应用电学的问题。

② 索尔兹伯里认为，1 000亿年的时间不足以让自然选择把水母变成人类，他还重复了开尔文基于设计论的反对意见。

③ 1894年10月31日，佩里写信给朋友奥利弗·洛奇（Oliver Lodge）。他在信中补充说，如果要否定自然选择，唯一的选择就是诉诸某种天意，但他认为这对科学推理是破坏性的。

望向他们征求意见。[①] 即使是在批评开尔文的观点里，佩里都表现得毕恭毕敬，并在给开尔文的信中署名“敬爱您的学生”。大约有 6 位物理学家对佩里的结论表示支持，开尔文本人却无动于衷，没有回复。不久，佩里得到了第二次机会，他受邀参加了剑桥大学三一学院的一场晚宴，据说开尔文也会出席。这是能和开尔文当面交谈的千载难逢的机会。隔天，佩里兴奋地向朋友描述了那个场合：

> 昨晚在三一学院，我就坐在他（开尔文）的旁边，他不得不听我说。我事先就知道他不会读我的文章，他确实没有读，但是我给他带来了很多值得思考的内容，一开始他对我的无知报以怜悯的微笑，但这种态度在大约 15 分钟后消失了。我想他现在真的开始考虑这个问题了。盖基坐在对面，他的眼睛闪烁着欣喜。[②]

《自然》最终于 1895 年 1 月 3 日发表了佩里的论文。论文以一种道歉的语气开始：“不时有对地质学感兴趣的朋友，让我对开尔文勋爵计算的地球的可能年龄进行批评。我通常会说，开尔文勋爵绝不可能在计算中犯错误。”接着，佩里继续表达了他个人对当时地质学中所用方法的意见：“我非常不喜欢考虑地质学家提出的任何定量问题。几乎在每一个案例中，他们给出的条件都太过模糊，不够充分，而在有关时间的问题中，地质学家似乎并不在乎几百万年的误差。”最后，佩里解释了他决定迎接挑战开尔文这一艰巨任务的原因：“他（开尔文）的计算现在屡屡被用来证明地质学家和生物学家的直接证据有误，正是这个原因，让我觉得自己有责任质疑开尔文勋爵提出

① 包括物理学家约瑟夫·拉莫尔（Joseph Larmo）、乔治·菲茨杰拉尔德（George Fitzgerald）、奥斯本·雷诺兹（Osborne Reynolds）和彼得·格思里·泰特。1894 年 10 月 17 日、10 月 22 日、10 月 23 日，佩里给开尔文写了信。

② 晚宴在 1894 年 10 月 28 日举行，佩里在 10 月 29 日写信给奥利弗·洛奇。

的假设条件。”

来自佩里的挑战

佩里主要聚焦于开尔文的一个基本假设：地球的导热性在所有深度上都是相同的。换句话说，开尔文假设，无论是在地下 1 英里还是 1 000 英里，导热性都是一致的。这个假设至关重要。就像法医通过测量尸体的温度来确定死亡时间一样，开尔文利用这个假设，通过测量地球内部温度每增加 1 英尺的变化量，来判定地球冷却的时间。开尔文的计算表明，如果地球的年龄大于 1 亿年，那么温度随深度上升的速度将比实际观察到的要慢，因为冷却后的地壳将会变厚。

导热性

两个相互接触且温度不同的物体或同物体的各不同温度部分间，在不发生相对宏观位移的情况下所进行的热量传递过程称为导热。物质传导热量的性能称为物体的导热性。

佩里心生疑问，如果地球深处的导热性比地球表层更高，会有什么结果呢？显然，在这种情况下，地壳内部的热量可以保持得更久。佩里特别指出，如果地球内部的一部分是液态的，那么，就像在很大的锅中被加热的水一样，热量可以通过液体自身的对流效应高效地传导到表层的地壳，这样对地球年龄的估计甚至可以延长到 30 亿年。接着，他在论文结尾对太阳年龄和地球自转的论点进行了讨论，但并没有提出任何真正新颖的观点。对于地球自转速率的潮汐阻尼问题，佩里主要提

> 到乔治·达尔文的论证：即使地球是固态的，地球形状也仍然能够改变。

起初，佩里的论文在正式发表之前就引起了回应，但回应并不是来自开尔文本人，而是来自自称开尔文的“斗牛犬”的泰特。1894 年 11 月 22 日，泰特以一封带有轻视和冒犯语气的信件回复了佩里：

> 我完全没能理解你这篇论文的目的。因为我看出你并不反对开尔文的数学推导。与表层相比，地壳内部的导热性更好，当整体温度达到 7 000 华氏度（开尔文假设的岩石熔点），而地壳表层的状态与现在相同时，它经历的时间一定更久。这么显而易见的问题，为什么还要把数学扯进来？我不认为开尔文勋爵会为证明这样的问题伤脑筋。

泰特似乎完全没抓到重点。既然当时没有人敢确定地球内部的状态，那么所有为计算而做的假设，都只是猜测。佩里的目的只是想展示，如果有人对地球内部的情况做出与开尔文不同的假设，即地球深处比地球表层更容易传递热量，那么基于物理学原理计算出的结果，就可以与地质学家和生物学家所要求的古老的地球年龄相一致。**开尔文的错误在于，没有意识到已有的观测数据所允许的变化范围可能会对地球年龄的估算造成更大的不确定性，而开尔文不愿意承认这一点。**

在回应泰特的信中，佩里尽可能表现得温文有礼。他指出：“您说我是对的，而您问我用意何在。一旦有人证明地球内部的状态可能造就比您和开尔文勋爵给出的年龄限度高出数倍的时间，那开尔文勋爵的论据当然就站不住脚了。”①佩里在话语中表达出一位前助手的钦佩之情：“让我困惑的是，我看不出您的道理是什么，然而我一直尊敬您和开尔文勋爵，所以我觉得，我一定多少有点糊涂，不然怎么会在您和他都充满自信的观点上发出质疑？”

在泰特的回复中完全看不到这种缓和的语气，他继续以轻蔑的口吻反驳道：“我想让你回答两个问题：你有什么理由认为地球内部比表层的导热性更好？”第二个问题实际上并不是一个问题，而是一个带有嘲讽意味的评论，嘲讽地质学家对地球年龄无止境的期望：“你觉得有哪位资深的地质学家会感谢你把 1 亿年变成 100 亿年吗？他们的最低要求是 1 万亿年，这还只是第二时期②的一部分而已！”（图 4-1 是泰特手写便签影印图。）但是佩里并没有放弃：“需要由开尔文勋爵来证明地球内部没有更强的导热性。”③他坚持自己的观点。

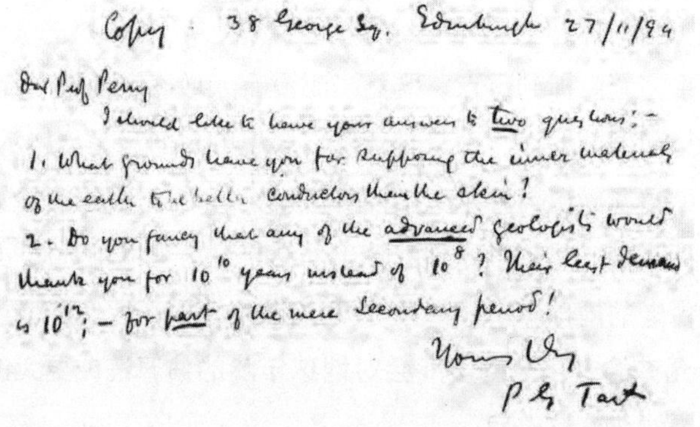

Copy · 38 George Sq. Edinburgh 27/11/94

Dear Prof Perry

I should like to have your answers to two questions:—

1. What grounds have you for supposing the inner materials of the earth to be better conductors than the skin?

2. Do you fancy that any of the advanced geologists would thank you for 10^{10} years instead of 10^{8}? Their least demand is 10^{12}; — for part of the mere Secondary period!

Yours truly

P G Tait

图 4-1 泰特手写便签影印图

① 1894 年 11 月 26 日，佩里给泰特回信，还在信中指出：“发现我的很多朋友都同意我的观点。”

② 第二时期指的是地质学上的中生代时期。泰特这句话强调了地质学家对极长地球年龄的期望。

③ 1894 年 11 月 29 日，佩里在写给泰特的信中强调了自己的两个论点：第一，地球内部有一定的流动性，因此热量可以通过对流传递；第二，根据罗伯特·韦伯（Robert Weber）的结果，岩石的导电性随着温度的升高而增加。后来，后者被证明是错误的。

不用说，佩里的估算是正确的。在没有任何确凿的实验证据来确定地球内部准确状态的情况下，他有充分的理由能够证明开尔文可能大错特错。

当开尔文最终决定回应时，他的态度比泰特要温和得多。虽然他说："我觉得我们不能像你（佩里）在计算中那样，假设在不同深度上导热性和热容量有那么巨大的差异。"[①] 但他也以一种不同寻常的缓和语气提到："我认为，从 2 000 万到 4 亿年的范围可能已经足够宽泛了，但很可能我应该将上限再提高很多，也许是 40 亿年而不是 4 亿年。"也许在其他任何时候，开尔文都没有如此尊重过与自己观点相悖的意见。这种宽容很可能是出于他对自己这位前学生表达同情的责任。但他坚持认为，他对太阳年龄的估算仍然是"拒绝超过数十万年或数千万年以前的阳光"。我们将在本章稍后看到，开尔文在当时并没有理由修改他估算的太阳年龄。

错误的模型和错误的假设

佩里的质疑促使开尔文在接下来的几个月里，使用加热的玄武岩、大理石、岩盐和石英进行了一系列实验[②]。这些实验似乎与瑞士地质学家罗伯特·韦伯（Robert Weber）的最新研究成果不谋而合。实验结果显示，随着温度的升高，导热性要么没有太大变化，要么稍微降低。可惜的是，对于佩里来说，韦伯的新结果与他自己之前的实验相矛盾，而佩里正是用这些实验来支持自己的观点。开尔文欣喜若狂地在 1895 年 3 月 7 日的《自然》上发表了这些结果，宣布"佩里教授

① 1894 年 12 月 13 日，开尔文给佩里的信中表达了自己对验证韦伯关于电导率的结果特别感兴趣。

② 佩里请求数学家奥利弗·海维塞德（Oliver Heaviside）帮助自己，对这个问题进行更复杂的数学分析，并发表了一篇文章。

和我没有等待太久……就知道岩石在温度较高时导热性较好的假设毫无根据"[①]。开尔文进一步引用了美国地质学家克拉伦斯·金（Clarence King）的结论，在没有考虑液体对流传热可能性的情况下，金表示："我们没有理由将地球的年龄延长超过2 400万年。"开尔文高兴地宣称，自己估算的结果"与他（金）估算的2 400万年相差不大"。

然而，佩里并没有被说服。佩里将注意力集中在可能的内部条件上，而不是像开尔文那样试图猜测最可能的条件是什么。他注意到，金的结论仍受到地球是均匀的固体这一假设的限制。在1895年4月18日发表于《自然》上的一篇论文中，佩里总结了自己对这个僵局的看法："现在很明显，如果我们一开始就采用任何有可能的对流平衡温度定律，并假设地球内部的导热性可能比表层的岩石好，那么金先生精妙的流动性实验几乎就无法排除地球任意大年龄的可能性。"佩里的逻辑很清晰：即使因为地球内部结构存在太多不确定性，导致他无法确定开尔文的论点中的确切错误，他的目标也仍是证明地球年龄可能比开尔文估算的年龄更大。测量岩石加热后的导热性，可能推翻了在较深处的热量传导更容易的一种可能性，但其他可能性仍然存在。特别是类似流体物质的对流是一种有趣的替代方案。

事实证明佩里的直觉很有远见。佩里坚持认为，开尔文的模型无法给出更大的地球年龄，一个直接的原因是开尔文假设地球具有均匀的导热性，如

①开尔文的结论还基于地质学家卡尔·巴库斯（Carl Bakus）对一种名为辉绿岩的玄武岩熔点的测量。

BRILLIANT BLUNDERS

板块构造学

认为岩石圈的构造单元是板块，板块的边界是洋中脊、转换断层、俯冲带和地缝合线，由于地幔对流，板块在洋中脊分离、增生，在俯冲带和地缝合线俯冲、消亡、碰撞，板块运动及其相互作用引发了地震、火山和构造运动的地球构造学说。

果我们让地幔发生对流，这个限制就可以被克服。20 世纪的地质学家花了几十年的时间才证明佩里是对的。地质学家逐渐意识到对流是可能存在的，即使地幔是固态的。这个想法对于世人最终接受板块构造和大陆漂移的学说[①]起到了重要作用。不仅地球内部的热量可以通过对流的方式进行传递，整个大陆也可以在长时间内水平移动。地球内核和外部之间交界面的确切状态，时至今日仍是一个热门的主题。

BRILLIANT BLUNDERS

大陆漂移

魏格纳提出的一种大地构造学说。该学说认为现今的大陆是由古生代时全球唯一的联合古陆于中生代时开始分裂，轻的硅铝质大陆在重的硅镁层上漂移，逐渐达到现今位置而形成。

佩里用下列明确的叙述给自己最后一篇关于地球年龄的论文做了总结：

> 开尔文勋爵根据三个物理学模型，即地球自转的潮汐减速、地球的冷却以及太阳的年龄，分别给出地球年龄的上限：10 亿年、4 亿年和 5 亿年。我已经证明我们有理由相信，从这三点判断的地球年龄都可能被严重低估。需要注意的是，如果排除其他限制只考虑纯粹物理学的论证，那么地球生命的可能年龄比之前提到的任何一个估算值都要小得多；但如果古生物学家有充分的理由要求更长的时间来解释生命的发展和进化过程，从物理学家的角度来看，我认

① 最早由德国科学家阿尔弗雷德·魏格纳（Alfred Wegener）在 1912 年提出。

为没有任何理由拒绝他们将最高估算值扩大 4 倍的要求。

佩里不认为地球有 40 亿年历史的说法有何错误，而这一数值与今天判定的 45 亿年相当接近。

佩里的论文质疑了开尔文对地球固体性质和均匀性的假设，将开尔文看似牢不可破的计算凿出了第一道裂缝。不过，在开尔文对地球年龄的估算中，还有一个至关重要的假设：没有任何已知的内部或外部能源可以补偿地球的热量损失。在 19 世纪末发生的一系列事件，推翻了这一假设。

放射性：推翻开尔文权威测算的“致命”一击

1896 年春天，法国物理学家亨利 · 贝克勒尔（Henri Becquerele）发现，不稳定原子核的衰变天然地伴随着粒子和辐射的放射。这种现象被称为放射性。7 年后，物理学家皮埃尔 · 居里（Pierre Curie）和阿尔伯特 · 拉伯德（Albert Laborde）表示，镭盐的衰变能提供一种前所未知的热源。业余天文学家威廉 · E. 威尔逊（William E. Wilson）花了不到 4 个月的时间，从居里和拉伯德的工作中做出推测，镭的这种性质“或许可以为太阳和恒星的能源来源提供线索”。威尔逊预估，在太阳的体积中，每立方米只需要 3.6 克的镭，就能供应全部的能源输出。尽管科学界并未对威尔逊在《自然》上发表的这条极短的笔记给予太多关注，但其中提到的这种意料之外的能源的潜在影响没有逃过乔治 · 达尔文的关注①。这位数学物理学家一直在想办法让地质学摆脱开尔文年代学的束缚，终于，他在 1903 年 9 月斩钉截铁地宣布：“可以在放射性物质中获得的能量太多了，这使我们无法确定太阳的热量已

① 他推测开尔文估算的地球年龄可能会增加 10 倍或 20 倍。

经存在了多久，或者未来还能持续多久。”爱尔兰物理学家和地质学家约翰·乔利（John Joly）充满热情地接受了这一说法，并立即将其应用到地球年龄的问题上。在 10 月 1 日发表于《自然》的一封信中，乔利指出：“每种物质元素中都存在一种热量供应的来源，即放射性矿物质，这就等于增加了来自地球内部的热量传送。”这正是佩里已经证明的，要增加地球年龄估算所不可或缺的要素。换句话说，在开尔文的设想中，地球只是从其最初的热源中失去热量。这个新发现的内在热源，似乎动摇了这一设想的整个基础。

研究放射性的浪潮就此掀起，其中最重要的人物之一是新西兰出生的年轻物理学家，后来被称为“核物理之父”的欧内斯特·卢瑟福（Ernest Rutherford）。当时，卢瑟福在加拿大蒙特利尔的麦吉尔大学工作（后来他移居到英国）。他通过数十次实验得出结论：所有放射性元素的原子都包含巨大的潜在能量，可以通过热能的形式释放。卢瑟福宣布地球的寿命远比开尔文估算的要长，一家期刊用《世界末日推迟了》（*DOOMSDAY POSTPONED*）这一标题对卢瑟福的结论表示欣然接受。

开尔文自己也对镭和放射性的发现表现出了极大的兴趣，但他仍不相信这些足以改变他估算的地球年龄。① 至少最初，他不愿意承认放射性元素的能量来自地球内部。他写道：“我大胆提出，当镭向周围有质量的物质释放热量时，以太波可能以某种方式向镭提供能量。”换句话说，开尔文提出，原子仅仅从以太（以太被认为弥漫于整个宇宙）中获取能量，然后在衰变时释放出来。然而，尽管他从未发表过书面声明，但是在 1904 年的英国皇家

① 开尔文在 1903 年 8 月 24 日写给英国物理学家瑞利勋爵（Lord Rayleigh）的一封信中讨论了这个问题，也与卢瑟福以及访问英国的皮埃尔和玛丽·居里夫妇讨论了这个问题。

学会会议上，他以相当大的智慧和勇气放弃了这个观点。[①]可惜，由于某些不明确的原因，开尔文在1906年又开始与物理学界脱节，他拒绝接受放射性衰变能将一种元素转变为另一种元素的观点，哪怕卢瑟福和其他人已经积累了充分的实验证据来支持这一现象。在这段时间里，曾经与卢瑟福合作的弗雷德里克·索迪（Frederick Soddy）不耐烦了。在伦敦《泰晤士报》（*Times*）上，他与开尔文展开了激烈交锋，并不客气地宣称："如果公众误以为某些从未做过放射性物质实验的人（暗指开尔文），和那些亲自从事研究的人一样有资格发表权威意见，那也太悲哀了。"[②]甚至在这场激战之前，索迪就在自己于1904年出版的著作中坚定地断言："关于宇宙过去和未来历史的限制已经被极大地放宽了。"

卢瑟福则比较宽厚一些。1904年，他在英国皇家学会进行一场关于放射性的演讲时，曾发生过一件轶事。多年后，他一再提及此事：

> 我走进了半明半暗的房间，很快就看到了开尔文勋爵坐在观众席上，意识到我演讲的最后一部分，也就是关于地球年龄的部分，与他的观点相冲突，心里想着会有麻烦。幸运的是，他很快就睡着了，但当我讲到重要的观点时，我看见老爷子猛地坐直了身子，睁开一只眼睛，向我投来了一个威胁的眼神！此时，我灵机一动，说开尔文勋爵给出地球年龄的上限，是在没有发现新热源的前提下。

---

① 发现了电子的物理学家、诺贝尔奖得主约瑟夫·约翰·汤姆逊爵士（与开尔文勋爵没有亲戚关系）在1936年回忆说，开尔文在一次谈话中承认，放射性热效应的发现破坏了自己在计算地球年龄时的假设。

② 这场辩论始于开尔文在1906年8月9日发表的一封信，他在信中重申了自己的信念，即太阳的能量只是引力，并断言放射性只不过是一种假设。来自弗雷德里克·索迪、奥利弗·洛奇和罗伯特·约翰·斯特拉特（Robert John Strutt）的各种反驳信持续了大约一个月的时间。洛奇在8月15日的信中，谈到开尔文时说："他出色的原创思维，并不总是耐心地接受通过阅读过程吸收他人成果的任务。"

他的预言准确地预测了我们今晚探讨的话题：镭！看哪！老先生对我露出了笑容。

天才的谬误
BRILLIANT BLUNDERS

“致命”一击：放射性定年法

放射性定年法（Radiometric Dating）成了判定矿物、岩石和其他地质年代最可靠的技术之一，包括地球自身的年龄。① 一般来说，一种放射性元素衰变成另外一种放射性元素，变化的速度以半衰期来表征。半衰期是指初始放射性物质减少一半所需的时间。衰变过程会持续到形成稳定元素为止。

通过测量和比较自然存在的放射性同位素及其所有衰变产物的相对丰度，并将这些数据与已知的半衰期结合，地质学家就可以比较精确地判断出地球的年龄。卢瑟福是这项技术的先驱之一，下面的故事为我们证明了这一点：当卢瑟福手里拿着一块小小的黑色岩石在校园里行走时，他遇到了同事、加拿大地质学家弗兰克·道森·亚当斯（Frank Dawson Adams）。“弗兰克，”他问道，“地球的年龄应该是多少？”亚当斯回答说有几种方法给出的估计值是 1 亿年。卢瑟福淡淡地说：“我知道这块沥青铀矿已经有 7 亿年的历史了。”

① 今天公认的地球年龄最初是由地球化学家克莱尔·帕特森（Clair Patterson）利用来自迪亚波罗峡谷陨石的数据确定的。阿贡国家实验室（Argonne National Laboratory）的科学家们将放射性定年法用于另一个有趣的用途：利用稀有同位素氪 -81 的衰变，在 2011 年开始追踪横跨北非的古努比亚含水层。

开尔文错误的真实原因

这么多有关地球年龄争议的叙述可能会让你以为开尔文的估算之所以错得那么离谱，其直接原因是他忽视了放射性。如果这就是全部的事实，那么开尔文的错误在我看来就不算大错，因为他无法考虑到之前未被发现的能量来源。将他对地球年龄的错误估算完全归因于放射性，其实是不对的。地球地幔（大约深度为 1 800 英里）内的放射性衰变产生热量的速率大致相当于地球热流速率的一半，但并非所有热量都能马上起作用。

仔细研究这个问题，我们会发现，基于开尔文的假设，即使考虑到放射性加热，他也只会考虑地表 60 英里以内产生的热量。这是因为开尔文指出，只有来自这样的深度的热量，才能在大约 1 亿年内通过传导而被有效释放。2007 年，地质学家菲利普·英格兰（Philip England）、彼得·莫尔纳（Peter Molnar）和弗兰克·里克特（Frank Richter）证明，考虑到这一事实，就算引入了放射性加热，也不会显著改变开尔文对地球年龄的估算。开尔文最严重的错误不在于他不知道放射性（但在发现它之后，就没有理由对它视而不见），而在于从一开始到后来他都反对佩里所提的地幔对流的可能性。这才是开尔文将地球年龄估算得过低的原因。

像开尔文这样智力超群的人，怎么会在自己大错特错时还坚持自己是对的呢？像其他所有人一样，开尔文仍需要运用他两耳之间的硬件——大脑，而大脑有它的局限性，就算天才的大脑也是一样。

认知失调："情感思维"压倒"理性思维"

既然我们无法采访开尔文，也没有办法检查他的大脑不同区域的功能，我们永远无法知道他执迷于错误的确切原因。当然，我们知道，那些花了毕生光阴捍卫某些观点的人，并不愿意承认自己错了。但是，作为伟大的科学家，开尔文难道不应该与众不同吗？基于新的实验证据修改自己的理论，不正是科学的真谛吗？幸运的是，现代心理学和神经科学开始探寻所谓的"知感"，开尔文的某些思维极可能由此形塑。

首先我要指出，开尔文在对待科学和追求知识的方法上更像是一名工程师，而不是一位哲学家。他既是高明的数学物理学家，又是天赋异禀的实验主义者，他总是在寻求可以用来计算或测量某些事情的前提条件，而不是去思考不同的可能性。因此，从最基本的层面来说，开尔文的错误是他相信自己总能确定什么是可能的，而没有意识到忽略某些可能性的存在会带来潜在的危险。

在某种更深层次上，开尔文的错误可能源自"认知失调"这种被广泛认可的心理特质：我们对某种观点越是坚定，即使面对大量相互矛盾的证据，我们也越不愿意放弃这个观点。多项研究表明，在很多情况下，**为了缓解认知失调，人们往往不是承认自己判断错误，而是倾向于以一种新的方式重新构建自己的观点，以证明自己原来的观点是正确的。**

> BRILLIANT BLUNDERS
>
> **认知失调理论**
>
> 心理学家利昂·费斯汀格（Leon Festinger）最早提出的一种社会心理学理论，它准确地解释了人们在面对与自己信念不一致的信息时所经历的不适感。该理论认为认知因素之间出现"非配合性"关系会引起认知失调，并促使个人改变有关的观念或行为。

1955 年，心理学家杰克·布雷姆（Jack Brehm）在明尼苏达大学进行的一项实验揭示了认知失调的不同表现方式。在这项研究中，共有 225 名大二女学生（心理学实验的经典对象）被要求按照1.0（“一点都不理想”）到8.0（“非常理想”）的评分标准对 8 种商品进行排名。然后，学生们被允许从这 8 种商品中选择一种作为带回家的礼物。接着，她们对这 8 种商品进行了第二轮评分。研究表明，在第二轮评分中，学生们倾向于提高她们选择的商品的评分，并降低被她们拒绝的商品的评分。这些和其他类似的发现支持了一个观点：我们的思维试图减少认知之间的不一致，比如“我选择了第三个物品”和“但第七个物品也有一些吸引人的特点”。换句话说，当我们做出选择后，事物似乎变得更好。这个结论还得到了神经影像学研究的支持，这些研究显示出在做出选择后尾状核活动的增强，尾状核是与“感觉良好”相关的脑区。

开尔文的案例看起来完美契合了认知失调理论。在连续 30 多年里反复阐述关于地球年龄的论点之后，开尔文不太可能仅仅因为有人提出了对流的可能性而改变自己的观点。请注意，佩里无法证明对流确实发生了，甚至无法证明对流有可能会发生。当放射性出现在科学界的舞台上时，又过去了一个 10 年，此时开尔文更不愿意承认自己的错误。相反，他试图通过一系列精心设计的实验和解释来证明他过去的估算仍然成立。

在面对任何独立观察者都会视为有说服力的相互矛盾的证据时，放下自己的观点却为何如此困难？也许我们可以从大脑奖励回路的运转方式中找到答案。早在20世纪50年代，麦吉尔大学的研究人员詹姆斯·奥尔兹（James Olds）和彼得·米尔纳（Peter Milner）就在老鼠的大脑中发现了快乐中枢。当给老鼠提供了一种能够激活快乐中枢的刺激后，老鼠按动这些杠杆的次数每小时平均超过 6 000 次。20 世纪 60 年代中期，这种愉悦刺激的强烈效果得到了戏剧性的展示。实验表明，当被迫在满足基本生理需求（如食物和水）和享受奖励性刺激之间做出选择时，老鼠选择了让自己挨饿。

20 世纪 90 年代以来，精密成像技术的发展，使神经科学家能够详细观察人脑中对美味的食物、愉悦的音乐、性生活等刺激产生的反应。最常用的技术包括正电子反射断层扫描术（PET）和功能性磁共振成像（fMRI）。在 PET 扫描中，科学家会向被试体内注射放射性示踪剂，然后跟踪这些示踪剂在大脑中的分布情况。而 fMRI 则是通过监测活跃神经元的血液流动来获取图像。研究表明，奖励回路的一个重要部分是一组神经细胞，它们起源于大脑底部的腹侧被盖，并与伏隔核（位于额叶皮质下方的区域）进行通信。腹侧被盖区的神经元通过释放多巴胺这一特定的化学递质来与伏隔核的神经元进行通信。大脑的其他区域提供情感内容，并与记忆和反应的触发相关联。例如，海马能有效地“做笔记”，而杏仁核则对愉悦感进行“评分”。

那么这一切与智力活动有何关联呢？要开始并坚持进行一些相对长期的思考过程，大脑需要在其中找到某种程度的愉悦感。无论是获得诺贝尔奖、邻居的羡慕、加薪，还是仅仅完成一道标记为“恶魔”的数独难题所带来的满足感，我们大脑中的伏隔核都需要一些奖励来继续运转。然而，如果大脑在较长时间内频繁得到奖励，就像那些让自己挨饿的老鼠或对毒品上瘾的人一样，大脑中连接思维活动与成就感的神经通路会逐渐适应这种频繁的奖励刺激。当一个人对药物成瘾后，他们需要更多的药物才能获得与之前相同的满足感。在智力活动中，这种情况激发了人们对始终正确的追求，也增大了承认错误的难度。神经科学家和作家罗伯特·伯顿（Robert Burton）特别提出，坚持正确可能与其他成瘾行为存在生理上的相似之处。如果这是真的，那么开尔文的表现毫无疑问符合对确信感成瘾的特征。他在与地质学家的战斗中度过了将近半个世纪，这必然更加强了他的信念，导致那些神经连接无法被解除。然而，不管确信感是否具有成瘾性，fMRI 研究表明，被称为动机推理的现象与冷静推理任务相关的神经活动无关。换句话说，动机推理是由情绪调节的，而不是冷静分析调节的，动机推理的目标是将对自我产生威胁的因素降至最低。可以想象在开尔文的晚年，他的“情感思维”偶尔会压倒他的“理性思维”。

也许你还记得我之前提到过开尔文对太阳年龄的估算，我并不认为他的估算是一个错误。但这怎么可能呢？毕竟，他对太阳年龄的估算和对地球年龄的估算一样，都错得离谱，他估算的太阳年龄小于 1 亿年。

聚变：找到关于太阳年龄的答案

1893 年，也就是发现放射性的 3 年前，美国地质学家克拉伦斯·金在一篇关于地球年龄的文章中写道：“太阳和地球年龄的一致结果无疑强化了物理学的论点，并将举证的责任推给了那些坚持基于沉积地质学得出的模糊巨大年龄的人。”金的观点很有道理。只要太阳的年龄估算仅为数千万年，那么基于沉积作用的任何年龄估算都会受到限制，因为沉积作用需要地球接受来自太阳的热能。

开尔文对太阳年龄的计算完全依赖于太阳在收缩过程中以热能形式释放的引力势能。引力势能可能是太阳能量的来源这一观点，最早由苏格兰物理学家约翰·詹姆斯·沃特斯顿（John James Waterston）在 1845 年提出。这个假设起初被忽视，但在 1854 年引起了亥姆霍兹的关注，并得到了开尔文的强烈认同和广泛宣传。随着放射性的发现，许多人认为放射性释放的热量才是太阳能量的真正来源。然而，这个观点被证明是错误的。即使我们大胆地假设太阳主要由铀及其放射性衰变产物组成，这样产生的能量也无法与我们观测到的太阳亮度相匹配（只要不包括开尔文时代未知的链式反应）。开尔文对太阳年龄的估算加强了他反对修正地球年龄估算结果的观点。开尔文认为，只要太阳年龄的问题仍然存在，就无法完全解决与地质学估算之间的差异。科学家最终在几十年后才找到了关于太阳年龄的答案。

BRILLIANT BLUNDERS

聚变

两个较轻的原子核融合成一个较重的原子核，同时释放巨大能量的核反应。

1920 年 8 月，英国天体物理学家亚瑟·爱丁顿（Arthur Eddington）提出，氢核聚变形成氦的过程可能是太阳能量的来源。基于此，物理学家汉斯·贝特（Hans Bethe）和卡尔·弗里德里希·冯·韦兹斯克利克（Carl Friedrich von Weizsäcker）分析了各种核反应，以探索这一假设的可行性。最后，在 20 世纪 40 年代，天体物理学家弗雷德·霍伊尔提出了一个观点，即恒星核心中的聚变反应可以合成碳和铁之间的元素的原子核。我们将在第 7 章中详细探讨霍伊尔的开创性工作。正如我在前一章中提到的，开尔文在 1862 年的论述是正确的："至于未来，我们可以同样肯定地说，除非我们能够发现目前尚未知晓的能源来源，否则数百万年后的地球居民无法再继续享受维系生命所需的**太阳的**光和热。"[①] 解决太阳年龄问题所需的并非一般的人才，而是需要天才，包括揭示了质量可以转化为能量的爱因斯坦，以及在 20 世纪确定了导致太阳能量转化的核聚变反应的其他顶尖天体物理学家。

尽管开尔文对地球年龄的估算值是错误的，但我仍然认为他的贡献是卓越的。**通过运用物理定律，开尔文将地质年代学从模糊的猜测转变为一门实际的科学。**他的开创性工作开启了地质学家和物理学家之间的重要对话，这

① 加粗部分为与上一章表述相比的新增内容。

种交流一直持续到矛盾得到解决。同时，开尔文在太阳年龄方面的附带研究清楚地指出了需要寻找新的能源来源。

开尔文的估算值是进化论能否成立的一大障碍，达尔文本人深知这一点，也明白扫除这一障碍的重要性。在对《物种起源》进行最后修订时，达尔文写道：

> 地球自形成以来所经历的时间可能不足以解释我们观察到的广泛有机变化的发生，这一由威廉·汤姆孙（开尔文）提出的异议，可能是目前为止最严重的异议之一。我只能说，首先，我们并不知道以年为单位来衡量的物种变化速率；其次，许多哲学家至今不愿意承认我们对宇宙的构造和地球内部的了解，能够准确推测其过去的持续时间。

佩里提出的关于地球对流的观点、放射性的发现以及恒星内部核聚变反应的知识，打破了开尔文设定的地球年龄限制，但达尔文没能活着看到这些。然而，尽管开尔文的估算值是错误的，但他确实指出了需要解决的问题。

从人类的角度来看，地球通过太阳获得了45亿年的能量，其中一个重要的好处是复杂生命开始在地球上出现。一段时间后，孟德尔在基因方面的研究被重新发现，哥伦比亚大学的托马斯·亨特·摩根（Thomas Hunt Morgan）和他学生们的开创性工作，成功地确定了基因在染色体上的位置。1944年，染色体上的一种特殊分子——DNA开始引起人们的关注。不久之后，生物学家意识到，所有细胞接收到的指令并非来自蛋白质，而是来自两种分子，即DNA（脱氧核糖核酸）和RNA（核糖核酸）。生物学家将DNA

确定为细胞中所有疯狂活动的掌控者，它们也是能够制造出与自身完全相同的复制品的分子。RNA 则承担着将 DNA 发出的指令传递给细胞其他部分的责任。这些分子组合在一起，携带着制造苹果树、蛇、女人或男人所需的所有信息。在探寻生命起源和运作过程中，蛋白质和 DNA 结构的发现是最引人入胜的两个故事。然而，这些发现也涉及重大的错误。

本章回顾 »

- 佩里：一旦我清楚地意识到开尔文的估算必然存在缺陷，那么发现这一缺陷就不是偶然的问题了。
- 佩里认为：如果地球深处的导热性比地球表层更高，地壳内部的热量可以保持得更久。如果地球内部的一部分是液态的，那么热量可以通过液体自身的对流效应高效地传导到表层的地壳，这样对地球年龄的估计甚至可以延长到 30 亿年。
- 佩里坚称：开尔文的模型无法给出更大的地球年龄，一个直接的原因是开尔文假设地球具有均匀的导热性，如果我们让地幔发生对流，这个限制就可以被克服。
- 不仅地球内部的热量可以通过对流的方式进行传递，整个大陆也可以在长时间内水平移动。地球内核和外部之间交界面的确切状态，时至今日仍是一个热门的主题。
- 卢瑟福：所有放射性元素的原子都包含巨大的潜在能量，可以通过热能的形式释放。
- 放射性定年法成了判定矿物、岩石和其他地质年代最可靠的技术之一，包括地球本身的年龄。
- 放射性定年法：放射性元素衰变成另外一种放射性元素，变化的速度以半衰期来表征。半衰期是指初始放射性物质减少一半所需的时间。衰变过程会持续到形成稳定元素为止。通过测量和比较自然存在的放射性同位素及其所有衰变产物的相对丰度，并将这些数据与已知的半衰期结合，地质学家就可以比较精确地判断出地球的年龄。

- 为了缓解认知失调，人们往往不是承认自己判断失误，而是倾向于以一种新的方式重新构建自己的观点，以证明自己原来的观点是正确的。
- 通过运用物理定律，开尔文将地质年代学从模糊的猜测转变为一门实际的科学。他的开创性工作开启了地质学家和物理学家之间的重要对话，这种交流一直持续到矛盾得到解决。

第三篇　鲍林的螺旋迷途：输得彻底的三链 DNA

如果你认为你有一个好主意，就发表出来！不要害怕犯错误。在科学上，犯错误没有什么害处，因为有很多聪明人会立即发现错误并纠正它。这只会让你自己看起来愚蠢，除伤害你的自尊心外，并没有什么害处。然而，如果它碰巧是一个好主意，而你却没有发表它，科学可能会因此蒙受损失。

莱纳斯·鲍林
横跨生物学和医学领域的天才化学家

BRILLIANT BLUNDERS

第 5 章

生命的诠释者：破解蛋白质与DNA结构

在观测与实验的领域中，机遇只偏爱那些有准备的头脑。

路易·巴斯德

1950 年 12 月的一天，加州理工学院科克霍夫实验楼里的讲堂极为拥挤。有传言称，著名的化学家莱纳斯·鲍林将要揭示某个真正引人注目的发现，甚至可能解开一个关于生命的伟大谜团。当鲍林终于现身时，他的一名研究助手拿着一个看起来像大型雕像的东西，上面盖着一块用绳子系紧的布。这次演讲，鲍林再次展示了他在化学领域的高超造诣以及精湛的表演技巧。在让观众好奇了一段时间后，鲍林终于用自己的折刀割断了绳子，像魔术师从帽子里取出兔子一样，展示出被称为"α 螺旋"的东西：这是许多蛋白质的主要结构特征的三维球棍模型。

BRILLIANT BLUNDERS

α 螺旋

蛋白质中常见的一种二级结构。由一条肽链按右手螺旋方向盘绕而成的螺旋状结构。其稳定性通过主链氨基与其氨基端方向第四个残基的主链羰基之间形成的氢键来维持。

不久之后，在千里之外的瑞士日内瓦，有一个人听闻了鲍林那场光彩夺目的演讲，这个人就是詹姆斯·沃森[①]。仅仅 3 年之后，他将与弗朗西斯·克

① 詹姆斯·沃森（James Watson），20 世纪分子生物学的带头人之一，1953 年和弗朗西斯·克里克（Francis Crick）发现 DNA 双螺旋结构，获得诺贝尔生理学或医学奖，被誉为"DNA 之父"。他的作品《双螺旋》（插图注释本）中文简体字版已由湛庐引进、浙江教育出版社出版。——编者注

里克一起发现 DNA 的结构。当时，沃森正在拜访瑞士分子生物学家琼·韦格尔（Jean Weigle），而后者恰好刚刚在加州理工学院度过了一个冬天。尽管韦格尔无法完全判断鲍林彩色木质模型的正确性，但他向沃森描述了那场令人目眩神迷的演讲，这激发了沃森的兴趣和勇气。在本章后面部分，我们将再次回到这个扣人心弦的故事。

1951 年 9 月，鲍林的科学成就甚至出现在《生活》（*Life*）的报道中，在一张照片上，鲍林笑容满面地指着自己的 α 螺旋模型，旁边配有标题，“化学家解开伟大谜团：蛋白质结构已被确定”。《生活》杂志的文章只是以通俗易懂的语言，对鲍林漫长职业生涯中真正不可思议的一年进行了简要概述。值得一提的是，1951 年 5 月的《美国国家科学院院刊》（*Proceedings of the National Academy of Sciences*）上刊登了鲍林及其合作者化学家罗伯特·科里（Robert Corey）撰写的至少 7 篇论文，这些论文以蛋白质结构为主题，内容涵盖胶原（哺乳动物体内含量最多的一类蛋白质）到羽轴。鲍林在这一领域已经进行了 15 年的开创性研究，这些论文的发表标志着他的研究达到了巅峰。

通往 α 螺旋之路：病榻上画出的模型

20 世纪 30 年代，鲍林开始研究蛋白质。他在这方面的第一篇论文与血红蛋白有关，血红蛋白是红细胞中含铁的蛋白质，他提出了一种理论：血红蛋白分子中有 4 个铁原子，每个铁原子都会与 1 个氧分子形成化学键。在研究这个课题时，鲍林开创了一种新的实验技术[①]。他提出了一个想法，即通过测量某些蛋白质的磁性，人们可以获得有关铁原子与周围基团间成键的性

① 鲍林和化学家查尔斯·D. 科耶尔（Charles D. Coryell）做了这个实验，他们在一个大磁铁的两极之间悬挂了一管牛血。

质的重要信息。在结构化学中，这种方法确实富有成效。鲍林还巧妙地利用磁性来测定几种化学反应的速率。

在同一时间，致力于蛋白质研究的著名科学家阿尔弗雷德·米尔斯基（Alfred Mirsky）来到加利福尼亚州帕萨迪纳，与鲍林的团队合作了一年。这两位科学家之间的偶然合作成为一场极其成功的探索的起点①。米尔斯基和鲍林首先②提出，天然蛋白质，也就是细胞内未经改变的处于自然状态的蛋白质，由被称为多肽链的氨基酸链组成，这些氨基酸链以某种规则的方式折叠起来。③不久之后，鲍林意识到关键问题是理解这种折叠的确切性质。幸运的是，20 世纪 30 年代初，得益于 X 射线衍射实验，一些线索开始浮现。利用这项强大的技术，科学家将 X 射线束照射到晶体上，然后得出不可见光从样品反射出来的方式，根据原子之间的距离和它们的相互朝向来尝试重建晶体的结构。鲍林手上有物理学家威廉·阿斯特伯里（William Astbury）得到的头发、羊毛、角和指甲的 X 射线衍射照片，这些样本中的蛋白质被称为 α 角蛋白。然而，这些 X 射线衍射照片相当模糊，不足以确定可靠的结构。尽管如此，这些照片似乎表明结构单元沿着毛发的轴向上每 5.1 埃米重复一次，其中，埃米是长度单位，1 埃米为 1 厘米的一亿分之一。鉴于 X 射线衍射照片的质量相对较差，鲍林决定从另一个方向着手解决问题：利用结构化学，即原子之间

BRILLIANT BLUNDERS

蛋白质

由氨基酸以“脱水缩合”方式组成多肽键，经过盘曲折叠形成的具有一定空间结构的生物大分子。

① 鲍林并没有熟悉的蛋白质分子专家，所以他说服了当时在洛克菲勒医学研究所的米尔斯基在 1935 年至 1936 年到加州理工学院工作。后来，他还说服洛克菲勒医学研究所的所长允许米尔斯基离开。

② 一些早期工作是由吴显（Hsien Wu）在 1931 年完成的。

③ 这对鲍林之后的工作非常重要。“这个链折叠成一个独特的定义构型，这一构型是由氢键保持的。”氢键将两个原子结合在一起，有效地在它们之间建立了一座桥梁，而这一特征即将成为鲍林的标志。

预期的相互作用来预测多肽链的尺寸和形状，然后检查哪种可能的结构与从X射线衍射照片中推断出的信息一致。

> BRILLIANT BLUNDERS
>
> **肽单元**
>
> 对肽链的一级结构而言，是肽链中的氨基酸残基；对肽链的高级结构而言，则是肽键组成的肽平面。

1937年初夏，鲍林终于摆脱了教学工作的束缚，全身心地投入有关蛋白质折叠之谜的研究中。图5-1显示了他当时考虑的一种普遍结构的示意图[①]。通过仔细研究碳原子（在图中用“C”表示）与其相邻的氮原子（在图中用“N”表示）之间的化学键，鲍林得出结论：碳、氮和4个相邻的原子（统称肽单元）必须位于同一平面上。这个特殊的特征后来被证明是极为重要的，因为它大大限制了可能的结构数量，鲍林希望能够借此确定正确的结构。然而，科学很少完全按照预期发展。尽管进行了数周的高强度工作，鲍林仍然无法找到一种能够重现X射线结果所显示的沿着毛发轴线每隔5.1埃米重复一次的结构。遭遇挫折后，他暂时选择了放弃。

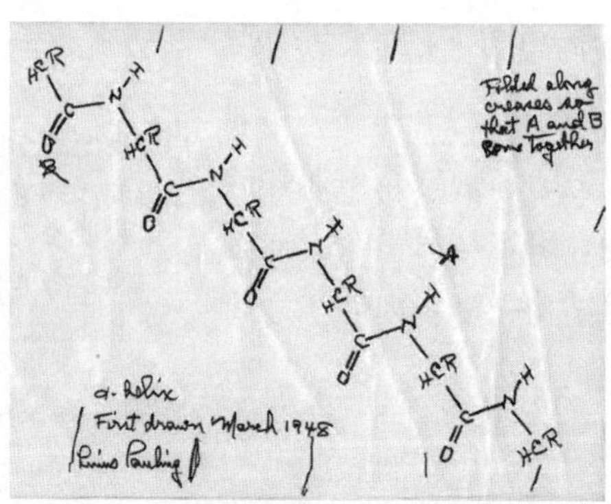

图5-1　鲍林设想的一种蛋白质的结构

---

① 鲍林最初的草图已经难觅踪迹。1948年，他又画了一张结构草图，然后把它折了起来。

当一个有希望的假设不太奏效时，科学家通常会尝试提高现有实验数据的质量，因为更精确的信息可以揭示出先前无法辨别的细微差别。秉承着这种精神，鲍林说服科里[①]着手进行一项长期项目，旨在使用X射线晶体学来确定一些简单的肽和氨基酸的结构，它们都是构成蛋白质的“积木”。科里全身心地投入这项研究中，1948年，科里和加州理工学院的共同研究人员成功地揭示了十几种这类化合物的确切结构。鲍林意识到，科里关于化学键长度、分子不同部分之间的角度以及肽单元的平面性（原子处于同一平面上）的所有发现都与自己之前的表述完全一致，于是决定重新研究α角蛋白的结构问题。在1982年用老式的录音电话机录下的陈述中，鲍林回忆了当时的情况：

> 1948年春天[②]，我在英国牛津大学担任乔治·伊斯曼教授，并在贝利奥尔学院担任研究员。我感冒了，被迫卧床休息了约三天。在看了两天侦探故事和科幻小说后，我开始感到厌倦，然后就开始思考蛋白质的结构。

鲍林开始对这个谜题发起新一轮的攻势，他首先假设α角蛋白中的所有氨基酸在多肽链方面应处于类似的结构位置。仍在病床上的鲍林请求妻子阿娃·海伦（Ava Helen）给他拿来一支铅笔、一把尺子和一张纸。他将每个肽单元画在纸上，用粗细不同的线条表示三维关系，并使两个链接碳原子的单键旋转，从一个肽单元到下一个肽单元的旋转角度相同，鲍林创建了一个类似螺旋楼梯的螺旋结构，其中多肽骨架是螺旋结构的核心，而氨基酸

① 科里在蛋白质的X射线研究方面经验非常丰富。许多年后，鲍林谦逊地评论说，实际上可能是科里说服了他。

② 我要指出的是，鲍林在1955年的一篇文章中提及，他在牛津大学只发现了两个螺旋中的一个，而另一个是在他回到加州理工学院时被赫尔曼·布兰森（Herman Branson）发现的。

BRILLIANT BLUNDERS

氢键

氢键是一个分子的氢原子与另一个分子的一个原子相吸引而产生的分子间作用力。

则向外突伸（见图 5–2）。为使这个结构稳定，鲍林在螺旋的每一圈螺旋处构建了氢键，使之与螺旋轴平行。实际上，他找到了两种可能的结构，其中一种被称为 α 螺旋，另一种被称为 γ 螺旋。鲍林能够用如此简单的工具找到问题的解决方案，可见他之前发现的肽单元平面性有多关键。图 5–1 为鲍林试图还原他在 1948 年绘制的结构示意图的原始纸张。如果没有这个发现，可能的结构数量会多得多。激动之余，鲍林请求妻子给他拿来一把滑尺①，这样他就可以计算螺旋轴上重复间隔的距离。他发现 α 螺旋的结构在 5 个螺旋后，也就是 18 个氨基酸后开始重复。换句话说，α 螺旋每圈有 3.6 个氨基酸。然而，令他失望的是，计算出的螺旋之间的距离是 5.4 埃米，并不符合 X 射线衍射照片所得到的 5.1 埃米。而 γ 螺旋中心有一个很小的洞，小到无法容纳任何分子，因此鲍林将注意力集中在 α 螺旋上。鲍林对自己的 α 螺旋非常满意，因此他努力地尝试找到一种方法，要么调整键长，要么调整键角，以便将计算出的距离从 5.4 埃米减小到 5.1 埃米，但他未能成功。因此，尽管他对自己的 α 螺旋非常满意，但他决定在弄清楚间距存在差异的原因之前，暂时不发表这个模型。

大约 6 周后，鲍林参观了剑桥大学的卡文迪许实验室，在那里的所见所闻让他深受震撼。“他们的设备比我们的要好上 5 倍，”他写信给加州理工学院的助手，“可以同时拍摄近 30 张 X 射线照片。”一方面担心自己的模型仍然存在问题，另一方面担心卡文迪许实验室的团队可能会在分析上超越自己，鲍林对 α 螺旋只字未提。即使在与著名化学家马克斯·佩鲁茨（Max

① 这种计算工具现在已经过时，当时它是最常用的计算工具。

Perutz）讨论时，对方和他分享了令人振奋的红细胞晶体结构的最近研究成果，鲍林也仍守口如瓶。

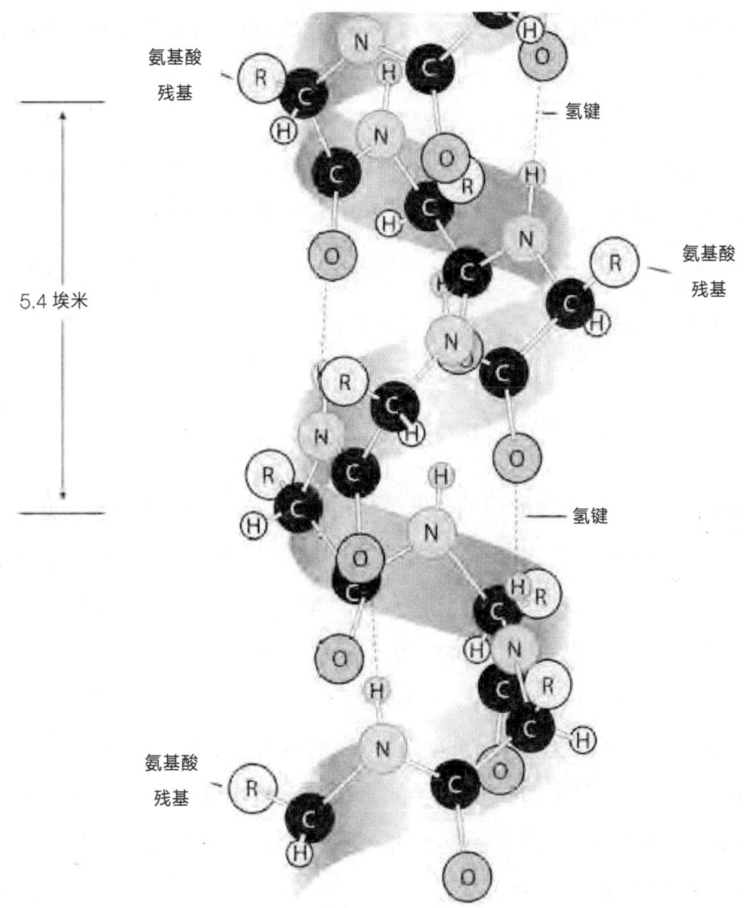

图 5-2　鲍林创建的 α 螺旋结构

然而，这个问题一直萦绕在鲍林的心头。回到帕萨迪纳后，鲍林立刻请来一位物理学客座教授赫尔曼·布兰森仔细检查他的计算。鲍林特别想知道布兰森是否能找到第三种符合平面多肽键和最大氢键稳定性的螺旋结构[①]。布兰森和鲍林的一名研究助手悉尼·温鲍姆（Sidney Weinbaum）花了大约一年的时间彻底检视鲍林的计算，并得出结论：确实只有 α 螺旋和 γ 螺旋这两种结构符合所有的约束条件。布兰森和温鲍姆还证实了在这两种螺旋结构中，较紧密的 α 螺旋上，螺距为 5.4 埃米。

鲍林现在面临一个抉择，是干脆忽略这个与 X 射线结果不符的数据并发表模型，还是推迟发表直到这个难题完全解决。1950 年 3 月 31 日，一篇提交给《伦敦皇家学会会刊》（*Proceedings of the Royal Society of London*）的论文，帮他做出了决定。

抢先一步：在 50 岁生日当天提交论文

这篇论文《晶体蛋白质中的多肽链构型》（*Polypeptide Chain Configurations in Crystalline Proteins*）由一组杰出的科学家共同撰写，其中包括 1915 年诺贝尔物理学奖得主劳伦斯·布拉格（Lawrence Bragg），以及后来共同获得 1962 年诺贝尔化学奖的两位分子生物学家——约翰·肯德鲁（John Kendrew）和佩鲁茨。他们都来自剑桥大学的卡文迪许实验室。当时，这个闻名遐迩的实验室是全球领先的 X 射线晶体学研究中心。这种分析晶体的方法在很大程度上是由布拉格主导的，他和他的父亲威廉·亨利·布拉格（William Henry Bragg）爵士一起研究了这个物理现象的数学基础，并推动了实验技术的发展。

① 根据鲍林 1955 年的说法，在鲍林向布兰森解释了所有重要的约束条件后，布兰森可能只发现了两种螺旋结构中的一种。布兰森后来也证实了这一点，并表明是鲍林在牛津大学发现了这两种螺旋结构。

BRILLIANT BLUNDERS

X 射线晶体学

通过 X 射线衍射研究结晶物质立体结构的学科。

X 射线晶体学的理念简洁明了，却蕴含着极高的智慧。自 19 世纪初以来，物理学家就已经知道，如果将可见光照射到一个细密的光栅上，透过的光会在另一侧的屏幕上形成有明暗斑点的衍射图案。亮点标志着来自光栅中不同缝隙的光波相互叠加增强的位置，而暗点则是在不同光波发生相消干涉时（例如，一个波峰叠加到另一个波谷上）形成的。物理学家也知道，要形成这种衍射图案，光栅中不同缝隙之间的间距需要与光的波长，即连续两个波峰之间的距离，处于同一数量级。制造用于可见光的细密光栅相对容易，但是，制造用于 X 射线的细密光栅是不可能的，因为 X 射线的典型波长比可见光谱中的波长短数千倍。第一个意识到天然周期性晶体可以作为 X 射线衍射实验的光栅的人是马克斯·冯·劳厄（Max von Laue）。这位德国物理学家认识到，晶体中原子之间的距离恰好与 X 射线假定波长的数量级相当。继劳厄之后，劳伦斯·布拉格制定了描述 X 射线在晶体结构上衍射的数学定律。令人惊讶的是，他在剑桥大学攻读研究生的第一年就取得了这一重要成果。随后，布拉格父子二人继续合作，建造了 X 射线光谱仪，这使他们能够分析许多晶体的结构。顺便提一下，劳伦斯·布拉格是历史上最年轻的诺贝尔奖得主，他在 25 岁时就获得了诺贝尔奖！

基于他们的杰出经历，我们可以想象，当鲍林看到布拉格、肯德鲁和佩鲁茨的论文标题时，他的心脏简直要停止跳动了。这篇论文的前两段确实让鲍林感觉布拉格团队可能会捷足先登：“蛋白质由氨基酸残基的长链构成…… 本文试图从晶体蛋白质的 X 射线研究中获得尽可能多的关于氨基酸链的性质的信息，并对与现有实验证据可能相符的链型展开系统分析。”鲍林迅速读完了长达 37 页的论文，顿时松了一口气，尽管卡文迪许实验室的研究人员描述了 20 多种结构，但 α 螺旋不在其中。而且，他们得出的结论是，在他们测试过的结构中，没有任何一种能够作为 α 角蛋白的模型。鲍林对这个结论非常满意，特别是，他认为布拉格的团队没有将最重要的约束条件应用于他们的构型，反而施加了他认为完全不必要的限制。一方面，布拉格的模型没有假设肽单元在同一平面上，而鲍林对这点深信不疑。另一方面，布拉格的团队似乎受困于在螺旋结构的每圈完整螺旋中必须有整数个氨基酸的观念。鲍林的 α 螺旋打破了传统，每圈螺旋大约有 3.6 个氨基酸，他认为这没有任何问题。鉴于布拉格 X 射线晶体学的背景，他严格遵守阿斯特伯里的数据所揭示的螺距为 5.1 埃米。根据后来佩鲁茨所说，布拉格在建立这支团队之初，就已将氨基酸残基这根“钉子”钉入以螺旋形式排列、相邻两圈螺旋之间的轴向距离为 5.1 埃米的“长柄扫帚杆”上了。

鲍林天性争强好胜。[①] 虽然他很高兴看到剑桥团队忽略了几个关键点，但布拉格的论文仍促使他尽快采取行动，以免自己的成果会被抢先发表。1950 年 10 月，他和科里在《美国化学学会杂志》（*Journal of the American Chemical Society*）上发表了一篇简短的文章，描述了 α 螺旋和 γ 螺旋。与此同时，来自英国考特尔德研究实验室的一个研究小组也取得了一些鼓舞人心的成果。克莱门特·班福德（Clement Bamford）、阿瑟·埃利奥特（Arthur Elliott）和他们的共同研究人员成功制造出合成多肽的纤维。令鲍林高兴的是，这些纤维的 X 射线衍射照片清楚地显示，沿轴向的螺距是 5.4 埃米而非 5.1 埃米，与鲍林的发现一致。这不禁令鲍林怀疑，毛发 X 射线照片中呈现的 5.1 埃米，可能只是重叠反射产生的人为因素，而不是关于结构的主要线索。对这一解释越来越确信后，鲍林提交了一篇他和科里、布兰森共同撰写的论文，详细解释了 α 螺旋和 γ 螺旋。这篇重要的论文恰好在 1951 年 2 月 28 日、鲍林的 50 岁生日当天提交。

---

① 亚历克斯·里奇（Alex Rich）、杰克·达尼茨（Jack Dunitz）和霍勒斯·弗里兰·贾德森（Horace Freeland Judson）都在与作者的谈话中证实了这一点。

顺便提一下，有一个关于“螺旋”一词的有趣轶事，我是从化学家杰克·达尼茨那里听来的，他当时是鲍林的博士后研究员。达尼茨回忆说，1950 年，鲍林一直用“漩涡”一词来描述 α 角蛋白的结构。[①] 甚至鲍林和科里发表在《美国化学学会杂志》的短文中，都只使用了“漩涡”这个词。有一天，达尼茨对鲍林说，他认为“漩涡”这个词只是指二维的平面形状，而三维的形状应该被称为“螺旋”。鲍林回答说，漩涡可以是二维的，也可以是三维的，但后来鲍林想了想，还是更喜欢“螺旋”这个词。当鲍林、科里和布兰森提交详尽的手稿时，已经完全见不到“漩涡”这个词了。这篇论文为《蛋白质的结构：多肽链的两种氢键螺旋构型》(*The Structure of Proteins: Two Hydrogen-Bonded Helical Configurations of the Polypeptide Chain*)。那时鲍林已对自己的模型相当有信心，在发表了这篇关于 α 螺旋的论文之后，他又和科里发表了一系列关于多肽链折叠的论文。

1951 年的春天，在英国，一个星期六的早晨，佩鲁茨走进图书馆，在最新一期的《美国国家科学院院刊》中找到了鲍林的一系列论文。大约 36 年后，他回忆了那个早晨的经历。他使用了一些专业术语，但是懊恼的心情溢于言表。

> 鲍林和科里的论文令我震惊不已。与肯德鲁和我的螺旋相比，他们的螺旋没有任何应变；所有酰胺基团都在同一平面，每个羰基团都会和氨基团的 4 个残基在链上构成完美的氢键。这个结构看起来完全正确。我怎么没能发现？为什么我没有让酰胺基团位于同一平面？为什么我盲目地坚持阿斯特伯里 5.1 埃米的重复距离？反过来说，如果重复距离是错误的，就算鲍林和科里的螺旋看起来那么

① 螺旋对应英文 helix，漩涡对应英文 spiral。——译者注

完美，它怎么可能是正确的？我的思绪一片混乱。我骑车回家吃午饭，却对孩子们的闲聊漠不关心，对妻子问我今天怎么了也毫无反应。

在进一步思考鲍林的模型时，佩鲁茨意识到 α 螺旋类似于螺旋楼梯，其中氨基酸残基（在图 5-2 中用“R”标记）形成了“台阶”。每个台阶的高度约为 1.5 埃米。布拉格的 X 射线衍射理论预测了从来没人提出过的 X 射线反射特征，其间距为 1.5 埃米，并与纤维轴垂直。布拉格团队的模型均未呈现出这种特征，而这是鲍林 α 螺旋独一无二的“印记”。

正当佩鲁茨准备断定，由于阿斯特伯里的数据不存在这种特征，因此足以推翻鲍林的模型时，他忽然想到，阿斯特伯里的实验设定是将纤维的长轴垂直于 X 射线束，实际上不见得能检测到这一特征。而通过计算得知，要观测到这种特征的最理想条件是将纤维倾斜约 31 度。

佩鲁茨觉得有必要立刻进行这项关键的实验。他骑车回到实验室，拿出一根存放在抽屉里的马毛，按照计算得出的有利于探测到反射的角度将其插入仪器中，并在周围放上胶片①，然后启动 X 射线束。苦苦等候冲洗照片的几小时对他来说几乎是煎熬，但最终，佩鲁茨得到了答案。α 螺旋预测的、间隔 1.5 埃米的强反射呈现得清清楚楚！佩鲁茨在星期一早上第一时间向布拉格展示了 X 射线照片。布拉格惊讶地问，是什么突然让他想到进行这项关键性实验的。佩鲁茨回答说，他对自己没有想到 α 螺旋感到非常生气。布拉格回答了一句流传至今的名言：**“真可惜，我没能早点让你生气！”**

---

① 阿斯特伯里使用的是平板相机，平板相机拍摄的范围太窄，可能会错过在大角度偏转情况下的反射。

DNA 结构，“设计”生命的蓝图

在 1951 年那一系列著名的论文中，鲍林并非所有的陈述都是正确的。仔细审视他那一年的全部著作，可以发现几处不足。其中最重要的是，γ 螺旋终将被抛弃。然而，这些小小的缺点并不能掩盖鲍林的开创性成就：α 螺旋及其在蛋白质结构中的显著作用。鲍林对我们理解生命本质的贡献是巨大的。他最早意识到，生物学尽管有其固有的复杂性，但本质上是由进化论延伸出来的分子科学。早在 1948 年，他就极具洞察力地说：“为了理解所有这些伟大的生物现象，我们需要理解原子，以及它们结合在一起形成的分子；我们不能满足于对简单分子的理解……我们还必须了解生物体中的大分子的结构。”

鲍林对分子生物学的基础理论和研究方法的影响同样引人注目。首先，在他 1939 年开创性的著作《化学键的性质和分子与晶体的结构：现代结构化学导论》（*The Nature of the Chemical Bond and the Structure of Molecules and Crystals: An Introduction to Modern Structural Chemistry*）中，他对氢键在生物分子中的重要性做出预测：“我相信，随着结构化学方法在生理学问题中的进一步应用，氢键对生理学的重要性将比任何其他单一结构特征都要大。”的确，从蛋白质到核酸等许多有机分子的结构，都充分证实了这一预测。

其次，鲍林开创了模型制作的先河，并将其变成了一种以结构化学的严格规则为基础的、预测性的艺术形式。就连加州理工学院开发的填充空间的彩色模型，也成为高分子研究领域的热门物品。这些模型由加州理工学院的工作室制作，1956 年一套包含约 600 个原子模型的模型，售价高达 1 220 美元。

鲍林并不以 X 射线衍射图案作为研究的起点，而是将其视为复杂的、有根据的猜测的最终仲裁者，这种做法也被证实非常有效：沃森和克里克即将采用相同的方法研究 DNA 的结构。

在 1948 年的一次演讲中，鲍林还提出了一个关于遗传学的敏锐观察，但显然当时他自己也没有完全意识到其全部含义。在那次演讲的前半部分，鲍林提醒听众：

> 孟德尔注意到豌豆植物的性状遗传，比如高矮的性状、紫色花朵或白色花朵的性状，可以通过从父母传递给后代的遗传单位来解释。汤姆斯·亨特·摩尔根（Thomas Hunt Morgan）和他的共同研究人员鉴定后发现，这些遗传单位是在染色体上线性排列的基因。

在演讲接近尾声时，他还做了补充解释：

> 基因或病毒分子进行自我复制的详细机制尚未知晓。在通常情况下，使用基因或病毒分子作为模板会导致产生结构不同但互补的分子。当然，这种情况的确有可能发生，即分子同时与其模板（基因或病毒分子）相同且互补。然而，这种情况对我而言，似乎不太可能成立，除非是通过以下方式。如果作为模板（基因或病毒分子）的结构由两个部分组成，而这两个部分本身在结构上是互补的，那么这两个部分中的每一个部分都可以作为另一个部分副本的模具，而两个互补部分的复合体则可以作为复制自身的模具。

正如我们很快会看到的那样，如果在 4 年后尝试确定 DNA 的结构时，鲍林还记得自己讲座的内容，他可能会避免犯下可怕的错误。

鲍林直到 1951 年夏天才开始关注 DNA。一直到 20 世纪 50 年代初，大多数生命科学家都坚持蛋白质范式，认为是蛋白质而不是核酸构成了生命的基础，并在生殖、生长和调节中起到关键作用。这种观点的根源可以追溯到生物学家赫胥黎，他认为原生质，就是细胞具有活性的部分，是所有生命属性的源泉。由氨基酸的长链构成的蛋白质，在所有生物细胞中占据了很大一部分；而核酸，顾名思义，最初是在细胞核中发现的。

BRILLIANT BLUNDERS

核酸

由若干核苷酸单体聚合成的生物大分子化合物。包括脱氧核糖核酸（DNA）和核糖核酸（RNA），是生命的最基本物质之一。

生物化学家菲巴斯·利文（Phoebus Levene）对核酸的结构和构成进行的早期研究，并未使得这些分子成为研究热点。如果说有的话，他的研究恰恰产生了完全相反的效果。利文成功区分了脱氧核糖核酸（DNA）和核糖核酸（RNA），并找到了它们的一些特性。但他的研究结果给人的印象是，这些物质相当简单乏味，不适合用于控制生长和复制等复杂任务。用细胞学家埃德蒙·比彻·威尔逊（Edmund Beecher Wilson）在 1925 年的话说："细胞核中的核酸整体上非常均匀……在这方面，它们与蛋白质形成了显著的对比，蛋白质不管是简单的还是复杂的，似乎有无穷无尽的多样性。"这种印象一直贯穿于 20 世纪 40 年代。到那时，人们已经知道，DNA 由被称为核苷酸的直链单元组成。核苷酸本身似乎也相当简单，每个核苷酸包含 3 个亚基：1 个磷酸基团（1 个磷原子与 4 个氧原子结合而成）、1 个戊糖以及 4 种含氮碱基中的一种。这 4 种碱基是：单环结构的胞嘧啶和胸腺嘧啶，以及双环结构的腺嘌呤和鸟嘌呤（见图 5-3）。即使到了 1951 年，人们仍然不知道 DNA 的实际结构究竟是什么样的，亚基如何相互连接形成核苷酸，以及核苷酸之间的连接方式也仍不清楚。尽管从化学角度来看，这一切似乎相当有趣，但到 1951 年底，大多数遗传学家仍然认为 DNA 的唯一作用是结构性的，DNA 可能只是作为更精密复杂的蛋白质的支架，而与遗传并不直接相关。

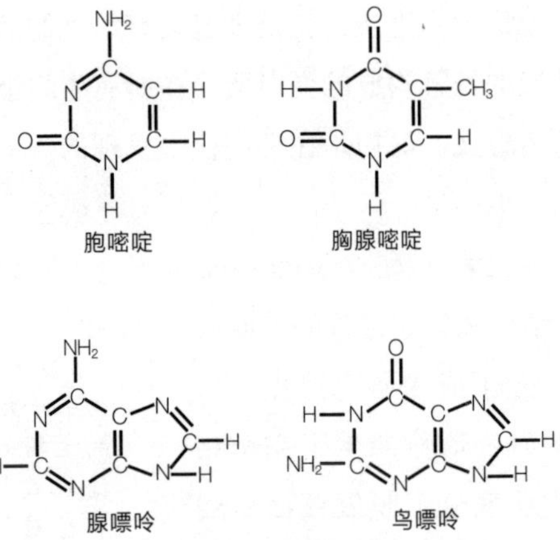

胞嘧啶　　胸腺嘧啶

腺嘌呤　　鸟嘌呤

图 5-3　含氮碱基

这件事本身有些令人惊讶，因为早在 1944 年发表的一篇论文中，生物学家奥斯瓦尔德·艾弗里（Oswald Avery）、科林·麦克劳德（Colin MacLeod）和麦克林·麦卡蒂（Maclyn McCarty）就提供了强有力的实验证据，表明生物细胞的遗传物质由 DNA 组成。艾弗里和同事培养了大量的致病细菌，并在成功将其分离为生化组分后，得出如下结论：将非致病细菌转化为致病细菌的成分，是 DNA 分子，而非蛋白质或脂肪。1943 年 5 月，在写给自己的兄弟、细菌学家罗伊的信中，艾弗里写道："故事就是这样，罗伊，无论对错，它都很有趣，而且我们做了很多的努力。"艾弗里的研究结果未能得到应有的关注，可能是因为这 3 位科学家中没有一位是遗传学家，所以他们的结论表述得非常谨慎，导致许多生命科学家未能充分理解其重要性。[①] 论文

① 该论文发表于 1944 年战争期间，这可能也是其影响相对较小的原因之一。

中的陈述如下："如果最终可以排除合理怀疑，证明这里所描述的物质的转化活性实际上是核酸固有的特性，我们还必须从化学角度来解释这种作用的生物特性。"然而，细心的读者应该会注意到论文的总结："所得的数据……表明在本方法的范围内，活性部分不包含蛋白质……并且主要（如果不是唯一的话）由高度聚合的、有高度黏性的脱氧核糖核酸（DNA）组成。"

鲍林对艾弗里的研究并不陌生，但他在后来的一次采访中承认，当时他并不相信 DNA 与遗传有多大关系："我知道 DNA 是遗传物质的观点，但我并不接受这一观点；当时我对蛋白质非常满意，你知道，我认为蛋白质可能是遗传物质，而不是核酸。"鲍林的儿子、化学家彼得·鲍林（Peter Pauling）也证实这确实是他父亲的态度。在 1973 年撰写的一篇短文中，彼得写道："对于我父亲来说，核酸是有趣的化学物质，就像氯化钠①是有趣的化学物质一样，两者都表现出了有趣的结构问题。"

然而，到了 1951 年底，当时加州大学伯克利分校的生物化学家爱德华·朗温（Edward Ronwin）发表了一篇不寻常的论文，引起了鲍林极大的兴趣，促使他采取行动。这篇论文《核酸的三磷酸酐分子式》（*A Phospho-tri-anhydride Formula for the Nucleic Acids*）于 1951 年 11 月发表。在这篇论文中，朗温提出了 DNA 的新"设计"，其中每个磷原子与 5 个氧原子相连，而鲍林作为卓越的结构化学家则坚信它只能连接 4 个氧原子。鲍林感到恼怒，他与化学家弗纳·肖梅克（Verner Schomaker）立即向《美国化学学会杂志》的编辑发送了一封短信，信中他们首先指出"在为一种物质确定分子式时，必须注意所使用的结构元素是合理的"。他们的结论更加轻蔑："每个磷原子周围连接 5 个氧原子是极不可能的结构特征。"他们说，这种 DNA

① 普通食盐的主要成分。

的结构“不值得认真考虑”。朗温则反驳指出，磷通过化学键结合 5 个氧原子的其他物质确实存在。① 鲍林和肖梅克不得不收回这一轻蔑的结论，但他们仍然坚持认为自己才是正确的，因为这种类型的结构对湿度非常敏感，这使得它们不太可能成为 DNA 的候选结构。这种交流本来无关紧要，但它确实让鲍林开始思考 DNA 可能是如何构成的。然而，要想有所进展，他就需要 DNA 的高质量的 X 射线衍射照片，因为现有的 X 射线衍射照片是阿斯特伯里和弗洛伦斯·贝尔（Florence Bell）于 1938 年和 1939 年拍摄的旧照片。但是，高质量的 X 射线衍射照片并不容易获得。加州理工学院在 20 世纪 50 年代初确实拍摄了新的照片，但令人惊讶的是，这些照片质量却不及阿斯特伯里和贝尔的照片。在权衡利弊时，鲍林听说伦敦国王学院的莫里斯·威尔金斯（Maurice Wilkins）已经拍摄了被描述为“核酸纤维”的高质量照片。② 鲍林觉得自己也不会损失什么，就决定写信给威尔金斯，询问他是否愿意分享那些照片。然而，鲍林并不知道，在英国，围绕 DNA 的研究正迅速进入狂热状态。

同一时刻，在英格兰

1951 年发生的 3 个独立事件对揭示 DNA 结构的“竞赛”产生了决定性的影响。在那一年，弗朗西斯·克里克 35 岁，正在剑桥大学攻读生物学博士学位，此前他对物理学感到厌倦（他后来形容自己对水的黏度的研究是“最乏味的问题”）。他的数学背景对即将到来的发现至关重要。同年，詹姆斯·沃森 23 岁，来到剑桥大学向马克斯·佩鲁茨学习 X 射线衍射。沃森在

① 他写信给鲍林，让鲍林去看化学家路德维希·安舒茨（Ludwig Anschutz）在 1927 年发表的一篇论文，安舒茨在论文中指出，磷在某些结构中与 5 个氧原子相连。

② 生化学家杰拉尔德·奥斯特（Gerald Oster）于 1951 年 8 月 9 日写信给鲍林。奥斯特把威尔金斯推迟发表这些图像解释为他自己缺乏兴趣，但事实上，威尔金斯是在努力用更好的工具来证实结果。

印第安纳大学拿到了关于 X 射线对病毒的影响的博士学位，后来又在哥本哈根大学接受了一些核酸化学方面的培训。同样在 1951 年，罗莎琳德·富兰克林（Rosalind Franklin）31 岁，来到了国王学院，此前她在巴黎进行了 3 年的研究，在那里她熟练掌握了 X 射线衍射技术。

富兰克林出生在一个博学的银行家家庭，并于 1945 年在剑桥大学获得博士学位。当她来到国王学院时，物理学家威尔金斯希望她作为一名优秀的晶体学家能帮助自己研究分子结构。威尔金斯对富兰克林的期望并不奇怪，因为根据沃森的说法，“当时在英国对 DNA 的分子研究实际上完全是威尔金斯的个人财产”。然而，这并不是富兰克林来国王学院的初衷，她对自己的不同期望有充分的理由。生物物理研究组的主任约翰·兰德尔爵士（Sir John Randall）在给她的一封信中描述了她的工作内容：“这意味着在实验性的 X 射线工作方面，目前只有你自己和雷蒙德·高斯林（Raymond Gosling，当时是研究生），锡拉丘兹大学的毕业生海勒夫人（Mrs. Heller）也会为你提供临时协助。”① 因此，富兰克林的一个合理推测就是，她将在 DNA 研究方面自己做主，这与威尔金斯的假设显然不一致。因此，富兰克林和威尔金斯注定会发生冲突，事实上他们确实发生了冲突。后来，尽管他们共用同一实验室空间，但他们分别进行各自的研究。

相比之下，沃森和克里克在剑桥共用一间办公室，立刻就打得火热。沃森形容克里克为“毫无疑问是我曾经合作过的最聪明的人，也是我见过的最接近鲍林的人”。这两位男士汇集了截然不同但互补的专业知识、特质和性格。克里克在一次采访中提到：“有趣的是，他（沃森）的背景是噬菌体研究，而我只是读过一些，并没有亲身参与过，而我的背景是晶体学，他只是

① 此外，兰德尔还补充道：“我并不是说，我们应该放弃研究解决方案的所有想法，但我们确实认为，研究纤维会立即产生效益，而且可能是根本性的。”

通过阅读了解过，也没有亲身参与过。”他们彼此形容对方的个性很有趣。在提到克里克的自信、淘气的机智和直言不讳的习惯时，沃森写道：“我从未见过弗朗西斯·克里克有谦逊的时候。”他还补充说，克里克“说话声音比任何人都大，而且速度比任何人都快”。另外，克里克则写道：“沃森明显比我更直言不讳。”背景不同的两人却立即产生了共鸣。克里克怀疑这是“因为某种年轻人的傲慢、无情和对草率思考的不耐烦在他们两人身上自然而然地显现”。他们的思维过程也非常相似。用克里克的话来说：“他是我遇到的第一个在生物学上与我有着相同思维方式的人……我认为遗传学是真正必不可少的部分，即基因是什么以及它们做了什么。”

还有一个原因使沃森和克里克的合作变得非常强大。因为他们在专业上并没有一个人比对方更资深，所以他们可以在批评对方的想法时保持绝对的坦诚。而在那些充斥着正式礼节、屈服于他人地位或者双方争权夺利的关系中，这种对真理的诚实常常被丢掉。克里克自己就这样描述过他与沃森的互动：“如果我们中的任何一个提出了一个新的想法，另一个人会认真对待它，并以坦率但非敌对的方式试图将其击倒。”据克里克所说，沃森“决心要搞明白基因是什么，并希望搞清楚 DNA 的结构会对这些有所帮助”。这最终被证明是绝对正确的。

人们可能好奇是什么使沃森和克里克相信 DNA 结构是可以被解开的，而不是杂乱无章的一团。可以想象的是，威尔金斯于 1951 年春季在意大利那不勒斯的一次会议上所做的学术报告，给了他们这种信心，而沃森正好参加了那次会议。威尔金斯成功地拉出了 DNA 钠盐的极细纤维，并制作出了比阿斯特伯里和贝尔的照片要明显好得多的 X 射线照片。这些照片显示了 DNA 的结晶形态，这让沃森相信 DNA 的结构是规则的。这些正是鲍林当初向威尔金斯索要的照片。

威尔金斯对鲍林在分子结构方面的能力心知肚明，所以在收到鲍林的来信后，对于这个请求他不知道该怎么办。最终，他礼貌地回答，在进行一些额外的研究之前，他的照片还不能分享。然而，鲍林并没有放弃，他决定试着与兰德尔商量，结果再次被拒绝，理由是："把这些照片交给你，对他们（威尔金斯和他的合作者）或者对我们整个实验室所付出的努力来说，都是不公平的。"[①] 因此，到了 1951 年底，鲍林仍然无法看到任何质量合理的 X 射线衍射照片。

与此同时，沃森和克里克对于击败鲍林破译 DNA 结构的渴望越来越强烈。奥地利裔美国生物化学家埃尔文 · 查戈夫（Erwin Chargaff）在 1952 年 5 月与沃森和克里克见面，幽默地描述了这对充满活力的二人组："一个 35 岁，外表像一个日渐衰落的赛车手，有点儿像霍加斯的风格……另一个 23 岁，相貌相当幼稚，一副比得意的傻笑更狡猾的表情，他的话不多，也没有任何重要的发言。"更有趣的是，查戈夫还描绘了这两位科学家的狂热野心："就我所知，他们想要在不受任何化学知识束缚的情况下，将 DNA 构建成一个螺旋结构。主要原因似乎是鲍林的蛋白质 α 螺旋模型。"[②] 实际上，尽管鲍林并不知情，沃森（主要的人）和克里克（在某种程度上）却认为他们正在与他进行一场竞赛。

我们并不应该错误地认为鲍林是第一个引入螺旋模型的人，但毫无疑问的是，在让这种模型成为具有生物学意义的分子的过程中，他的选择发挥了

① 1951 年 8 月 28 日，兰德尔写信给鲍林。他首先解释说，与奥斯特的解释相反，威尔金斯对 DNA 工作非常感兴趣。"我很抱歉，奥斯特对我们在核酸方面的意图有很大的误解。威尔金斯和其他人正忙于研究脱氧核糖核酸 X 射线照片的内部解释。"鲍林则在 1951 年 9 月 25 日礼貌地回复说，很抱歉自己给兰德尔带来麻烦。

② 查戈夫还补充道："我把我知道的都告诉了他们。如果他们之前听说过配对规则，他们就会隐藏起来。"

重要作用。他在 α 螺旋模型中引入了每一圈螺旋非整数个氨基酸的概念，进一步拓展了传统的结构晶体学家的视野。这极大地推动了对螺旋结构的 X 射线衍射照片的解释研究，为最终解码 DNA 奠定了基础。正如克里克在那个时期所描述的一样："回过头看，如果你认为 DNA 不是螺旋状的，那你会显得有点古怪。"

1951 年底，事情发展得非常快。1951 年 11 月 21 日，沃森前往伦敦去听富兰克林的学术报告。虽然他从这次讲座中并没有学到太多新东西，但仅仅过了一个星期，他和克里克就制作出了他们对 DNA 结构的第一个模型①。该模型由 3 条螺旋链组成，内部有磷酸 - 糖骨架，而碱基朝外。这个设计的主要动机很简单：由于碱基的大小和形状不同（其中两个是单环的，两个是双环的，见图 5-3），沃森和克里克认为，除非碱基没有包含在中心构造里，否则晶体 DNA 不可能产生高度规则的模式。

在约翰 · 肯德鲁的建议下，这对兴奋的科学家邀请了国王学院的团队来看他们的模型，不过，克里克后来承认他对于如此快速地发出邀请感到有些不自在。这则邀请立即被接受了：威尔金斯、富兰克林、高斯林和威廉 · 西兹（William Seeds，生物物理学研究组的另一名成员）组成的团队第二天就出现在剑桥大学。

沃森和克里克的第一个模型展示成了一场彻底的灾难。从螺旋结构到支撑核心的力，富兰克林不仅对这些所有基本假设提出了质疑，而且还指出报告中的含水量完全错误，DNA 是一种相当"渴望水分"的分子，这使得沃森的密度计算全部无效。显然，部分错误是由于沃森误解了富兰克林在一个

① 克里克在一份描述他们方法的草稿中明确指出，他与沃森的第一个模型是"受到 1951 年 11 月 21 日伦敦国王学院举行的研讨会上研究结果的刺激"。他还明确提到了鲍林的 α 螺旋模型。

星期前的学术报告研讨会上使用的晶体学术语。这个不幸的混淆导致克里克认为可能的构型数量相当有限。

这场灾难性事件产生了深远的影响：沃森和克里克基本上被禁止继续进行 DNA 研究，所有 DNA 研究被限制在伦敦国王学院进行。人们通常认为是两个实验室的主任——兰德尔和布拉格，暂停了沃森和克里克的 DNA 研究工作。然而，2010 年，纽约科尔德斯普林港实验室的亚历山大·甘（Alexander Gann）和扬·维特科夫斯基（Jan Witkowski）发现了克里克丢失已久的信件。结果发现，这些丢失的信件与生物学家悉尼·布伦纳（Sydney Brenner）的文件混在了一起，克里克和布伦纳在 1956—1977 年共用一间办公室。找到的信件为当时暂停的 DNA 研究工作提供了新的视角。在 1951 年 12 月 11 日的正式信函中，威尔金斯对克里克说：

> 非常抱歉并且充满遗憾地告诉你，我恐怕在这里（国王学院）投票的大部分人都反对你在剑桥继续进行核酸研究。这里提出的一个争议是，你的想法直接源于一次学术报告中的陈述，对我来说，这和你自己的论点一样是令人信服的，你的方法完全出乎意料。

威尔金斯继续担任国王学院和卡文迪许实验室之间的调解人角色，然后补充道："我认为最重要的是达成一种谅解，以便我们实验室的所有成员在将来和过去一样，都可以自由地讨论他们的工作并与你和你的实验室交流思想。我们双方都是 M. R. C.（医学研究委员会）单位，也都是物理学系，彼此之间有许多联系。"威尔金斯进一步建议克里克把这封信给佩鲁茨看，并告诉克里克他会给兰德尔一份副本。同一天，威尔金斯还给克里克寄去了一封更为私人的手写信，他在信中承认，"我不得不阻止兰德尔向布拉格投诉你的行为"。两天后，沃森和克里克起草了一封回信，信中表示"我们都同意我们必须达成一种友好的协议”。然而，沃森并不打算因为管理上的决定而放弃对 DNA 的研究。

与此同时，富兰克林也取得了重要进展。首先，她发现 DNA 存在两种略有不同的构型。其中一种形式，她标记为“A”型，是结晶的。另一种形式——“B”型，更加具有延展性且含有更多水分。这两种构型存在的一个后果是，除非拍摄的是一种纯净形式的样本，否则 DNA 样本的 X 射线衍射照片会看起来很混乱。1952 年的前 5 个月，富兰克林生成了纯净的 A 型和 B 型样品，成功地抽出每种形态中的单根纤维，并设计和重新配置了她的 X 射线相机，以拍摄高分辨率的照片。正如我们很快将看到的那样，她拍摄的“较湿润”的 B 型样品之一，被标记为“51 号照片”（见图 5-4），即将成为理解 DNA 结构的关键。不幸的是，因为富兰克林决定使用一种特殊的分析方法，她和高斯林首先将注意力集中在更详细的 A 型 X 射线照片上，忽略了 51 号照片中更简单但真正具有启发意义的 X 射线图案，耽误将近 9 个月的时间。

在富兰克林的所有研究中，她展示了与鲍林截然不同的思考方式。富兰克林对“有根据的猜测”和试探性方法感到厌恶。相反，她坚持依靠 X 射线数据来引导自己找到正确的答案。例如，虽然她在原则上不反对螺旋结构，但她绝对不愿把它们的存在作为前提假设。① 相比之下，沃森和克里克则效仿鲍林的方法和手段，并且不会被方法的形式所拖累。用克里克的话来说：“他（沃森）只想得到答案，无论是通过可靠的方法还是花哨的方法，都不会让他有丝毫困扰。他唯一想要的就是尽快得到答案。”

---

① 富兰克林在 1952 年 5 月前后的反螺旋态度是由于她不确定 DNA 的 A 型螺旋结构的生存能力。通常，她不愿意对结构做任何假设，这反映在她的陈述中就是“现阶段不会试图引入关于结构细节的假设”。

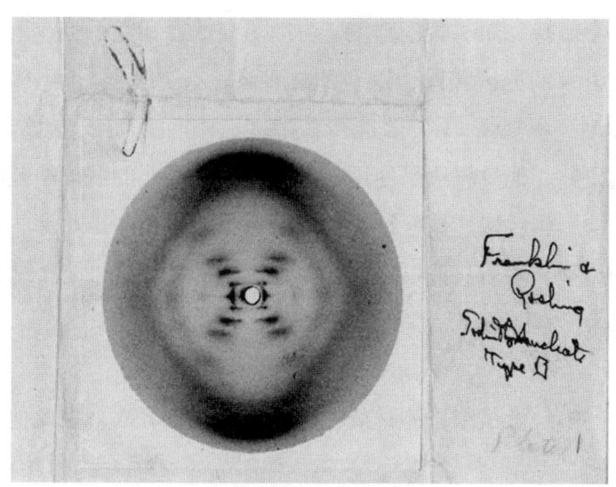

图 5-4　51 号照片

令人惊讶的是，当时无论是沃森和克里克还是鲍林，都不知道在 1951 年，英国利兹大学阿斯特伯里实验室的埃尔温·贝顿（Elwyn Beighton）已经通过拉伸 DNA 纤维并使其湿润，获得了优秀的 B 型 X 射线照片。然而，由于阿斯特伯里和贝顿显然认为这代表的是混合物而不是纯粹的构型（因为 X 射线的图案比阿斯特伯里 - 贝尔照片中的图案简单），所以，根本没有人知道这些照片的存在。而且，阿斯特伯里和贝顿都不了解螺旋结构在 X 射线照片中的表现形式。就这样，利兹实验室错过了在 DNA 故事中扮演重要角色的机会。

回到美国后，鲍林再次试图用自己的方法破解 DNA 的结构，试图重复他在蛋白质方面取得的成就。可用的 X 射线照片显示在大约 3.4 埃米处有一个强烈的反射，但没有其他太多信息。作为一个起点，鲍林重新审视了朗温的论文。尽管他坚信朗温对 DNA 的结构假设，即磷原子连接到 5 个氧原子，完全是错误的，但朗温的建议中有些东西吸引了他的注意。朗温在结构的外部放置了 4 个碱基，而磷酸根则位于中间。与沃森和克里克在第一次尝试中将碱基放在外部的原因相同，这在鲍林看来是有道理的。（鲍林对那个完全不准确的模型毫不知情。）按照这种思路，鲍林再次采用了后来被称为“随机方法”的研究。他的想法是使用化学原理缩小可能的结构的范围，得到最有可能的结构，然后构建这些结构的三维模型，再从中排除那些过于紧密或过于松散的构型。然后，他可以将这个新出现的“最有可能”结构与实验测量的 X 射线衍射照片进行比对。

在之前的多次尝试中，鲍林成功地采用了这种方法，因此他认为自己知道应该按照哪些步骤进行研究。首先，他对分子是螺旋状的几乎没有怀疑，而阿斯特伯里 - 贝尔的照片似乎与这一假设基本一致。其次，有两个碱基是双环结构，另外两个是单环结构。不同的结构和尺寸，使人们很难一眼就看出螺旋是由碱基规则排列而成的。下一步是找出螺旋应该有多少股。鲍林决定通过计算结构的密度来解决这个问题。然而，他还没来得及开始，一个意外的干扰让他停下了脚步。

意外的干扰，“竞赛”进入最后阶段

在第二次世界大战后的冷战氛围中，特别是在 1950 年通过《美国国内安全法》（*Internal Security Act of 1950*）之后，美国国务院的护照部门被授予几乎无限的权力，可以拒绝向他们认为过于“左翼”的任何人发放护照。1952 年 1 月，鲍林申请续签护照，因为他准备在随后的 5 月出席英国皇家学会的会议。鲍林和科里都受邀在会议上展示他们在蛋白质和 α 螺旋方面的研究成果，而鲍林还计划利用这次欧洲之行访问西班牙和法国的几所大学。然而，1952 年 2 月 14 日，护照部门主管鲁思 · B. 希普利（Ruth B. Shipley）向鲍林寄了一封信，当然这封信很难被视为情人节卡片。她告知鲍林，由于他的出访被认为“不符合美国的最佳利益”，所以他的护照没有签发。

BRILLIANT BLUNDERS

麦卡锡主义

1950—1954年，美国参议员约瑟夫·麦卡锡（Joseph McCarthy）掀起的全国范围反共、反民主运动，后成为政治迫害的同义词。

在当时的氛围下，鲍林发表了许多反战演讲，积极反对核武器，并宣称“世界现在站在道路的分岔口上，一条通向全人类光明的未来，另一条则通向文明的完全毁灭”。因此，希普利会推测“有足够的理由相信鲍林博士不符合美国的利益”，也许并不令人意外。

起初，鲍林将护照被拒仅仅视为烦人的不便，并确信问题很容易解决。为了加快进展，1952年2月29日，他写信给总统哈里·杜鲁门（Harry Truman），并附上了自己在1948年获得的总统功绩奖章的复印件，上面有杜鲁门的签名。鲍林沮丧地写道：“我相信我计划的旅行对国家不会造成任何伤害。”总统秘书礼貌地回复说，护照部门已被要求重新做出评估。然而，决定并未被撤销。4月，鲍林感到时间越来越紧迫，于是采取了一系列行动：首先，他请了一名律师帮助；其次，他向护照办公室提交忠诚誓言和宣誓书；最后，他安排了与希普利亲自会面。然而，所有这些努力都无济于事。护照被拒的最终决定于4月28日宣布，第二天，鲍林通知英国皇家学会会议的组织者，自己无法出席。

如预料的那样，鲍林的护照事件激起了全球科学家的愤怒。[①] 来自英

① 1952年5月19日，《纽约时报》在刊登了几篇报道后，在一篇文章《鲍林博士的困境》（*Dr. Pauling's Predicament*）中讨论了与鲍林问题有关的整个护照制度。1952年5月13日，《华盛顿邮报》（*The Washington Post*）发表了文章《鲍林，著名化学家，护照被拒》（*Pauling, Noted Chemist, Refused Passport*）。1952年5月14日，芝加哥《每日太阳时报》（*Chicago's Daily Sun-Times*）发表了文章《美国自己的铁幕》（America's Own Iron Curtain）。

国的诺贝尔化学奖得主罗伯特·罗宾逊爵士（Sir Robert Robinson）在写给《伦敦时报》（*London Times*）的一封信中表达了他的“震惊”。美国和英国的著名科学家，包括物理学家恩里科·费米（Enrico Fermi）和爱德华·泰勒（Edward Teller）、生物学家哈罗德·尤里（Harold Urey）以及晶体学家约翰·贝尔纳尔（John Bernal），纷纷写信抗议。法国的生物化学家们还选举鲍林为将于7月在巴黎举行的国际生物化学大会的荣誉主席。

国际压力最终产生了影响。鲍林在6月重新申请护照后，国务院推翻了希普利的拒绝决定，鲍林获准于7月14日（法国国庆日）前往法国和英国。

除政治意义之外，整个护照事件还带来了一些科学影响。科里参加了英国皇家学会的会议，他利用这个机会访问了富兰克林的实验室。在那里，他看到了富兰克林得到的清晰的X射线照片。然而，显然他并没有立即意识到这些照片的重要性，因为他没有向鲍林传达任何重要信息。想一想，如果鲍林本人被允许查看这些照片会发生什么呢？人们已经写过大量的猜测但实际上这些猜测并不重要。鲍林在10周后，也就是1952年夏天，在英国度过了一个月的时间，在那期间他完全有机会去拜访国王学院的团队，但他没有选择这样做。原因很简单：鲍林仍然专注于说服所有人自己的蛋白质 α 螺旋模型的正确性，而DNA并不是他脑子里的主要问题。事后证明，富兰克林的照片，特别是那张后来著名的“51号照片”，显示出了双螺旋结构的明显特征。

鲍林当时还得知了关于DNA的另一项重要信息，但他要么忘记了，要么没有足够重视。这个证据与核苷酸中的碱基有关。以下轶事表明，情绪反应可能会干扰本应由纯粹科学推理控制的思维过程。

情绪干扰了判断

1947 年圣诞节后的一天，鲍林和他的家人乘坐著名的“玛丽皇后”号邮轮前往欧洲，鲍林将在牛津进行为期 6 个月的访问。巧合的是，自战争年代以来，一直对核酸感兴趣的埃尔文·查戈夫也在同一艘船上。鲍林很快与他相遇。不过，用生物学家亚历克斯·里奇的话说，查戈夫是一位“非常有个性的人”。与之相反，鲍林通常是随和的，而且在这种特殊情况下，鲍林期待着一个轻松的假期。因此，鲍林不仅对查戈夫生动描述的研究结果几乎不关注，而且似乎后来还忽略了查戈夫关于核酸的重要论文。在那篇 1950 年发表的论文中，查戈夫发现了 DNA 中碱基数量之间的显著关系。他表明，无论 DNA 某个部分中腺嘌呤（缩写为“A”）的数量是多少，胸腺嘧啶（缩写为“T”）的数量都是与之相等的。同样，鸟嘌呤（缩写为“G”）的数量等于胞嘧啶（缩写为“C”）的数量。这对于解读 DNA 的结构提供了有意义的线索，即 A 的数量等于 T 的数量，G 的数量等于 C 的数量，但鲍林完全没有注意到。如果他当时没有漏掉这一重要信息，也许 DNA 结构的发现会有不同的故事。

在 1952 年夏天前往英国和法国之后，鲍林于 9 月回到了加州理工学院。然而，即使那时，他也没有准备好全身心地投入 DNA 问题中。那个夏天，与克里克的一次对话给了他灵感，他终于想到了如何才能解开蛋白质在 5.1 埃米的反射谜题。就像科学中经常发生的那样，鲍林和克里克独立解决了这个问题，各自展示了 α 螺旋可以形成相互缠绕的绳状结构，从而产生了这种神秘的特征。这给这段故事画上了完美的句号，但尽管当时鲍林并不知道，破解 DNA 的“竞赛”已经进入最后阶段。

三重螺旋体，错到离谱的 DNA 结构

鲍林在法国的访问为他提供了另一条线索，这条线索表明很可能 DNA 才是主要的遗传物质。美国微生物学家艾尔弗雷德·赫尔希（Alfred Hershey）在巴黎附近的鲁瓦约蒙（Royaumont）召开的国际病毒学会议上，展示了相关证据。赫尔希和他的合作者玛莎·蔡斯（Martha Chase）分别用放射性磷和硫标记了 T2 噬菌体（一种病毒）的 DNA 和蛋白质。然后，他们让噬菌体感染细菌，这能够证明感染细菌的遗传物质极有可能是 DNA 而不是蛋白质。病毒蛋白质外壳留在细菌细胞外，在感染中没有起到任何作用。但并不是每个人都被说服了。的确，赫尔希本人也小心地指出，他的结果是否有任何根本意义，这一点还不能确定。而另一方面，对 DNA 同样极为感兴趣的沃森却相当确信这一结果。

1952 年 11 月底，鲍林终于回到了 DNA 研究中。加州理工学院的生物学家罗布利·威廉姆斯（Robley Williams）组织的一次有趣的研讨会推动了这次回归。威廉姆斯展示了一种核酸盐的电子显微镜图像，这是 DNA 的一种化学类似物。对鲍林来说，这些长长的、圆柱形的链条图像，再加上阿斯特伯里的 X 射线衍射照片，似乎为螺旋分子提供了确凿的证据，如果他需要的话。鲍林还从生物化学家亚历山大·托德（Alexander Todd，后来获得诺贝尔化学奖）的工作中了解到，DNA 分子的骨架含有重复的磷酸基团和戊糖基团。

阿斯特伯里的照片显示出约 3.4 埃米间隔的强反射，鲍林在得到这些照片后，从 1952 年 11 月 26 日开始对 DNA 的结构进行计算。根据阿斯特伯

里和贝尔的密度测量结果以及威廉姆斯测得的链条直径，他估计沿纤维轴向的一个残基长度为 1.12 埃米，几乎是 X 射线照片中 3.4 埃米间距的 1/3。这使他得出了一个令人惊讶的结论："这个圆柱形分子由 3 条链组成，这些链缠绕在一起……每一条链都是一个螺旋。"换句话说，鲍林确信双链螺旋结构的密度过低，于是他选择了三链螺旋结构。这个结构后来被称为三重螺旋。

接下来他要解决的问题涉及三重螺旋结构设计的核心部分——分子中靠近轴的部分。问题是，核苷酸的 3 个已知组成部分（碱基、糖基团、磷酸基团）中的哪一个构成了核心？鲍林和科里进行了逐步排除的思维过程：

> 由于它们的性质不同，嘌呤 - 嘧啶基团（碱基）不能沿着螺旋轴排列，也无法使糖基团和磷酸基团之间形成合适的键……同样，糖基团也不太可能构成分子的核心部分……分子的形状决定了这些基团难以在螺旋轴上紧密排列，并且目前也没有找到令人满意的排列方式……我们得出的结论是，分子的核心可能由磷酸基团组成。

现在的排列看起来是这样的：磷酸基团环绕在螺旋轴周围，糖基团围绕在它们周围，碱基呈放射状向外突出。三重螺旋分子通过不同链的磷酸基团之间的氢键相互连接在一起。

这个结构看起来很有希望，但鲍林仍然发现了一些问题。分子的中心现在似乎被三链磷酸基团填得非常拥挤，就像"电话亭塞人大赛"一样：争先恐后地将尽可能多的人塞进电话亭。鲍林知道磷酸盐离子的形状是四面体的，中心的磷原子由 4 个氧原子围绕，这些氧原子位于金字塔的顶点。整个

12月，他、科里和化学家弗纳·肖梅克不断尝试挤压、扭曲和扭转这些四面体，使它们更好地契合在一起。在这个过程中，鲍林同样遵循直觉，这种直觉先前引导他成功推导出 α 螺旋的结构。他相信，如果他能找到一个在结构化学上与X射线数据普遍一致的解决方案，那么，其他所有问题以后会迎刃而解。例如，有一个问题是，这个模型如何允许DNA钠盐存在，因为核心部分绝对没有容纳钠离子的空间。鲍林没有答案，但他认为一旦确定了主要结构，就能找到答案。工作的进度非常紧张。鲍林甚至在圣诞节那天，在他的实验室里，邀请了一小组科学家进行非正式的模型展示。① 到了月底，他认为自己的想法基本上已经对了。鲍林和科里在1952年的最后一天发表了他们的论文，即《核酸的可能结构》(*A Proposed Structure for the Nucleic Acid*)。论文开头写着："核酸作为生物体的组成部分，与蛋白质一样重要。"接着是一些更加谨慎的措辞：

> 我们现在对核酸已经设想出了一个有希望的结构……在所有研究者中，这第一个提出的、精确描述的核酸结构。该结构解释了X射线照片的一些特征；但是详细的密度计算尚未完成，因此我们还不能认为该结构已经被证明是正确的。

换句话说，虽然有些问题还没有定论，但鲍林仍然想要确立优先权。

与科学论文中稍显犹豫的口气相反，在关于这个模型的个人交流中，鲍林表现得信心十足且非常乐观。在1952年12月19日给苏格兰生物化学家托德的信中，鲍林写道："我们已经发现了核酸的结构。我认为在大约一个月内，我们会投出一份描述这个结构的手稿，但是对于这个结构的正确性，

① 考虑到当时的政治问题，鲍林显然是想让自己振作起来。

我几乎没有任何怀疑……这个结构真的是完美的。”在同一天寄给古根海姆基金会（Guggenheim Foundation）主席亨利·艾伦·莫（Henry Allen Moe）的信中，鲍林重复了同样的观点：“我相信，我现在已经发现了核酸本身的结构。”

鲍林定期通信的另一个人是他的儿子彼得。恰好彼得几个月前抵达剑桥大学，成为约翰·肯德鲁的研究生。彼得与其他 4 位同事共用一间办公室。彼得说：“在我左边靠近窗户的地方，有一个相当吵闹的家伙，名叫克里克。在我右边，有一张桌子有时会被沃森占用。办公室里还有一位访问学者杰里·多诺休（Jerry Donohue），我非常熟悉他，因为他与加州理工学院长期合作。还有一位同事是肯德鲁的研究助手迈克尔·布卢姆（Michael Bluhm）。”在没有电子邮件的时代，通过与父亲频繁地书信交流，彼得成为加州理工学院和剑桥大学之间的主要联络人。因此，当鲍林告知彼得关于 DNA 结构的论文后，彼得马上要了一份副本。这是在 1953 年 1 月 13 日。彼得在信中简短的一句评论，充分说明了英国科学家们所感受到的压力：“我今天听到一个故事。你知道这些孩子们是怎样被威胁的吗？‘你们最好表现好，否则那个可怕的怪物会来找你。’嗯，一年多来，弗朗西斯（克里克）等人一直对国王学院的核酸研究人员说‘你们最好努力工作，否则鲍林会对核酸产生兴趣’。”

在这种情况下，当彼得说到鲍林已经发现了 DNA 的结构时，这个消息自然就像一道霹雳击中了沃森和克里克。在剑桥大学，大家对鲍林之前在 α 螺旋上的成功记忆犹新，两个年轻人不禁想知道这是不是一次灾难的重演。1 月 23 日，彼得给鲍林又写了一封信，这次只是抱怨：“我希望沃森在这里（沃森正在意大利米兰进行短期访问）。现在有点儿无聊。无事可做。”

对于沃森和克里克来说，从彼得要求鲍林寄来论文副本的那一刻起，到1月28日手稿送到，这几周时间感觉像是漫长的永恒。当彼得终于带来了论文时，沃森从他外套的口袋中迅速地拿出了论文，狼吞虎咽地阅读了摘要和引言。然后，他盯着插图看了几分钟，简直不敢相信自己的眼睛。鲍林设想的DNA结构，磷酸盐位于中心，碱基在外侧，与他和克里克之前尝试的模型惊人地相似。这个模型简直错得离谱。

本章回顾 »

BRILLIANT BLUNDERS

- 当一个有希望的假设不太奏效时，科学家通常会尝试提高现有实验数据的质量，因为更精确的信息可以揭示出先前无法辨别的细微差别。
- 鲍林：为了理解所有这些伟大的生物现象，我们需要理解原子，以及它们结合在一起形成的分子；我们不能满足于对简单分子的理解，我们还必须了解生物体中的大分子的结构。
- 鲍林预测：随着结构化学方法在生理学问题中的进一步应用，氢键对生理学的重要性将比任何其他单一结构特征都要大。从蛋白质到核酸等许多有机分子的结构，都充分证实了这一预测。
- 到 1951 年底，大多数遗传学家仍然认为 DNA 的唯一作用是结构性的，DNA 可能只是作为更精密复杂的蛋白质的支架，而与遗传并不直接相关。
- 彼得・鲍林：对于我父亲来说，核酸是有趣的化学物质，就像氯化钠是有趣的化学物质一样，两者都表现出了有趣的结构问题。
- 克里克：我认为遗传学是真正必不可少的部分，即基因是什么以及它们做了什么。
- 沃森：决心要搞明白基因是什么，并希望搞清楚 DNA 的结构会对这些有所帮助。

- 鲍林在 α 螺旋模型中引入了每一圈螺旋非整数个氨基酸的概念，进一步拓展了传统的结构晶体学家的视野。这极大地推动了对螺旋结构的 X 射线衍射照片的解释研究，为最终解码 DNA 奠定了基础。
- 富兰克林对“有根据的猜测”和试探性方法感到厌恶。相反，她坚持依靠 X 射线数据来引导自己找到正确的答案。

第 6 章

鲍林的三螺旋，为DNA结构的发现“反向助力”

灾难有两种：自我的不幸和他人的幸运。

安布罗斯·比尔斯

沃森并未仅仅因为鲍林的 DNA 模型有 3 条链，就断定它是错误的。实际上，鲍林的核酸分子根本不是一种酸性物质。也就是说，当其溶解在水中时，无法释放出带正电的氢离子，而这正是酸性物质的定义。相反，氢原子牢固地结合在磷酸基团上，使之维持电中性，而每一本基础化学教科书，包括鲍林自己的著作在内，都指出磷酸基团必须带负电，因为酸性物质在水溶液中处于高度电离的状态。而且，这些氢原子无法被提取出来，因为它们实际上是通过氢键使这 3 条链紧密连接起来的关键环节。

这个错误让沃森和克里克无法接受。世界上最伟大的化学家竟然构建了一个有明显缺陷的模型，而这个模型之所以错误，并不是因为某些微妙的生物学特征，而是因为在最基本的化学中出现了严重的错误。沃森仍然感到难以置信，他匆忙前往剑桥大学找到化学家罗伊·马卡姆（Roy Markham）和有机化学实验室的人，与他们核实在自然界中 DNA 是否真的是一种酸性的盐。让沃森满意的是，他们都证实了这个令人难以置信的事实：鲍林在化学上完全搞错了。

那一天只剩下两件事要做。首先，克里克急忙找到佩鲁茨和肯德鲁，说服他们认识到事情的紧迫性。他认为，除非他们和沃森立即着手构建模型，鲍林很快就会发现自己的错误并修正模型。克里克估计他们最多只有6周的时间来提出一个正确的模型。沃森和克里克的第二个行动，对这两名年轻人来说同样是理所当然的：去本尼特街上的老鹰酒吧庆祝。沃森后来回忆说："由于最近几个小时的刺激使得我们那天没法继续工作，我和弗朗西斯就去了老鹰酒吧。晚上酒吧一开门，我们就去那里举杯庆祝鲍林的失败。"

为什么会发生这样的错误？为什么鲍林的模型构建方法在 α 螺旋上如此成功，而在三重螺旋上却如此失败？

解剖一个错误，鲍林失败的真正原因

让我们一点点来分析鲍林失败的真正原因。

天才的谬误 BRILLIANT BLUNDERS

匆忙大意：13 年 vs 1 个月

鲍林的失败与他实际投入多少时间和精力来解决 DNA 问题有关。鲍林在 1951 年 11 月朗温的论文发表后开始考虑 DNA 结构的某些问题。然而，直到一年后，1952 年 11 月，他才真正开始研究这个问题。然而，到 1952 年 12 月底，他仅仅工作了大约一个月，就已经提交了自己的论文！相比之下，对于多肽结构的研究，他花了大约 13 年的时间深入思考，并多次推迟了发表结果，直到对自己的模型相当有信心为止。因此，仅从思考 DNA 问题的投入时间来看，鲍林的 DNA 模型显然是仓促完成的。威尔金斯对此确信无疑。在一次关于发现

DNA 结构历史的采访中，威尔金斯评论道：“鲍林根本没有真正付出努力。他自己不能真的只花 5 分钟的时间来研究这个问题。”① 我们后面还会回到这个问题，探讨鲍林在这个问题上匆忙大意和缺乏专注的原因。

天才的谬误
BRILLIANT BLUNDERS

数据真空

鲍林构建蛋白质模型和构建 DNA 模型所依据的数据质量存在巨大差异。在研究 α 螺旋结构时，鲍林的合作者科里提供了大量的结构信息，包括氨基酸和简单肽的大小、体积和角度位置。相比之下，在研究 DNA 的结构时，鲍林几乎是在一片真空中进行研究。他手头唯一可用的 X 射线照片质量很差，而且是 A 型和 B 型两种形式混合而成的（他并不知情），因此这些照片几乎没有用处。更糟糕的是，鲍林不知道制备 X 射线照片的样本含有大量水分。样本中超过三分之一的物质是水，由于忽略了这一事实，鲍林得到了错误的密度，导致他得出了 DNA 是三重螺旋结构的错误结论。最后，科里在研究蛋白质基本结构方面时付出了大量心血，与之不同，鲍林在研究碱基，也就是核苷酸的组成结构时，并没有付出同样多的努力。

令人震惊的遗忘

鲍林还存在两处令人震惊的遗忘：一处与查戈夫提出的碱基比有关，另一处与鲍林自己提出的自补原理有关。查戈夫的

① 威尔金斯补充说：“他不可能仔细研究过那篇论文中关于碱基配对的细节，几乎所有的细节都是错误的。”鲍林自己曾承认：“我们并没有很努力地工作。”

> 研究结果表明，A 碱基的数量等于 T 碱基的数量，C 碱基的数量等于 G 碱基的数量，这暗示着碱基彼此配对，形成两条链而不是三条。鲍林后来声称他当时知道这些比例，只是忘记了。查戈夫认为这就是鲍林犯错的原因。他说："鲍林在他的 DNA 结构模型中，未能考虑到我的研究结果。结果是，他的模型在化学证据面前不成立。"

> 鲍林的第二处遗忘更加令人震惊。回想一下，鲍林在 1948 年曾说过，如果基因由结构互补的两个部分组成，那么复制过程将相对简单。在这种情况下，每个部分都可以作为另一部分的模板进行复制，而这两个互补部分的结合体则可以作为整体的模板进行自我复制。显然，这种自我互补原则[①]强烈暗示了 DNA 是双链结构，它与由三条链组成的结构形成鲜明对比。但是，在构建 DNA 模型时，鲍林显然已经完全忘记了这个原则。

当我与当时在鲍林手下做博士后研究的亚历克斯·里奇和杰克·达尼茨谈起此事时，他们都认为，如果鲍林看到了富兰克林的 B 型 DNA 的第 51 号 X 射线照片，他会立刻意识到 DNA 分子具有双向对称性，从而说明 DNA 是双链结构，而不是三条链结构。然而，正如我们所见，鲍林并未特意去查看过富兰克林的照片。

2011 年 1 月，我询问沃森当年看到鲍林错误的三重螺旋模型时有多么吃惊。沃森笑了："吃惊？你写小说也写不出来鲍林会犯下那样的错误。我

① 鲍林本人在 1983 年 1 月 17 日加州大学伯克利分校举行的希区柯克基金会第二次讲座"生物学中的化学键"中提到了这一原则。

一看到那个结构，就想这真是太不靠谱了。”

对鲍林灾难性模型的许多潜在原因进行仔细审视，我们会深入思考一系列的问题：我们该如何解释他的匆忙大意、明显没有付出努力、令人震惊的遗忘以及对某些基本化学规则的忽视呢？

从表面上看，如果我们接受彼得·鲍林的声明，即破解 DNA 的结构问题从未存在什么“竞赛”，那么鲍林的仓促行动就更令人费解了。在一次同样有趣的叙述中，彼得提到，对他的父亲来说，DNA 只是一种有趣的化学物质。彼得还补充说：“关于发现 DNA 结构的故事在大众媒体上被描述为‘双螺旋的竞赛’。事实并非如此。可能唯一一个在竞赛的人是沃森。”彼得进一步解释说，“威尔金斯从来没有在任何地方与任何人竞赛过”，克里克只是喜欢“将自己的思维与困难的问题对抗”。我问过里奇和达尼茨，他们也都认为鲍林并没有参与竞赛。那么，他为什么要急于发表模型呢？里奇指出，“因为他总是具有竞争意识”。这当然是事实，但这只是部分原因，因为在研究 α 螺旋时，鲍林表现得更加谨慎和耐心。但是，他在 α 螺旋方面的成功无疑导致了他在三重螺旋方面的失败，前者的成功使鲍林自认为可以在后者上再次取得成就。由此看来，这是一个典型的归纳推理案例，即基于过去的经验进行概率猜测的策略，但这个策略被用得太过火了。

每个人都会进行归纳推理。通常，归纳推理有助于我们在相对有限的数据基础上做出正确的决策。例如，假设我要请你补全这句话：“莎士比亚是一位独具天赋的____。”大多数人可能会回答“剧作家”，这样的回答是完全合理的。虽然用“厨师”或“纸牌玩家”来填空并不是不合逻辑，但要填的词很可能确实是“剧作家”。归纳推理让我们能够利用积累的经验，通过选择最可能的答案来解决问题。就像经验丰富的国际象棋选手一样，我们通常不会分析每一个可能的逻辑答案，而是选择我们认为最有可能的一个。这是我们认知过程的一个重要组成部分。心理学家丹尼尔·卡尼曼（Daniel Kahneman）①这样描述这个过程："我们无法一直处于怀疑的状态，因此我们尽可能编造出最佳的故事，然后就认为这个故事是真实的。"然而，由于归纳推理涉及概率性的猜测，这也意味着有时候它会出错，偶尔甚至会出现严重的错误。鲍林认为他可以走捷径，因为过去的经验告诉他，他猜测所有结构的直觉都是正确的。但 DNA 结构的失败使鲍林成为自己之前辉煌成就的牺牲品。

为什么他觉得有必要走捷径呢？显然不是因为沃森和克里克，他几乎没有意识到他们所做的努力，而是因为他知道国王学院、剑桥大学的卡文迪许实验室都可以获得更优秀的 X 射线数据。他很可能认为，他的老对手布拉格、佩鲁茨、肯德鲁或者威尔金斯很快就会找到正确的结构。他决定赌一把，结果却输了。

但是几乎没有人怀疑，如果鲍林推迟发表自己的模型，剑桥大学或伦敦的一些研究者可能会先发表他们正确的模型。尽管鲍林没有注意到沃森和克里克，但他知道竞争对手们掌握了更好的数据。因此，冒一点精心计算的风险可能并不算疯狂。

鲍林急于发表结果，还有一种值得推测的可能性的观点，那就是，可能与人类的一种认知偏见有关，即"框架效应"，它表现为对损失的强烈厌恶。你是否曾想过为什么商店通常会将牛肉宣传为"90% 瘦肉"，而不是

① 诺贝尔经济学奖获得者，全球畅销书《思考，快与慢》《噪声》作者。其著作《噪声》中文简体字版已由湛庐引进、浙江教育出版社出版。——编者注

“10% 脂肪”[①]？人们更有可能购买贴了前者标签的牛肉，即使这两个标签表达的是相同的含义。同样，对经济提案进行投票时，人们更有可能支持承诺 90% 就业率的提案，而不是 10% 失业率的提案。许多研究都表明，我们认为损失的毁灭程度比起等价的收益要严重。当面对负面框架时，人们倾向于承担风险。因此，在面临可能的损失时，鲍林可能更愿意冒险。

此外，还有一个令人费解的问题，那就是鲍林忘记了查戈夫的法则，还有更重要的是他自己对遗传系统的理解。我认为，后者强烈表明，即使在最终决定研究 DNA 时，鲍林仍然并不完全相信这种分子真正代表了生命的核心：细胞分裂和遗传的机制。有 4 个主要线索支持这一结论：

1. 彼得的证词，对他的父亲来说，DNA 只是一种有趣的化学物质，没有更多的意义。毕竟，鲍林是一名化学家，而不是生物学家。
2. 在写给古根海姆基金会主席的信中，鲍林宣布自己对 DNA 结构的“发现”时，加了一句相当冷淡的话：“生物学家可能认为核酸的结构问题和蛋白质的结构问题一样重要”（请注意，短语“生物学家可能认为”带有不确定的意味）。
3. 在所有围绕沃森和克里克模型发表后的热闹平息之后，鲍林的妻子海伦问了一个尖锐的问题：“如果那是如此重要的问题，为什么你不更努力地研究它呢？”
4. 鲍林和科里的论文本身（关于三重螺旋）为鲍林不确定 DNA 的重要性提供了最有说服力的证据。

① 卡尼曼对此给出了许多有启发性的例子。fMRI 研究表明，那些误认为“90% 瘦”和“10% 胖”等同于“90% 胖”的人，其杏仁核（大脑中与消极情绪相关的区域）的情绪反应，与那些真正受到消极框架影响的人非常相似。情绪反应差异出现在前额叶皮质，前额叶皮质通过理性思考来控制情绪。

鲍林不是生物学家

鲍林和科里只是间接地讨论了他们的模型的生物学意义。在论文的开篇段落里，他们平淡地提到，有证据表明核酸“参与”细胞分裂和生长过程，并“参与”遗传特征的传递。在原始手稿的最后一段，他们只是含糊地提到了信息编码（而不是复制）的话题，并指出他们所“提出的结构允许构建相应的、最大数量的核酸，可能具有高度特异性”。[①] 我相信，鲍林对 DNA 的关键作用缺乏信心，这是实际的核心原因。遗传问题，以及他在这方面的重要声明，显然与他头脑中的 DNA 结构问题还有巨大的鸿沟。

至于忘记查戈夫规则，我认为并不那么神秘。首先，鲍林对查戈夫的个人厌恶肯定在一定程度上导致了他对查戈夫的研究结果缺乏关注。其次，要记得鲍林在研究 DNA 期间经常受到干扰。他忙于完成蛋白质研究，并在激烈的政治斗争中苦苦挣扎，几乎没有时间集中精力。事实上，1953 年 3 月 27 日，就在彼得收到 DNA 手稿副本的两个月后，鲍林写信给彼得道：“我正忙于对有关铁磁性新理论的论文做最后的润色。”他已经在考虑其他事情了！这显然没有帮助。瑞典研究人员的大量研究表明，在注意力分散或需要迅速转移注意力时，自然记忆问题（称为良性老年性遗忘）更容易发生。因此，鲍林不记得查戈夫规则并不奇怪。[②]

---

① 这一点很重要，因为它表明鲍林确实将结构与信息承载能力联系了起来。鲍林和科里还提到了氨基酸测序的问题，他们指出，就所涉及的尺寸而言，核酸“非常适合蛋白质中氨基酸残基的排序”。

② 瑞典心理学家拉斯－格兰·尼尔森（Lars-Goran Nilsson）和他的同事们进行了一个名为 Betula 的人类记忆研究项目，对年龄在 35 ～ 80 岁的人进行了多次记忆测试，并每隔一年重复测试一次。该项目始于 1988 年，研究人员共研究了 4 200 人。

最后，真正令人难以理解的问题是，为什么鲍林在自己的模型中忽略了一些基本的化学规则，比如关于 DNA 的酸性。全世界最著名的化学家在一些化学基础问题上犯了错误？

天才的谬误 BRILLIANT BLUNDERS

化学家的“棋盲”

我询问了分子生物学家马修·梅瑟尔森（Matthew Meselson）他对这个失误的看法。[①]梅瑟尔森当时是鲍林的研究生，他猜测鲍林可能考虑过这个问题，并且说服自己这个问题可以以某种方式解决。这与鲍林在整个 DNA 模型构建过程中的总体思路是一致的。他的思考过程很可能是这样的：他有一个非常成功的蛋白质模型，它由一条螺旋链和外侧的侧链组成。因此，他认为 DNA 的模型将由相互交织的链组成，在外侧同样有侧链（在这种情况下是碱基）。这就造成了轴线上的排列问题，但在鲍林看来，所有其他特征在某种程度上都是以后才需要处理的细节。此外，他之前在 α 螺旋方面的成功显然产生了致盲效应。但我们都知道，魔鬼往往就在那些细节之中。

在我与达尼茨的交谈中，他回忆起鲍林曾经和他说过的话，这些话很好地总结了鲍林对科学研究的态度：

杰克，如果你认为你有一个好主意，就发表出来！不要害怕犯错误。在科学上，犯错误没有什么害处，因为有很多聪明人会立即

① 我与梅瑟尔森的交流日期为 2011 年 4 月 18 日。我还询问过诺贝尔生理学或医学奖得主杰克·绍斯塔克（Jack Szostak）关于鲍林在化学方面的失败，他也表示，鲍林可能认为自己能从化学角度找到一种方法来让这种结构发挥作用。

发现错误并纠正它。那只会让你自己看起来愚蠢，这除伤害你的自尊心外，并没有什么害处。然而，如果它碰巧是一个好主意，而你却没有发表它，科学可能会因此蒙受损失。

达尼茨补充说，确实，除对鲍林的声誉有所影响之外，三重螺旋结构并没有造成实质性的损害。他进一步评论说，鲍林已经做出了足够多的重要贡献，我们应该原谅并忘记这个错误。我必须说，我完全同意“原谅”这一点，但我认为我们不应该忘记。正如我试图说明的，通过分析这些杰出科学家的错误，我们可以获得许多深刻的见解。

看到双链，富兰克林的第 51 号 X 射线照片

关于发现 DNA 结构的故事，后面的部分已经被反复讲述，但最近发现的克里克的信件确实为沃森和克里克模型发表前的疯狂活动增添了新的情节。

鲍林的失误成了催化剂，促使布拉格允许沃森和克里克重新进行 DNA 模型的研究。在几周内，沃森前往伦敦，威尔金斯也很高兴地向他展示了富兰克林那张著名的 51 号照片（见第 5 章图 5-4），而富兰克林并不知情。关于这一特定行为的道德性质，已经引起了许多争议。以我微末的观点来看，这个故事有 3 处值得关注。首先，威尔金斯拥有这张照片的副本似乎没有问题（该照片由高斯林给他），因为富兰克林即将离开国王学院去伯克贝克学院工作，实验室主任兰德尔爵士已经告知她所有 DNA 研究的结果都归国王学院独有。其次，毫无疑问（至少在我看来），在向其他实验室的成员分享富兰克林未发表的研究结果之前，应该事先征得本人的同意。最后，关于沃森和克里克是否明确承认富兰克林的贡献存在争议。他们在论文中写道：

“我们还受到了来自伦敦国王学院的威尔金斯博士、富兰克林博士及其同事的未发表实验结果和观点的启发。”请读者们自行判断这些争议，但是，不管怎样，照片对沃森的影响是戏剧性的：深色的交叉点是螺旋结构的明显标志。① 难怪，正如他后来所描述的那样，他的“嘴巴张大了”，他的“脉搏开始加速”。

BRILLIANT BLUNDERS

碱基配对

核酸（DNA 或 RNA）中两条单链的碱基间主要通过氢键形成的一种特定的联系。主要配对方式：腺嘌呤 - 胸腺嘧啶（A-T）配对、腺嘌呤 - 尿嘧啶（A-U）配对、鸟嘌呤 - 胞嘧啶（G-C）配对、鸟嘌呤 - 尿嘧啶（G-U）配对等。

在接下来的几周里，沃森和克里克疯狂地尝试建立模型，其中碱基将构成他们所想象的螺旋阶梯的台阶。最初的尝试都没有成功。沃森忽略了查戈夫规则的线索，误认为应该将每个碱基与它的“孪生”碱基配对，形成由腺嘌呤 - 腺嘌呤（A-A）、胞嘧啶 - 胞嘧啶（C-C）、鸟嘌呤 - 鸟嘌呤（G-G）和胸腺嘧啶 - 胸腺嘧啶（T-T）组成的台阶。然而，由于 C 和 T 的碱基与 G 和 A 的碱基长度不同，这就形成了长度不等的台阶，这与 51 号照片中显示的对称图案不一致。此外，还有一个问题是，每个台阶中两个碱基之间以及台阶与梯子“腿”之间的键合。在这里，沃森和克里克又走错了方向，但他们的办公室同事杰里 · 多诺休救了他们。② 作为鲍林以前的学生，多诺休对氢键的一切了如指掌。他向沃森和克里克指出，即使是许多教科书中，胸腺嘧啶和鸟嘌呤的氢原子位置也是错误的。将这些原子放置在正确的位置打开了碱基之间新的键合可能性。通过将碱基从

① 此外，连续深色交叉之间的间距表示螺旋完整转一圈所覆盖的距离（发现为 34 埃米），X 形状中心（见第 5 章图 5-4）到顶部之间的距离表示连续基团之间的距离。

② 当时，氢原子在碱基中的准确位置还不确定，有不同的所谓互变异构形式。多诺休是这方面的专家，并在 1952 年和 1955 年出版了重要著作。他对沃森和克里克 DNA 模型的成功也至关重要。

其他可能的配对中移入和移出（而不仅限于相同碱基的配对），沃森突然意识到由两个氢键连接的A-T配对与同样方式连接的G-C配对是相同的。台阶变得等长。此外，这种配对为查戈夫规则提供了自然的解释。显然，如果A总是与T配对，G总是与C配对，那么DNA的任何部分中A和T的数量将是相等的，G和C也是如此。在那个时候，沃森和克里克通过佩鲁茨获得了另一份宝贵的资料：富兰克林为医学研究委员会生物物理委员会到访国王学院所撰写的报告副本。根据报告中描述的晶体DNA的对称性①，克里克得出结论，DNA的两条链是反向平行的：它们朝着相反的方向形成螺旋。

结果就形成了著名的双螺旋结构，其中两条螺旋链（主链）由交替排列的磷酸基团和糖基团组成，配对的碱基连接到糖基团上形成台阶（见图6-1）。此时，沃森和克里克对他们模型的正确性深信不疑，他们迫不及待地向《自然》提交了一篇简短的论文来宣布这一发现。甚至在此之前，根据沃森如今著名的一段描述，克里克打断了本尼特街上老鹰酒吧顾客的午餐时间，公开宣布他和沃森已经“发现了生命的秘密”。图6-2展示了克里克宣布这一消息时他们在老鹰酒吧里的位置。1953年3月17日，克里克向威尔金斯发送了论文的副本。在克里克“丢失”的信件中，有一份找回的文件是附有论文手稿的一封信的草稿。这封信的部分内容如下：

> 亲爱的莫里斯：
>
> 我附上了我们论文的草稿。由于目前布拉格还没有看过这篇论文，所以如果您不把它给其他人看，我会非常感谢。现阶段将它寄

---

① 在晶体学中，对称（关于旋转和反射等变换）被用来表征晶体。根据报告中的信息，克里克推断出DNA的晶体形式可以用晶体学家所说的“单斜C2”空间群来描述。这反过来又暗示了链是反向平行的。在接受罗伯特·奥尔比（Robert Olby）采访时，克里克承认，“我想我不会想到让它们往另一个方向跑”。

给您是为了征得您对以下两点的同意：

(a) 您未发表的著作为参考文献第 8 条。

(b) 致谢词。

如果您对这两点有任何需要重写的建议，请告知我们。如果在一两天内没有收到您的回复，我们将假定您没有异议。

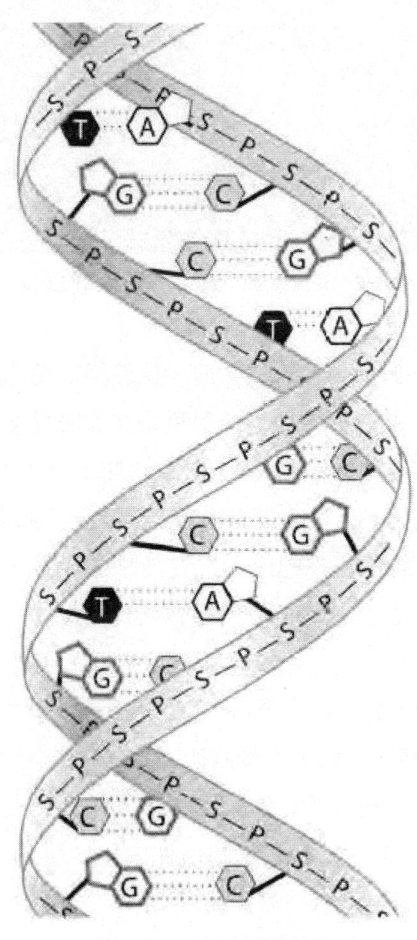

图 6-1　DNA 双螺旋结构

图 6-2　克里克当时在老鹰酒吧里坐的位置

这份草稿和另一封写给《自然》的一位编辑的信（显然从未寄出）表明，克里克和沃森起初认为，他们的手稿是在那时提交的唯一论文。实际上，国王学院的两个研究小组也向《自然》提交了论文。在一封给克里克的简短便笺中（可能是同一天写的），威尔金斯写道："随函附上几乎未经修改的草稿。我们应该如何引用你的论文？"这封便笺后附上了威尔金斯自己的手稿。第三篇论文是富兰克林和高斯林共同撰写的。

当克里克意识到形势后，他表达了自己的观点，认为每个人都应该看到其他人的论文："未经所有相关人员阅读，各自向《自然》发出信函是不合理的。我们想看她的（指富兰克林的手稿），我毫不怀疑她也想看我们的。"威尔金斯表示同意。在一封新发现的信件中，日期是"星期一"（可能指1953年3月23日的那个星期一），威尔金斯说，"明天我们将寄一份富兰克林的论文给你"，并补充说："富兰克林和高斯林已经看过你的论文，这样每个人都会看到其他人的论文。”

然而，这些新信件中最吸引人的部分大概与鲍林相关。首先，对于富兰克林可能想在鲍林即将访问英国时与其见面，克里克感到不满。“她有可能考虑将实验数据交给鲍林。”他写信给威尔金斯说，“这无疑意味着鲍林将证明这个结构而不是你。”威尔金斯愤怒地回应道：“如果富兰克林想见鲍林，我们能做什么呢？如果我们建议她最好不要这样做，只会激发她更想这么做。为什么每个人都对见鲍林如此感兴趣……现在高斯林也想见鲍林！一切都见鬼去吧。”这番对话完美地显示出，即使鲍林身处职业生涯最低谷的时刻，人们也仍然对他充满敬畏之情。

1953 年 4 月 25 日，《自然》刊登了三篇关于 DNA 结构的论文。[①] 首先是沃森和克里克的里程碑式的论文，文中描述了 DNA 的双螺旋结构。这篇论文只有一页多一点，但是，那是非常重要的一页。沃森和克里克在论文开篇承认：“鲍林和科里已经提出了核酸的一种结构。在发表之前他们很慷慨地让我们阅读了他们的手稿。”然而，两人又立即补充道：“在我们看来，这种结构并不令人满意。”然后他们简明扼要地解释了自己的“截然不同的结构”，这种结构包括“两条螺旋链，每条螺旋链都绕着同一个轴旋转”，以及“这种结构的新特点”，即“嘌呤和嘧啶碱基将两条链连接在一起的方式”。

沃森和克里克的模型立刻为遗传信息如何实现编码和 DNA 分子如何进行自我复制这两个谜团提供了解决方案。在第一篇论文发表仅 5 周后，他们在第二篇论文中提出了内在的遗传密码机制：“我们模型的磷酸 - 糖骨架是完全规则的，但任何碱基对序列都可以适应这个结构。在一个长分子中，可

① 同年 7 月，他们又发表了一篇论文，详细阐述了 DNA 的 A 结构和 B 结构之间的区别。

能存在许多不同的排列组合，因此，碱基的精确序列似乎是承载遗传信息的密码。”这个信息很明确：创造氨基酸所需要的遗传指令的编码，包含在螺旋阶梯的特定碱基序列中。

例如，C-G 后跟 G-C，再跟 T-A 的序列编码产生了精氨酸，而 G-C 后跟 C-G，再跟 T-A 的序列编码产生了丙氨酸。复制过程（就像鲍林在 1948 年抽象地预测的那样）是通过“解开”双螺旋阶梯的中间部位完成的，螺旋的双链在解旋后，产生两条子链。由于一条链上碱基的序列自动决定了另一条链上碱基的序列（因为 T 的配对碱基始终是 A，G 的配对碱基始终是 C），所以很明显，一个分子的一半包含了构建整个分子所需的所有信息。例如，如果 DNA 链上的碱基序列是 TAGCA，那么另一条链上的互补序列必须是 ATCGT。就这样，原始 DNA 螺旋产生两条新的完整的螺旋，从而完成 DNA 分子的复制。

在第一篇论文中，沃森和克里克并没有详细说明复制的过程，但他们简洁地提到：“我们注意到，我们假设的特定配对方式立即为遗传物质提供了可能的复制机制。”克里克后来解释说，这个谜一样简洁（被一些科学史学家称为“含蓄”）的句子的真实含义是，他自己希望在第一篇论文中讨论遗传影响的愿望与沃森对结构可能仍然错误的担忧之间的妥协。因此，这个声明仅仅是抢占先机。事实上，沃森当时确实对模型还抱有疑虑，这在他当时的信件中确有记录。

如前所述，在沃森和克里克的第一篇论文发表时，《自然》上还有其他两篇论文。其中一篇论文是由威尔金斯、亚历山大·斯托克斯（Alexander Stokes）和赫伯特·威尔逊（Herbert Wilson）合作完成的，他们分析了一些 X 射线晶体学数据，并提供证据表明了螺旋结构不仅存在于孤立的纤维中，而且存在于完整的生物系统中。在随后的几年里，威尔金斯和他的同事们，以及梅塞尔森、阿瑟·科恩伯格（Arthur Kornberg）等人，做了大量的工作来详细确认沃森和克里克的模型及其结论的正确性。

1953 年 4 月 25 日，《自然》上的第三篇论文是由富兰克林和高斯林撰写的，其中包含了著名的 B 型 DNA 的 X 射线照片。忠于富兰克林对科学的一贯态度，该论文谨慎地陈述如下：

> 虽然我们并未试图对 B 结构的纤维图谱提供完整的解释，但我们可以给出以下结论：该结构可能是螺旋状的。磷酸基团位于结构单元的外部，在直径约 20 埃米的螺旋上。每个结构单元可能由两个同轴分子组成，这些分子在纤维轴上的间距并不相等……因此，在之前的交流中，我们的整体观点与沃森和克里克提出的模型并不矛盾。

富兰克林精美的 X 射线衍射照片提供了关于 DNA 整体结构和特定尺寸的关键信息，这几乎没有什么分歧。遗憾的是，富兰克林在 1958 年因癌症去世，享年仅 38 岁。这有可能是过度接触有助于揭示 DNA 结构的 X 射线所致。4 年后，沃森、克里克和威尔金斯因发现 DNA 的分子结构及其在生物信息传递中的重要作用而共同获得了诺贝尔生理学或医学奖。由于诺贝尔奖不会追授，且在每个类别和每个年份内最多只能由 3 人分享，所以我们永远无法知道如果富兰克林活到 1962 年会发生什么。

2009 年，著名的 51 号照片成为安娜·齐格勒（Anna Ziegler）成功的戏剧作品的名字。正如剧名所暗示的，这部戏剧虚构的故事主要描述了富兰克林与威尔金斯之间坎坷的关系。当被问及对这部戏剧发表评论时，沃森指出威尔金斯的角色“说话太多”，而扮演克里克的演员并没有真实再现克里克本人，因为在这部戏剧中克里克给人一种“二手车销售员”的感觉。

没有人喜欢承认失败，科学家也不例外。1953 年 3 月 27 日，鲍林写信给彼得时，他首先“随意地”提到：

> 如果你认为这是个好计划，你可以联系一下富兰克林小姐，安排我们也见见她。如果国王学院的人（富兰克林小姐已经离开了国王学院，现在和伯纳尔在伯克贝克大学）表示有兴趣让我去拜访他们，也许我们可以安排在同一天进行。不过，我并没有计划主动联系他们。

随后，在讲述了自己的具体访问计划后，鲍林继续写道：

> 我收到了沃森和克里克的来信，简要地描述了他们的结构——来信还附上了他们写给《自然》的信件副本。这个结构对我来说非常有趣，我没有强有力的理由来反对它。我也不认为他们反驳我们结构的论点很确凿。

在信的后面，鲍林意识到分子中的水含量可能非常重要：“我们提出了一个论点……支持了三个核苷酸残基的归属……然而，如果适当干燥的核酸样本含有约 30% 的水……在这个长度上只会有两个残基。”他总结说：“我认为威尔金斯的照片应该能够明确解决这个问题。”

我问过亚历克斯·里奇，鲍林是否真的认为他能够坚持自己的三重螺旋模型，并认为双螺旋结构是不确定的。“鲍林当然知道双螺旋模型是正确的，”他相当肯定地回答说，“所有关于不确定性的说法都只是虚张声势。”确实，在 1953 年 4 月的第一周，鲍林来到剑桥大学（图 6-3 为他在 1953 年的照片），在看到沃森和克里克的钢线模型和富兰克林的 X 射线照片，并听了克里克的解释之后，他非常客气地承认这个结构似乎是正确的。

图 6-3 鲍林在 1953 年的照片

几天后，鲍林和布拉格前往比利时的布鲁塞尔参加了索尔维会议。在这次全球顶尖研究者的会议上，布拉格首次宣布了双螺旋结构。在随后的讨论中，鲍林非常大方地承认：“虽然距离科里教授和我发表核酸结构的提议仅仅两个月，但我认为我们必须承认它可能是错误的。”

诺贝尔奖得主的滑铁卢，顶级科学家的失误启示录

可以肯定地说，在鲍林的错误中，并没有什么特别“卓越”的地方——毕竟，他的模型是内外颠倒的，链的数量也错了。但正是鲍林的方法、思维方式以及之前在复杂蛋白质分子方面的惊人研究成果，启发并指导了沃森和克里克。

在1999年3月21日发表的一篇简短文章中，沃森谈到了鲍林：“失败总是紧紧伴随着伟大。我们应该关注一个人的优点和完美之处，而不是他过去的缺陷和失误。我清楚地记得，50年前鲍林宣称生命的基础是化学键而不是生命力。如果没有这个观点，克里克和我可能永远不会取得成功。”

DNA结构的发现打开了无止境的研究的大门，迄今为止，这些研究在2003年4月达到顶峰，人类基因组计划——对人类完整DNA的解码（尽管对所有数据的分析将继续进行多年）正式完成了。

BRILLIANT BLUNDERS

人类基因组计划

一项规模宏大、跨国跨学科的科学探索工程。其宗旨在于测定人类染色体中所包含的30亿个碱基对组成的核苷酸序列，从而绘制人类基因组图谱，并且辨识其载有的基因及其序列，达到破译人类遗传信息的最终目的。

在这个过程中，涌现了许多令人惊讶的发现。例如，在2000年之前，生物学家认为人类基因组含有约10万个蛋白质编码基因。然而，国际人类基因组测序组织（International Human Genome Sequencing Consortium）于2004年10月发布的结果将这一估计减少到不到2.5万个，仅略多于简单的秀丽隐杆线虫（C. elegans）的基因数量！更便宜和更快的基因测序技术最近帮助科学家勾勒出了人类起源的新画面。对

西伯利亚洞穴中发现的一名 4 万年前的小女孩的小指尖进行基因分析后，新观点显示，现代人类并不是简单地从非洲迁移出来。相反，他们很可能与至少两组已灭绝的古人类相遇，并与之繁衍后代。

DNA 的结构和功能的发现也为进化提供了线索，阐明了自然选择所依据的遗传变异的本质。鲍林声称生命过程是化学和物理定律的结果，通过了解塑造和改变 DNA 模式，这一观点也得到了验证。（图 6-4 是 1953 年 9 月在美国帕萨迪纳举行的世界蛋白质结构会议的一些参会者的照片，其中许多人是在 α 螺旋和双螺旋结构发现中发挥重要作用的主要人物。）

1—威尔逊　2—佩鲁茨　3—肖梅克　4—沃森　5—达尼茨　6—克里克
7—威尔金斯　8—肯德鲁　9—里奇　10—鲍林　11—科里　12—阿斯特伯里　13—布拉格

图 6-4　世界蛋白质结构会议参会者照片

我们甚至无法想象，我们对 DNA 的理解和改造能力将在遥远的未来带来哪些机遇。从显著延长人类寿命到创造新的生命形式，都将成为可能。解读 DNA 结构已经让我们了解了疾病的遗传基础，从而彻底改变了对治疗方法的探索过程。基因组时代已经在法医学方面取得了以前难以想象的成就。

例如，在 2001 年 5 人死于带有炭疽菌的信件后，美国联邦调查局决定对这一袭击事件中使用的整个微生物基因组进行测序（520 万个碱基对）。最终，这项工作帮助调查人员找到了一家军事实验室，它很可能就是细菌的源头。同时，随着 DNA 和蛋白质结构的揭示，关于生命起源的问题变得更加有趣，也更有可能得到解答。

但这些探讨已经深入比纯粹生物学更基本的层面：生命的构建基础，那些携带和复制信息的分子，它们是从哪里来的？在物理学方面，回溯到更早期的起源，对鲍林的氢键如此关键的氢原子，是如何出现在宇宙中的？还有那些对生命至关重要的重元素，如碳、氧、氮和磷，又是如何形成的呢？

物理学家乔治·伽莫夫（George Gamow）参与了对 DNA 结构的早期研究，试图理解 DNA 中的 4 种碱基如何控制氨基酸来合成蛋白质。在访问伯克利辐射实验室时，伽莫夫看到了沃森和克里克关于他们的模型的遗传学意义的论文副本。① 他非常兴奋，一回到乔治·华盛顿大学的实验室就开始思考这个问题，然后迅速写信给沃森和克里克。

他一开始有点歉意地写道："尊敬的沃森博士和克里克博士，我是一名物理学家，不是生物学家。"但很快，他谈到了自己的主要观点：DNA 中的

① 伽莫夫还成立了 RNA 联合俱乐部，据伽莫夫说，俱乐部立志"解开 RNA 结构之谜，并了解它构建蛋白质的方式"。

4 个碱基对应的 4 个字母与蛋白质中的 20 个氨基酸之间的关系，是否可以作为一个纯粹的数字密码分析问题来解决？尽管伽莫夫的数学解决方案最终被证明是错误的，但它们确实有助于用信息的语言来构建生物学的问题。

大约 5 年前，伽莫夫还参与了解决一个更为基本的问题：氢和氦的宇宙起源。他的解决方案真是聪明绝伦。然而，他并没有解释除氦以外的所有重元素的存在。

这项困难的任务留给了另一位天体物理学家和宇宙学家：弗雷德·霍伊尔。一方面，霍伊尔关注整个宇宙的演化；另一方面，他关注其中生命的出现。他是 20 世纪最杰出的科学家之一，同时也是最具争议的科学家之一。

本章回顾 »

BRILLIANT BLUNDERS

- 世界上最伟大的化学家竟然构建了一个有明显缺陷的模型，而这个模型之所以错误，并不是因为某些微妙的生物学特征，而是因为在最基本的化学中出现了严重的错误。
- 显然，如果 A 总是与 T 配对，G 总是与 C 配对，那么 DNA 的任何部分中 A 和 T 的数量将是相等的，G 和 C 也是如此。
- 双螺旋结构：两条螺旋链（主链）由交替排列的磷酸基团和糖基团组成，配对的碱基连接到糖基团上形成台阶。
- 沃森和克里克的模型：磷酸－糖骨架是完全规则的，但任何碱基对序列都可以适应这个结构。在一个长分子中，可能存在许多不同的排列组合，因此，碱基的精确序列似乎是承载遗传信息的密码。
- 在鲍林的错误中，并没有什么特别“卓越”的地方，他的模型是内外颠倒的，链的数量也错了。但正是鲍林的方法、思维方式以及之前在复杂蛋白质分子方面的惊人研究成果，启发并指导了沃森和克里克。
- 沃森：失败总是紧紧伴随着伟大。我们应该关注一个人的优点和完美之处，而不是他过去的缺陷和失误。我清楚地记得，50 年前鲍林宣称生命的基础是化学键而不是生命力。如果没有这个观点，克里克和我可能永远不会取得成功。
- DNA 的结构和功能的发现也为进化提供了启示，阐明了自然选择如何通过遗传变异来实现的本质。鲍林声称生命过程是化学和物理定律的结果，通过了解塑造和改变 DNA 模式，这一观点也得到了验证。

第四篇　霍伊尔的永恒执念：否认大爆炸

我认为，从宇宙演化的角度来思考进化时，正确的哲学观点总会涉及超天文学的问题，正如人们在试图理解生物秩序的起源时，不可避免会遇到一样的问题。面对这些复杂的超天文学的秩序问题，生物学家们要诉诸神话故事。这可以从数百种酶中任何一种氨基酸的序列看出来……要想以一种合理的方式解决生物起源问题，就需要一个本质上无限延展的宇宙，一个单位质量的熵不会像大爆炸宇宙学中那样无情地增加的宇宙。稳态理论正是提供了这样一个无限的宇宙，至少在我看来是这样的。

霍伊尔
天文学界的“一代枭雄”

BRILLIANT BLUNDERS

第 7 章

B 表示大爆炸:
宇宙中元素的来源之谜

在我们每个人的心目中，哲学是那么的重要。但哲学问题并不是一个技术问题，它是我们对真实而深刻的人生意义所提出的或多或少的愚见。哲学不仅仅源自书本，更是我们感知宇宙中全部推力与压力的独特方式。

威廉·詹姆斯

1949 年 3 月 28 日晚上 6 点半，天体物理学家霍伊尔在英国广播公司（BBC）的第三频道上发表了一场颇具权威性的演讲。这是一个文化节目，还邀请了诸如哲学家伯特兰·罗素（Bertrand Russell）和剧作家塞缪尔·贝克特（Samuel Beckett）等知识分子参与。在演讲过程中，霍伊尔将自己的理论“宇宙在持续不断地产生新物质”与相反的理论“宇宙有着明确的起源”进行比较，并发表了一段后来引发争议的论述：

> 现在，我们来讨论如何将观测性实验应用于早期理论这个问题。这些早期理论都基于这一假设：宇宙中的所有物质都是在遥远的过去某个特定时刻通过一次大爆炸形成的。然而，根据现在的发现，所有这类理论在某种程度上都与观测要求相冲突。

“大爆炸”一词正是在这场演讲中诞生的，从此以后，这个词便与宇宙诞生的最初事件紧密相连。但并非像大家想象的那样，霍伊尔在使用这个词时并未带有贬义，他只是试图在听众的脑海里营造一幅画面。颇具讽刺意味的是，正是这位一直反对这一模型背后理念的科学家创造并推广了“大

BRILLIANT BLUNDERS

大爆炸宇宙论

一种观测证据最多、最受认可的现代宇宙理论，认为宇宙从极致密状态膨胀到目前的状态。

爆炸”一词。这个词甚至通过了公民投票的检验。1993年，《天空与望远镜》杂志（*Sky & Telescope*）向读者征集更好的名称。然而，包括著名天文学家、科普工作者卡尔·萨根（Carl Sagan）在内的3位评委，在筛选了13 099个提议后，依然没有找到可以取代“大爆炸”的名称。本章的标题“B表示大爆炸”（*B for Big Bang*）的灵感来自霍伊尔和电视制片人约翰·艾略特（John Elliot）共同创作的英国科幻电视剧《A代表仙女座星云》（*A for Andromeda*）。这部共7集的电视剧在1961年上映，女演员朱莉·克里斯蒂（Julie Christie）首次在剧中担任主角。

1915年6月24日，霍伊尔出生于英国西约克郡宾利镇附近的吉尔斯蒂德村。他的父亲是一位羊毛和纺织品商人，在第一次世界大战期间被征入机枪队，并被派往法国。他的母亲学过音乐，曾在当地电影院为默片弹钢琴伴奏。霍伊尔原本计划成为一名化学家，但他在剑桥大学主修了数学，展现出了卓越的才华，并取得了不俗的成就。1939年，他当选为剑桥大学圣约翰学院的研究员。1958年，他获聘为剑桥大学布卢米安天文学与实验哲学首席教授。顺便提一下，查尔斯·达尔文的儿子乔治·达尔文曾在1883年至1912年担任过这个职位。

在很小的时候，霍伊尔就显现出独立的个性，有时也喜欢表达不同的意见。他后来回忆：“从5岁到9岁，我几乎总是与教育制度对抗……我从母亲那里得知，我必须去一个叫作学校的地方，在那里必须学习由‘老师’规定的内容，而不是自己决定学什么，我对此感到惊恐无比。”他对传统的不屑一顾一直延续到大学时代。1939年，霍伊尔决定放弃攻读博士学位，原因是一个“现实的动机”：为了少缴所得税！

这个被好奇心驱使的独立思考的年轻人能成长为一位杰出的科学家，丝毫不让人感到意外。在天体物理学和宇宙学方面，霍伊尔至少在二三十年中都是领军人物。与此同时，他也从不回避争议。他曾写道：“要想真正取得有价值的研究成果，就有必要反对同行的意见。要成功地做到这一点，不仅仅需要成为一个怪人，更需要有良好的判断力，尤其是对那些长期得不到解决的问题。”[①]我们很快会发现，霍伊尔正是因为遵从自己这个观点而犯了错。

即使没有第二次世界大战，1939 年对霍伊尔来说也是关键的一年。那一年，他的两位研究导师碰巧先后离开剑桥，到其他地方任职。他的第三位导师是伟大的物理学家保罗·狄拉克（Paul Dirac）[②]。历经20世纪20年代的新思潮，30 年代末的科学界显得有些沉闷无聊。霍伊尔后来写道，狄拉克在 1939 年的某一天对他说：“在 1926 年，能够解决重要问题的人可能不是很优秀，但现在，非常优秀的人找不到要解决的重要问题。”霍伊尔认真对待这个告诫，并将自己的研究重点从纯粹的理论核物理学转向了恒星领域。

霍伊尔的成就众多，我在这里只聚焦于他对一个特定领域的贡献：核天体物理学。霍伊尔在这个领域的研究已成为近代理解恒星及其演化的支柱之一。在这条道路上，他解开了碳原子在宇宙中是如何形成的这一谜团。然而，要充分认识到霍伊尔所取得的成就的重要性，我们必须先了解他创造这些杰作时所处的背景。

---

① 霍伊尔还对此补充说：“坚持大众的观点是廉价的，不会损害声誉。”

② 量子力学的奠基者，量子力学是对亚原子微观世界的一种革命性新视角。

化学元素的起源，物质历史的开场白

在美国，你几乎能在每间科学教室的墙上看到元素周期表（见图 7-1）。正如英语单词是由字母组成的，宇宙中的所有普通物质都是由元素组成的。元素是不能再用简单的化学方法进一步分解或改变的物质。19 世纪中期，俄罗斯化学家门捷列夫最早发现了元素的周期性规律，并据此预测了尚未被发现的元素的特性，从而完成了元素周期表的制作。[①] 关于元素周期表，还有一个值得一提的小故事。2011 年，英国诺丁汉大学的化学家马丁·波利亚科夫（Martyn Poliakoff）的一根头发上刻下了世界上最小的元素周期表，雕刻工作是在该大学的纳米技术中心完成的。后来，这根头发被作为生日礼物送给了波利亚科夫。

> BRILLIANT BLUNDERS
>
> **元素周期表**
>
> 在许多方面，元素周期表都代表了自恩佩多克利斯和柏拉图将火、风、水和土作为物质的基本成分以来，科学界陆续取得的进展。

目前，元素周期表包含 118 种元素，其中有 94 种元素是地球上天然存在的。如果稍微思考一下，你就会发现，这个原始构建单元的数量相当庞大。因此，迟早会有人问：这些化学元素是从哪里来的？这些相当复杂的元素是否有更简单的起源？

> BRILLIANT BLUNDERS
>
> **最新的元素**
>
> 最新的元素是 2002 年合成的 ununoctium，其符号为 Uuo。

① 除门捷列夫外，许多化学家也提出了他们自己版本的元素周期表，包括法国矿物学家亚历山大－埃米尔·贝盖尔·德·昌库尔瓦（Alexandre-Emile Beguyer de Chancourtois）、英国的约翰·纽兰兹（John Newlands），以及德国的朱利叶斯·洛萨·迈耶（Julius Lothar Meyer），他在罗伯特·本生（Robert Bunsen）的一些开创性工作之后，也提出了类似的表格。然而，门捷列夫成功地将 62 种已知元素插入元素周期表中，并预测了尚未发现的未知元素，甚至还预测了它们的密度和相对原子质量。

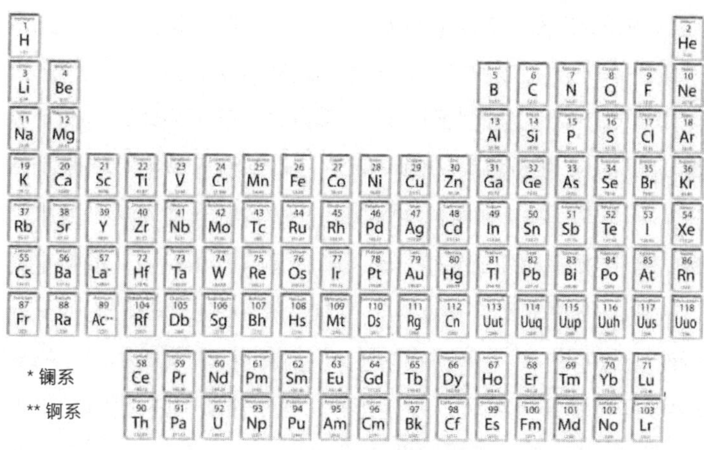

图 7-1 元素周期表

实际上，早在元素周期表发表之前，就有人提出了这些问题。英国化学家威廉·普劳特（William Prout）分别在 1815 年和 1816 年发表的两篇论文中假设，所有元素的原子实际上都是由不同数量的氢原子凝结而成的。天体物理学家亚瑟·爱丁顿将普劳特的假设与物理学家弗朗西斯·阿斯顿（Francis Aston）在核物理方面的一些实验结果相结合，形成了自己的猜想。1920 年，爱丁顿提出，4 个氢原子可以以某种方式结合形成 1 个氦原子。① 4 个氢原子的总质量与 1 个氦原子的质量之间所存在的微小差异，应为某种形式的能量释放。② 爱丁顿预估，通过这种方式，太阳只需将少数质量的氢转变为氦，就能照耀数十亿年。鲜为人知的是，法国物理学家让－巴普蒂斯特·佩兰（Jean-Baptiste Perrin）大约在同一时期发表了非常相似的观点。

几年后，爱丁顿进一步推测，像太阳一样的恒星可以成为天然“实验

① 当时，他仍然认为，湮灭也是一种可能的能量来源。他还在 1926 年讨论了恒星能量的来源。

② 通过爱因斯坦质能方程 $E=mc^2$ 实现，其中 E 为物体的静止能量，m 为物体的静止质量，c 为光速。

室”，在恒星中的核反应能以某种方式将一种元素转变为另一种元素。当剑桥大学卡文迪许实验室的一些物理学家对此表示反对，认为太阳的内部温度不足以使两个质子克服彼此之间的静电斥力时，爱丁顿建议他们“去找一个更热的地方”。爱丁顿和佩兰的假设标志着天体物理学中恒星原子核合成学说的诞生：至少有一些元素可以在恒星炽热的内部合成。看到这里，或许你已经猜到，爱丁顿是爱因斯坦相对论（特别是广义相对论）最坚定的支持者之一。有一次，物理学家卢德维克·西尔伯斯坦（Ludwik Silberstein）在拜访爱丁顿时，对他说：“人们说世界上只有 3 位科学家理解广义相对论，你就是其中之一。”爱丁顿沉默了一会儿后，西尔伯斯坦鼓励他说：“不要这么谦虚嘛。”爱丁顿回答：“没有，我只是在想第三个人是谁。”图 7-2 是爱因斯坦与爱丁顿在剑桥的合影。

图 7-2　爱因斯坦与爱丁顿

为了继续讲述元素形成的故事，我们需要回顾一下原子的基本性质。以下是一个极为简短的总结：所有普通物质都由原子组成，所有原子的中心都有微小的原子核，原子半径比原子核半径大 10 000 倍以上，电子在围绕原子核的轨道云中运动。原子核由质子和中子组成，两者质量非常相近（中子比质子稍重），每个中子的质量约为电子的 1 840 倍。虽然束缚在稳定原子核中的中子是稳定的，但自由中子是不稳定的，自由中子每 15 分钟就会衰变为质子、电子和一种肉眼看不见、非常轻、不带电的粒子，称为反中微子。不稳定原子核中的中子也会以同样的方式衰变。

世界上最简单、最轻的原子是氢原子。它的原子核里只有一个质子。一个电子在轨道里绕着这个质子转动，其轨道的概率可以通过量子力学计算。氢也是宇宙中最丰富的元素，约占所有普通物质的 74%。普通物质即重子物质，是指构成恒星、行星和人类的物质。沿着元素周期表的行，从左到右移动，每移动一步，原子核中质子的数量就增加一个，环绕的电子的数量也会增加一个。由于质子的数量等于电子的数量，两者电荷量相等但电性相反，因此原子在未受干扰的情况下呈现电中性。

在元素周期表中，紧随氢后的元素是氦。氦的原子核中有 2 个质子。此外，氦核还包含 2 个不带电的中子。氦是宇宙中第二丰富的元素，约占宇宙普通物质的 24%。同一化学元素的原子，质子数必相同，而质子数也被称为该元素的原子序数。氢的原子序数为 1，氦为 2，铁为 26，铀为 92。原子核中质子和中子的总数称为相对原子质量。氢的相对原子质量为 1，氦为 4，碳为 12。同一化学元素的原子核可

BRILLIANT BLUNDERS

同位素

质子数相同，但中子数不同，因而具有相同原子序数但质量数不同的一类核素。同一种元素的同位素在元素周期表中占据同一位置，其化学性质相同。

能有不同数量的中子，这些质子数相同但中子数不同的原子称为该元素的同位素。例如，质子数为 10 的氖就有 3 种同位素：中子数为 10 的 ^{20}Ne，中子数为 11 的 ^{21}Ne，以及中子数为 12 的 ^{22}Ne。氢的同位素有：原子核中有 1 个质子的氕（^{1}H），原子核中有 1 个质子和 1 个中子的氘（^{2}H），原子核中有 1 个质子和 2 个中子的氚（^{3}H）。

现在，让我们回到合成不同元素的核心问题。20 世纪上半叶的物理学家面临着一系列与元素周期表有关的问题。其中，最重要的问题是所有这些元素是如何形成的？还有为什么金和铀等元素非常稀有且价格昂贵，而铁或氧等元素却更为常见？以及为什么恒星主要由氢和氦组成？

从一开始，元素形成的概念就与恒星巨大能量来源的概念密切相关。还记得亥姆霍兹和开尔文提出太阳的能量来自缓慢收缩和释放的引力势能吗？然而，正如开尔文已经明确证明的那样，这个能量来源只能在有限的时间内维持太阳辐射，这个时间不超过几千万年。这个限制显然与地质学和天体物理学的证据极不相符，这些证据越来越准确地显示出地球和太阳的年龄都在数十亿年左右。爱丁顿充分意识到这个明显的矛盾。1920 年 8 月 24 日，在威尔士卡迪夫召开的英国科学促进协会会议上，爱丁顿发表了以下具有预见性的声明：

> 只有传统的惯性让收缩假设存活下来，或者更确切地说，不是存活，而是一具未埋葬的尸体。但如果我们决定埋葬这具尸体，就让我们坦率地认识到我们所处的境地。恒星正通过我们所不知道的方式，从某个巨大的能源库中汲取能量。这个能源库几乎只能是亚原子能量，众所周知，亚原子能量在所有物质中都大量存在。

尽管爱丁顿对恒星能量来自4个氢核融合形成1个氦核的想法充满热情，但他对这一过程实际发生的具体机制并没有明确的解释。特别是，上面提到的质子间的相互静电排斥问题必须解决。但难点在于，不同氢原子核的两个质子之间会相互排斥，因为它们都带有正电荷。这种静电力[①]具有很长的作用距离，因此，对于原子核大小以上的距离来说，它是质子之间的主要作用力。然而，在原子核内部，强大的核力吸引占主导，它可以克服静电排斥作用。因此，为了让恒星内部的质子按照爱丁顿设想的方式融合在一起，它们需要在随机运动中具有足够高的动能来克服"库仑屏障"，使它们能够通过吸引核力相互作用。

BRILLIANT BLUNDERS

泡利不相容原理

在一个量子系统中，不能有两个或两个以上的费米子（如电子、质子、中子等）同时处于相同的量子态。

爱丁顿的假设有一个明显的缺陷，计算出的太阳中心温度不够高，不足以赋予质子所需的能量。在经典物理学中，出现这种情况意味着研究就此中断，因为能量如果不足以克服这样的屏障，粒子就无法实现融合。幸运的是，描述亚原子粒子和光的行为的量子力学起到了帮助作用。在量子力学中，粒子可以像波一样，所有的过程都具有概率性。波并不像粒子一样精确地局部化，而是展开的。就像海浪冲击海堤时，有些海浪可能会溅到另一侧一样，即使是能量不足以克服库仑屏障的质子，仍然有一定（虽然很小）

BRILLIANT BLUNDERS

量子隧穿效应

指电子等微观粒子能够穿越高于自身能量位垒的"奇异"行为，可理解为微观粒子的"穿墙术"。量子隧穿对理解众多自然现象，如恒星核聚变、放射性衰变等起着至关重要的作用。

① 带有静电物体之间的相互作用力。其强度由库仑定律决定。静电力又称库仑力。——编者注

的概率会相互作用。20 世纪 20 年代后期，利用量子隧穿效应[①]，物理学家乔治·伽莫夫，罗伯特·阿特金森（Robert Atkinson）、弗里茨·豪特曼斯（Fritz Houtermans）团队，爱德华·康登（Edward Condon）、罗纳德·格尼（Ronald Gurney）团队，各自独立地证明了质子在恒星内部确实可以融合。

德国物理学家卡尔·弗里德里希·冯·魏茨泽克（Carl Friedrich von Weizsaecker），以及美国的汉斯·贝特和查尔斯·克里奇菲尔德（Charles Critchfield），首先详细阐述了 4 个氢核融合形成 1 个氦核的准确的核反应网络。贝特在 1939 年发表了一篇令人瞩目的论文，讨论了氢转化为氦的两种可能的能量产生机制。其中第一种机制被称为质子－质子循环（p-p），即两个质子首先结合形成氘，然后捕获一个额外的质子，将氘转化为氦的同位素。第二种机制被称为碳氮循环，这是一种循环反应，其中碳和氮只作为催化剂，最终的结果仍然是 4 个质子融合形成 1 个氦核，并伴随能量的释放。尽管贝特最初认为碳氮循环是太阳产生能量的主要方式，但后来加州理工学院凯洛格辐射实验室的实验表明，太阳主要由质子－质子循环供能，只有在更大质量的恒星中碳氮循环才开始主导能量的产生。

你可能已经注意到，正如其名称所示，碳氮循环需要碳和氮作为催化剂。然而，贝特的理论没有证明碳和氮在宇宙中最初是如何形成的。贝特考虑了碳可以通过 3 个氦核聚变而成的可能性。因为 1 个氦核含有 2 个质子，而 1 个碳核有 6 个。然而，在完成计算后，他断言："在目前的条件下，重于氦的原子核无法在恒星内部持久产生"。"目前的条件"即大多数类太阳恒星的密度和温度。贝特得出结论："我们必须假设，在恒星达到目前的温度

① 穿透由库仑力产生的势垒的概率，随着粒子能量的增加呈指数级增长。同时，粒子在给定温度下的分布是这样的：在高能量下，粒子的数量呈指数级减少。这两个因素的产物产生一个峰（称为伽莫夫峰），在这个峰上最可能发生核反应。这些观点在 20 世纪 20 年代末首次发表。

和密度之前，比氦更重的元素已经形成了。”

贝特的结论带来了一个严重的难题，因为当时的天文学家和地球科学家得出结论，不同的化学元素在很大程度上必须有共同的起源。特别是，在整个银河系中，碳、氮、氧和铁等原子具有大致相同的相对丰度，这一事实清楚地暗示了某种普遍的形成过程存在。因此，要想他们同意贝特的判断，物理学家就必须提出一些统一的核合成方法，而且这些方法在现代恒星达到平衡之前就已经开始起作用了。

就在这个理论似乎陷入了“瘫痪”的僵局时，全能的伽莫夫（同事们通常称他为 Geo）和他的博士生拉尔夫·阿尔弗（Ralph Alpher）提出了一个卓越的想法：也许这些元素是在最初的、极端炽热的、致密状态的宇宙大爆炸时期形成的。这个概念清晰、生动，是一个天才的想法。伽莫夫和阿尔弗都认为，在极早时期的致密火球中，物质由高度压缩的中子气体组成。他们将这种原始物质称为“ylem”（源自古希腊语“yle”和中世纪拉丁语“hylem”，都表示“物质”）。原则上来说，当这些中子开始衰变成质子和电子时，所有较重的原子核可以通过从剩余的中子海洋中一次又一次地捕获一个中子来产生，这些中子随后会衰变成质子、电子和反中微子。原子被认为会沿着这种方式在元素周期表上前进，每次连续捕获一个中子就会前进一步。整个过程被假定受特定原子核捕获另一个中子的概率和宇宙膨胀①所控制。宇宙膨胀决定了物质密度会随着时间的推移而整体降低，从而使核反应速率减慢。阿尔弗完成了大部分计算，结果于 1948 年 4 月 1 日刊登在《物理评论》（*Physical Review*）期刊上②。（愚人节是伽莫夫最喜欢的出版日期。）伽莫夫总是很风趣，他注意到如果将贝特加为论文的共同作者（贝特

① 宇宙膨胀学说在 20 世纪 20 年代尚未出现，我们将在下一章中讨论。

② 伽莫夫已经在 1942 年和 1946 年提出了大爆炸中核合成的想法。

其实没有参与任何计算），这 3 个名字——阿尔弗、贝特、伽莫夫，将对应希腊字母表的前 3 个字母：阿尔法（alpha）、贝塔（beta）、伽马（gamma）。贝特同意将自己的名字包括在内，因此该论文通常被称为“字母顺序的文章”[①]。同年晚些时候，阿尔弗与物理学家罗伯特·赫尔曼（Robert Hermann）合作，预测了宇宙大爆炸后残余辐射的温度，即今天所说的宇宙微波背景辐射。伽莫夫从未放弃自己对双关的一贯兴趣，在他的著作《宇宙的创造》（*The Creation of the Universe*）中，他开玩笑说赫尔曼“执拗地拒绝改名为 Delter”，以对应希腊字母表中的第四个字母德尔塔（delta）。

尽管阿尔弗和伽莫夫的方案非常巧妙，但很快大家就发现，在炽热的宇宙大爆炸中进行核合成，的确能解释氢和氦的同位素的相对丰度（以及一些锂与微量的铍和硼），在解释如何产生更重的元素时却遇到了无法克服的问题。通过一个简单的机械比喻，我们可以很容易地理解这个问题：当梯子上有一些踏板缺失时，要爬上梯子就会非常困难。在自然界中，没有相对原子质量为 5 或 8 的稳定同位素。也就是说，氦只有相对原子质量为 3 和 4 的稳定同位素；锂只有相对原子质量为 6 和 7 的稳定同位素；铍只有一种真正稳定的同位素，其相对原子质量为 9[②]，以此类推。相对原子质量为 5 和 8 的同位素缺失。因此，氦（相对原子质量为 4）不能捕获另一个中子来产生一个寿命足够长的原子核，以继续中子捕获过程。相对原子质量为 8 的锂也存在类似的困难。因此，相对原子质量的缺口阻碍了伽莫夫和阿尔弗方法的进一步演化。即使伟大的物理学家恩里科·费米与一位同事详细研究了这个问题，[③]也失望地得出结论，宇宙大爆炸中的合成“无法解释元素的形成方式”。

① 伽莫夫在自己《宇宙的创造》一书中开玩笑说：“然而，后来有传言说，当阿尔法、贝塔、伽马理论暂时陷入困境时，贝特博士认真地考虑将他的名字改为撒迦利亚。”

② 铍的相对原子质量为 10 的同位素不稳定，但寿命很长。

③ 费米和物理学家安东尼·特克维奇（Anthony Turkevich）一起研究了这个问题，但是他们从来没有发表过他们的结果。

费米得出的结论是，宇宙大爆炸中无法产生碳和比碳更重的元素，而且，贝特也断言这些元素无法在类太阳恒星中产生。他们的结论结合在一起，就形成了一个令人困惑的谜团：重元素是在哪里并如何合成的呢？在这个时候，霍伊尔登场了。

霍伊尔的伟大贡献：恒星核合成理论

1944 年秋末，霍伊尔因参与海军雷达的战时活动而前往美国，他借此机会在加利福尼亚州的威尔逊天文台与当时最有影响力的天文学家之一沃尔特·巴德（Walter Baade）会面。当时，威尔逊天文台拥有世界上最大的望远镜。从巴德那里，霍伊尔了解到大质量恒星的核心在生命周期晚期会变得异常致密和高温。在研究这些极端条件时，他意识到在接近 10 亿度的高温下，质子和氦核可以轻松穿透其他原子核的库仑屏障，导致核反应进行的频率非常高，以至所有粒子的总体状态可以达到一种被称为统计平衡的状态。

在核统计平衡中，虽然核反应一直在进行，但每个反应及其逆反应的发生速率相同，因此元素的相对丰度总体上没有净变化。因此，霍伊尔认为，他可以使用统计力学[①]的强大方法来估计各种化学元素的相对丰度。然而，要进行这些计算，他需要知道涉及的所有原子核的质量，而在战争期间他无法获得这些信息。霍伊尔不得不等到 1945 年春天才从核物理学家奥托·弗里希（Otto Frisch）手中获得了一份原子核质量表。随后的计算结果是一篇发表于 1946 年的划时代的论文，霍伊尔在其中勾勒出一个理论框架，用于解释碳元素及更重的元素在恒星内部的形成过程。他的想法令人震撼：碳、氧和铁并不是一直存在的（在宇宙大爆炸中形成的）。相反，这些对于生命

① 物理学分支，研究大量粒子集合的宏观运动规律的学科。——编者注

至关重要的元素是在恒星的核聚变炉内锻造而成的。设想一下：如今构成我们 DNA 双螺旋的原子可能起源于数十亿年前不同恒星的核心。大约在 45 亿年前，我们整个太阳系是由先前几代恒星内部的各种成分混合而形成的。后来与霍伊尔合作的天文学家玛格丽特·伯比奇（Margaret Burbidge）在 1946 年皇家天文学会的一次会议上听过霍伊尔的演讲，她对这段经历有过一段精彩的描述："我坐在皇家天文学会的礼堂里，惊叹不已，体验到一种奇妙的感觉，就像一束明亮的光照亮了伟大的发现，揭开了无知的面纱。"①

对自己的理论结果进行仔细的初步审查后，霍伊尔高兴地发现在元素周期表中与铁相邻的元素的丰度中出现了一个明显的峰值，正如观测所显示的那样。这种被称为"铁峰"的一致性表明霍伊尔正在做正确的事情。然而，梯子上的那些缺失的踏板——相对原子质量为 5 和 8 处的稳定原子核——继续困扰着霍伊尔，他还没能构建出一个详细的（而不是框架性的）核反应网络，以产生所有的元素。

为了绕过相对原子质量的缺口问题，霍伊尔在 1949 年决定重新研究将 3 个氦核融合形成碳核的可能性，这正是之前被贝特放弃过的研究。霍伊尔将这个问题交给了自己的一名博士生。由于氦核也被称为阿尔法粒子，所以这个反应通常被称为三阿尔法（3 α）过程。碰巧，那名学生决定在完成博士学业之前放弃研究工作（他是霍伊尔的学生中唯一一个这样做的），但他未能取消正式注册。剑桥大学针对这种情况有明确的学术礼仪规定：在学生或独立研究人员发表结果之前，霍伊尔不能碰这个问题。最终，两位天体物

① 1946 年 11 月 8 日，霍伊尔在皇家天文学会的会议上演讲。玛格丽特·伯比奇当时名为玛格丽特·皮奇（Margaret Peachey）。1948 年，她嫁给了天文学家杰弗里·伯比奇（Geoffrey Burbidge）。这句话出自玛格丽特·伯比奇于 2002 年 4 月 16 日在剑桥大学圣约翰学院的演讲。

理学家发表了结果，尽管其中一位的工作几乎没有引起注意。

1951 年，爱沙尼亚裔英国天文学家恩斯特·厄皮克（Ernst Öpik）提出，在恒星演化后期，其收缩的核心（恒星本身会膨胀成红巨星），温度可能达到几亿度。厄皮克认为，在这样的温度下，大部分氦将融合成碳。然而，由于厄皮克的论文发表在相对鲜为人知的《皇家爱尔兰学院院刊》（*Proceedings of the Royal Irish Academy*）上，许多天体物理学家并不知晓这一论文。

当时在康奈尔大学刚刚开始职业生涯的天体物理学家爱德温·萨尔皮特（Edwin Salpeter）对此也一无所知。1951 年夏季，萨尔皮特受邀访问加州理工学院的凯洛格辐射实验室，在那里，热情洋溢的核天体物理学家威利·福勒（Willy Fowler）和他的团队正在深入研究被认为对天体物理学至关重要的核反应。与厄皮克的思路相同，萨尔皮特研究了在红巨星中心的炽热地狱中三阿尔法过程，[①] 而这正是霍伊尔的博士生放弃的问题。萨尔皮特立即意识到，3 个氦核不太可能同时碰撞，更有可能的是，其中 2 个氦核可能会黏在一起很长的时间，长到足以被第三个氦核撞击。萨尔皮特很快发现，碳可能通过一个低概率的两步过程产生。在第一步中，2 个阿尔法粒子可以结合形成高度不稳定的铍同位素（^{8}Be），然后在第二步中，铍可以捕获第三个阿尔法粒子形成碳。但这仍然存在一个严重的问题。实验显示，这种特定的铍同位素会分裂为 2 个阿尔法粒子，其瞬时平均寿命约为 10^{-16} 秒（小数点后第 16 位为 1）。问题是，在超过 1 亿开尔文温度下，反应速率是否会变得如此高，以至于一些瞬时存在的铍核在分裂之前就能与第三个氦核融合。

当霍伊尔读到萨尔皮特的论文时，他的第一反应是对自己感到愤怒，由

① 萨尔皮特后来在天文物理学方面取得了杰出的成就。

于那名博士生放弃了研究工作，导致这么重要的计算机会从手中溜走了。然而，经过对整个核反应网络的仔细研究之后，霍伊尔估计，在萨尔皮特的假设下，所有的碳都将通过与另一个氦核融合而转化为氧，碳的产生速率与其转化为氧的速率基本相同。大约 30 年后，他形容了这个重要的发现："可怜的老萨尔皮特，我心想。"（实际上，萨尔皮特比霍伊尔年轻 9 岁。）但是，这是否对整个理论构成了灾难？正是此时，霍伊尔展现出了令人难以置信的物理直觉和清晰思维。他从一个明显的问题开始："肯定存在某种途径合成 ^{12}C。"毕竟，碳元素不仅在宇宙中相对丰富，而且对于生命至关重要。在评估了所有可能的反应后，霍伊尔得出结论："没有比三阿尔法过程更好的选择。"那么如何防止碳转化为氧呢？在霍伊尔的脑海中，只有一种方法："三阿尔法过程的速度必须比之前预计的速度要快得多。"换句话说，铍和氦必须能够如此容易且如此迅速地融合在一起，使碳的产生速率远远快于它被破坏的速率。但是，什么因素可以显著加快碳的产生速率？核物理学家知道碳核中存在一种"共振态"。共振态是指反应概率达到峰值时的能量值。霍伊尔意识到，如果碳核的能级恰好与铍核和一个阿尔法粒子（以及它们的动能）的组合的能量当量相等，那么铍与阿尔法粒子的聚变速率将显著增加。也就是说，不稳定的铍核吸收一个阿尔法粒子形成碳的概率将大大增强。霍伊尔不仅仅指出了共振将有所帮助，还精确地计算了能够形成这种效应的碳核所需的能级。核物理学家用 MeV（兆电子伏特）为单位来测量原子核的能量。霍伊尔计算得出，为了使碳的产生与观测到的宇宙丰度相匹配，^{12}C 的共振态要比碳核的最低能级（基态）高出约 7.68 MeV 的能量。① 此外，利用已知的 ^{8}Be 和 ^{4}He 的原子核的已知对称性，他预测了这种共振态的量子力学性质。

① 虽然早先有一些关于 7.4MeV 左右共振的建议，但这些从未得到证实，而且无论如何，在霍伊尔的预测之前，没有共振能级超过 7.5MeV。

这一切都令人印象非常深刻，但有一个“小”问题：没有人知道这样的共振态是否存在！霍伊尔竟然凭借普通的天体物理证据来做出非常精确的核物理预测（实际上比基于核物理学计算得出的预测还要精确），这简直无法想象，但霍伊尔从不缺乏胆量。

当时是 1953 年 1 月，霍伊尔在加州理工学院度过了为期几个月的学术休假。凭借对碳核未知能级的新预测，霍伊尔径直走进了凯洛格实验室里福勒的办公室，想看看福勒和他的团队是否能进行实验来验证自己的预测。在那次会面中发生的事情后来成了传奇。福勒回忆说：“有一个有趣的小个子，他认为我们应该停止正在做的所有重要工作，去寻找这个状态。我们对他有点不屑一顾。‘走开，年轻人，你在打扰我们。’”

霍伊尔本人对这次会面的印象则更为正面：

> “令我惊讶的是，福勒在我解释了困难后没有笑。我记不清他是当场叫来凯洛格小组的人①还是几小时或一两天后……然后大家一致决定应该进行新的实验。”

在 2001 年的一次采访中，沃灵和邓巴都不记得这次会议的具体细节，但巴恩斯回忆说，福勒的办公室里非常拥挤，当霍伊尔在讲述自己的想法时，听众们显然感到怀疑。就连福勒自己也似乎有些怀疑。但不管会议上到底发生了什么，最终结果是凯洛格小组决定进行实验，而沃灵和他的同事被确定为进行必要测量的最佳实验组。②

---

① 包括沃德·沃灵（Ward Whaling）、威廉·温泽尔（Willian Wenzel）、诺埃尔·邓巴（Noel Dunbar）、查尔斯·巴恩斯（Charles Barnes）和拉尔夫·皮克斯利（Ralph Pixley）等人。

② 至于那次会议发生了什么，多年以后，与会者的回忆多少有些不同。

沃灵、邓巴和他们的合作者决定用氘（^{2}H）轰击氮（^{14}N）核来处理这个问题。这种核反应会产生碳核（^{12}C）和阿尔法粒子（^{4}He）。根据能量守恒定律，通过仔细检查阿尔法粒子流的能量，他们不仅可以检测到高能粒子（因此使碳保持在低能量的基态），还可以检测到以较低能量出现的粒子，这表明一些能量留在了碳核中。结果很明显。在几周内，实验小组找到了碳的一个共振态，能量为 7.68 MeV（可能误差为 0.03 MeV），与霍伊尔的预测不可思议的吻合！在描述实验结果的仅一页多的论文中，核物理学家是这样开头的："霍伊尔通过这个过程（铍与氦的聚变）解释了重于氦的原始元素的形成。"他们在论文最后致谢道："感谢霍伊尔教授向我们指出了这个能级的天体物理学意义。"

尽管霍伊尔的预测取得了惊人的成功，但他意识到现在不是自满的时候。①为了使碳得以保存下来，原子核还必须满足另一个重要要求：碳不能迅速捕获第四个阿尔法粒子，将其自身全部转化为氧。换句话说，我们必须确保氧核中没有共振态，才能提高碳与阿尔法粒子的反应速率。霍伊尔在碳产生理论上获得了圆满成功，他证明了这样的共振态确实不存在，氧核中相应能级的能量比能使其产生共振的值低了约 1%。

有人可能认为，有了这样的成功，霍伊尔会立即向世界宣布。但事实上，后来他在阿尔伯克基举行的美国物理学会会议上做简要报告时，距离他的预测得到证实，已经过去了半年多的时间。即使在随后的几年里，霍伊尔也从未过分吹嘘自己的卓越成就。1986 年，他评论道：

---

① 鉴于我们所知道的，生命是以碳为基础的，人们对碳共振水平的人为意义做了大量的研究。这个问题超出了这里讨论的范围。需要指出，我和同事们在 1989 年证明了即使能量水平的值略有不同，恒星仍然会产生碳。

> 从某种意义上说，这只是一个小细节。但由于物理学家将其视为一项不同寻常的成功预测，它产生了不成比例的影响，使他们从目前所持的观点，即元素都是在炽热的早期宇宙中瞬间合成的，转而接受了更加平凡的观点，即元素是在恒星中合成的。

有些人并不认为这只是“一个小细节”。当活力十足的伽莫夫总结霍伊尔在元素合成理论中的作用时，他用了一个风趣的故事《新的创世记》（*New Genesis*）来表述。①

> 起初，上帝创造了辐射和原物质。原物质没有形状，也没有数量，核子疯狂地在深渊的表面奔涌。上帝说：“要有质量为 2 的原子。”于是质量为 2 的原子出现了。上帝看到了氘，很好。上帝说：“要有质量为 3 的原子。”于是，上帝看到了氚和三氦（伽莫夫给 $_3$He 同位素起的昵称），很好。上帝逐个数着数字，直到他看过了超铀元素。但是当他回顾自己的作品时，发现并不完美。在数数的兴奋过程中，他漏掉了质量为 5 的原子，因此，更重的元素不能自然而然地形成。上帝非常失望，想重新收缩宇宙，从头开始。但那样太省事了。因此，全能的上帝决定以一种最不可能的方式来纠正自己的错误。
>
> 上帝说：“要有霍伊尔。”于是霍伊尔出现了。上帝看着霍伊尔，然后告诉他可以以任何方式制造重元素。霍伊尔决定在恒星中制造重元素，并通过超新星爆炸将它们散播出去。但在这样做的过程中，他必须获得与在原物质中进行核合成时相同的丰度曲线，就好像上帝不曾漏掉质量为 5 的原子一样。因此，在上帝的帮助下，

① 伽莫夫确实想表达自己对霍伊尔、邦迪和戈尔德提出的稳态理论（将在第 9 章中讨论）的反对意见，但他最终还是承认了霍伊尔的贡献。

霍伊尔以这种方式制造了重元素，但过程是如此复杂，以至于如今无论是霍伊尔，还是上帝，抑或其他人都无法确切地弄清楚这是如何完成的。

注意，顺便提一句，根据这篇《新的创世记》，即使上帝也会犯错误！

瑞典皇家科学院也认为霍伊尔的预测绝不仅仅是一个小细节。在 1997 年，该学院决定将著名的克拉福德奖（Crafoord Prize）[①] 授予霍伊尔和萨尔皮特，以表彰他们在恒星内部核反应过程和恒星演化研究方面的开创性贡献。在颁奖公告中，瑞典皇家科学院指出："他（霍伊尔）在这个领域中最重要的一项贡献可能是一篇论文，他在这篇论文中证明了自然界中碳元素的存在表明基态以上的碳核存在某种特定的激发态。这一预测后来得到了实验证实。"

在对碳元素含量的预测之后，霍伊尔又发表了一篇论文，为恒星核合成理论奠定了基础：大部分化学元素及其同位素是通过大质量恒星内的核反应从氢和氦合成而来。在 1954 年发表的这篇论文中，霍伊尔解释了今天重元素的丰度是恒星演化的直接产物。恒星终其一生都在与自身的引力进行不断的斗争。如果没有反作用力，引力将导致任何恒星坍缩到其中心。通过在其核心"点燃"核反应，恒星产生了极高的温度，从而产生高压支撑着恒星对抗其自身的引力。霍伊尔解释了在每个恒星中心核燃料被消耗后，引力如何进一步收缩使核心温度升高，直到下一个核反应被"点燃"。霍伊尔推断，通过这种方式，每个连续的核心燃烧过程都会合成新的元素，一直到铁元素。[②] 由于每次燃烧的核心比之前的核心要小，恒星形成了类似洋葱皮的结

① 该奖项授予与诺贝尔奖领域互补的学科。

② 首先氢融合成氦，然后氦融合成碳，碳再融合成氧，以此类推。

构，其中每一层都由前一次核反应的主要产物组成（见图 7-3）。由于铁的原子核是最稳定的，一旦形成铁核，恒星就无法再通过核聚变产生更重的元素来产生能量了。没有内部热源来对抗引力，恒星核心坍缩，引发了剧烈的爆炸。这就是所谓的超新星爆炸，爆炸将所有核反应合成的元素强力地抛射到星际空间，丰富了星体和行星后代形成的气体。爆炸期间达到的温度非常高，因此，重于铁的元素可以通过中子轰击恒星物质而形成。至今，霍伊尔的设想仍然是描绘恒星演化的大致图景。令人惊讶的是，这篇在恒星核合成理论发展中至关重要的论文在当时受到的关注却相对较少，可能是因为它发表在一本新的天体物理学期刊上，而核物理学界对其还知之甚少。

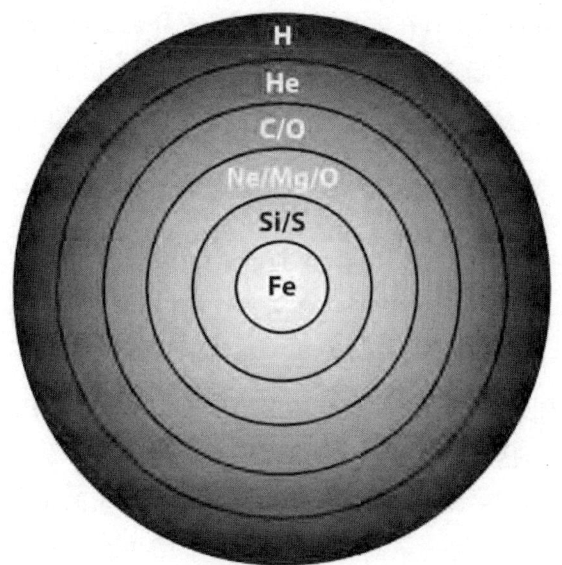

图 7-3　超新星爆炸前的恒星内部结构

福勒对霍伊尔关于碳的共振能级的预测也深感钦佩。事实上，他在接下来的学术休假中前往剑桥大学，与霍伊尔进行合作。这两位科学家之间的合

BRILLIANT BLUNDERS

B²FH 正确地指出"不同恒星的化学组成真的存在差异"的观测证据支持了恒星核合成理论，而不是所有元素都是在宇宙大爆炸中合成的。

作以及他们与天文学家杰弗里·伯比奇和玛格丽特·伯比奇夫妇之间的合作，促成了天体物理学中最著名的著作之一。1957年，伯比奇夫妇、福勒和霍伊尔（通常被称为 B²FH）发表了一篇具有里程碑意义的论文，为恒星中所有重于硼的元素的合成提供了全面的理论。从某种意义上说，当琼尼·米切尔（Joni Mitchell）唱起《我们是星尘》（*We are stardust*）时，她只是把霍伊尔 1954 年的论文和 B²FH 的论文简洁地概括成了一首抒情歌曲。这 4 位研究者使用了大量有关恒星和陨石中重元素的丰度的天文学数据，并将其与 1952 年 11 月 1 日在太平洋埃尼威托克环礁上进行的氢弹试验的关键核试验数据结合起来，以支持他们的理论计算。他们描述了不少于 8 种在恒星中合成元素的核反应过程，并确定了这些过程发生的不同天体物理环境。

这是真正的杰作。这篇长达 108 页的论文以浪漫的方式开始，引用了莎士比亚有关星辰是否主宰人类命运的两句相互矛盾的名言。第一句来自《李尔王》："是星辰，是高挂天空的星辰，主宰了我们的命运。"这句话之后紧接着的是"但也许"这 3 个字，之后引用了《凯撒大帝》中的另一句名言："错误不在我们的星辰，亲爱的布鲁图斯，而在于我们自己。"论文的结尾处则以呼吁观测者尽一切可能来确定恒星中不同同位素的相对丰度，因为这些数据可以真正用来研究不同的核反应机制。图 7-4 为 1967 年剑桥大学理论天文研究所拍摄的合影。霍伊尔位于第二排的中间，他的左边是玛格丽特·伯比奇。福勒位于前排的中间，他的右边是杰弗里·伯比奇。

图 7-4　剑桥大学理论天文研究所合影（1967）

B^{2}FH 的论文没有完成的一件事是，无论他们多么努力，霍伊尔和他的合作者都无法通过恒星内部形成轻元素来解释它们的丰度。氘、锂、铍和硼太过脆弱了，恒星内部的高温足以使这些元素被核反应摧毁，而不是形成。氦，宇宙中第二丰富的元素，也被证明是有问题的。这可能听起来令人惊讶，因为恒星内部显然在形成氦。毕竟，4 个氢聚变形成氦是大多数类太阳恒星的主要能量来源，对吧？问题实际上并不在于合成氦本身，而在于合成足够多的氦。详细的计算表明，恒星核合成预测氦的宇宙丰度只有

1%～4%，而观测值约为 24%。这使得宇宙大爆炸成为轻元素的唯一来源，正如伽莫夫和阿尔弗所建议的那样。

你可能已经注意到元素起源的故事，霍伊尔所称的“物质的历史”，包含了某种“宇宙的妥协”。伽莫夫希望所有元素都是在宇宙大爆炸后的几分钟内创造出来的（“比做一盘鸭肉和烤土豆所需的时间还短”）。霍伊尔则希望所有元素都是在恒星演化的漫长过程中融合而成的。大自然做出了折中之选：轻元素如氘、氦和锂的确是在宇宙大爆炸时期合成的，但更重的元素，尤其是对生命至关重要的元素，则是在恒星内部形成的。

霍伊尔甚至有机会在梵蒂冈发表自己关于物质历史的观点。就在 B^2FH 论文发表前的几个月，梵蒂冈宗座科学院和梵蒂冈天文台在梵蒂冈组织了一次名为“恒星星族”（Steller Population）的科学会议。20 多位受邀者包括了当时天文学和天体物理学领域最杰出的一些科学家。福勒和霍伊尔都介绍了他们关于元素合成的研究结果，而霍伊尔还被要求从物理学的角度对整个会议进行总结。荷兰天文学家简·奥尔特（Jan Oort）从天文学的角度进行了总结。

在福勒的积极领导下，凯洛格实验室的实验和理论项目成为核天体物理学的中心。福勒于 1983 年获得了诺贝尔物理学奖。[①] 许多人，包括福勒自己，都认为霍伊尔也应该分享这一奖项。2008 年，杰弗里·伯比奇甚至表示：“恒星核合成理论完全归功于霍伊尔，这一点可以从他在 1946 年和 1954 年发表的论文以及 B^2FH 的合作著作中看出。在撰写 B^2FH 的论文时，我们所有人都借鉴吸收了霍伊尔早期的研究成果。”

① 另一位获奖者是天体物理学家苏布拉马尼扬·钱德拉塞卡（Subramanyan Chandrasekhar）。

为何霍伊尔没有获得诺贝尔奖仍然存在不同的观点。根据杰弗里·伯比奇的私人信件，一个主要原因可能是人们认为福勒是 B^2FH 论文的领导者，这可能让霍伊尔的贡献变得不那么突出。关于这一原因，杰弗里·伯比奇认为有失公正。霍伊尔认为自己没有获奖显然是因为他批评了诺贝尔委员会，当时他们决定将诺贝尔奖授予安东尼·休伊什（Antony Hewish），以表彰休伊什发现了脉冲星，而实际上，休伊什的研究生乔斯琳·贝尔（Jocelyn Bell）才是真正的脉冲星发现者。霍伊尔对此持有异议。此外，一些人认为霍伊尔对宇宙大爆炸理论的非传统观点，可能是他未能获奖的原因之一，我们在下一章中将详细讨论。

他那些不同的观点是什么？霍伊尔反对大爆炸理论的背景又是什么呢？

第二次世界大战期间，霍伊尔在英国萨里郡温特利的海军信号机构工作。在那里，他与两位年轻的同事赫尔曼·邦迪（Hermann Bondi）和托马斯·戈尔德（Thomas Gold）结为了朋友。这两位同事都是出生于奥地利的犹太人，因纳粹主义的兴起而逃亡到英国。但是，在他们为温特利的海军工作之前，英国政府曾因他们的奥地利背景将两人视为敌方外国人并将其拘留。

戈尔德是这样描述自己对霍伊尔的最初印象的："他看起来很奇怪。当别人与他交谈时，他似乎从不倾听，而他那浓重的北方口音似乎格格不入。"然而，很快，戈尔德的看法改变了：

> 我后来发现，我误解了霍伊尔表现出来的不愿倾听的态度。事实上，他非常仔细地倾听，而且记忆力极好，因为我发现，他经常记得我说过的话，比我自己记得还清楚。我认为他这样做不是在说

“我不在听”，而是在说“不要试图影响我，我要自己做决定”。

BRILLIANT BLUNDERS

稳态宇宙论

基于宇宙学原理而发展起来的宇宙学理论，认为宇宙膨胀时，因有物质不断创生而保持稳恒状态。

在研究海军雷达设施的空闲时间里，霍伊尔、邦迪和戈尔德 3 人开始讨论天体物理学，并在战后继续进行合作交流。1945 年，他们都回到了剑桥大学，直到 1949 年，他们每天都在邦迪的住处一起度过几个小时。就是在那个时期，他们开始思考宇宙学，即对整个可观测宇宙的研究，并将其视为一个整体。英国皇家天文学会邀请邦迪写一篇当时被称为摘要的文章，实际上是一篇综述性文章，将广泛的知识汇集在一起。霍伊尔建议选择宇宙学作为主题，因为在他看来，“这个课题已经被搁置很长时间了”。为了快速掌握这个课题，邦迪深入研究了现有的文献，包括物理学家霍华德·珀西·罗伯逊（Howard Percy Robertson）于 1933 年发表的一篇文章《相对论宇宙学》（*Relativistic Cosmology*）。霍伊尔此前已阅读过这篇文章，但也决定再次仔细研读。他们都意识到，这篇近乎百科全书式的文章客观地涵盖了有关宇宙演化的各种可能性，但没有提出任何意见。以自己典型的破旧立新的思考方式，霍伊尔立即开始思考：“他（罗伯逊）的论述是否真的涵盖得足够广？还有其他可能性吗？”与此同时，戈尔德开始深入探讨关于宇宙的更多哲学思想。这些思考奠定了稳态宇宙论的理论基础，该理论于 1948 年被提出。很快我们将发现，这一理论在成为焦点之前，已经与宇宙大爆炸理论展开了 15 年的激烈争论。

本章回顾

- 正如英语单词是由字母组成的，宇宙中的所有普通物质都是由元素组成的。元素是不能再用简单的化学方法进一步分解或改变的物质。
- 费米得出的结论是，宇宙大爆炸中无法产生碳和比碳更重的元素，而且，贝特也断言这些元素无法在类太阳恒星中产生。
- 霍伊尔勾勒出一个理论框架，用于解释碳元素及更重的元素在恒星内部的形成过程。他认为，这些对于生命至关重要的元素是在恒星的核聚变炉内锻造而成的。
- 恒星终其一生与自身的引力进行不断的斗争。如果没有反作用力，引力将导致任何恒星坍缩到其中心。通过在其核心“点燃”核反应，恒星产生了极高的温度，从而产生高压支撑着恒星对抗其自身的引力。
- B^2FH 正确地指出，“不同恒星的化学组成真的存在差异”的观测证据支持了恒星核合成理论，而不是所有元素都是在宇宙大爆炸中合成的。
- 轻元素如氘、氦和锂的确是在宇宙大爆炸时期合成的，但更重的元素，尤其是对生命至关重要的元素，则是在恒星内部形成的。

BRILLIANT BLUNDERS

第 8 章

大爆炸模型vs稳态宇宙模型：拓展宇宙学边界

大胆的观点、无法解释的预感、推测性的思考，我们诠释自然只有这三条途径……那些不愿将自己的观点暴露于被反驳的危险中的人，并未参与科学的游戏。

卡尔·波普尔

霍伊尔最主要的研究成果是在核天体物理学和恒星演化领域。然而，那些从他的畅销书和知名广播节目中了解到他的人，认为他是一位宇宙学家和稳态宇宙论的共同创始人。那么，所谓的宇宙学家到底是什么意思呢？

“离地球最近的行星有多近？”这并不是现代宇宙学考虑的问题。即使是更大范围的问题，比如“银河到离它最近的另一个星系的距离是多少？”也不被视为宇宙学问题。宇宙学涉及的是可观测宇宙的一般性质，也就是在最强大的望远镜可以观测的范围内，进行平均处理后可获得的性质。尽管星系因受到引力作用，倾向于以小的星系群或大的星系团形式聚集，但如果我们采样的范围足够大，宇宙似乎是非常均匀且各向同性的。换句话说，宇宙中没有特殊位置，各个方向上的物质看起来是相同的。从统计学的角度来看，任何边长为 5 亿光年 [①] 或更大的宇宙立方体，无论处于宇宙中何处，其内容大致是相同的。范围越大，这种粗略的均匀性就变得越来越准确，直到我们望远镜的“视界”。宇宙学专门处理那些不管我们所在的星系或我们望

① 1 光年是光在 1 年内传播的距离，约为 9.46 万亿千米。

远镜所指向的方向如何，都会得出相同答案的问题。

爱因斯坦在 1917 年提出了空间的大尺度均匀性和各向同性的假设。在 1933 年英国天体物理学家爱德华·阿瑟·米尔恩（Edward Arthur Milne）的一篇论文中，这种简化的猜测被提升为基本原理。米尔恩称其原理为“相对论原理的延伸”（extended principle of relativity），要求“不仅自然法则，还有自然界中发生的一切事件，即这个世界本身，在所有观察者看来都必须是相同的，无论他们身处何处”。如今，这种均匀性和各向同性的假设被称为宇宙学原理，这个名字由德国天文学家埃尔温·芬利－弗罗因德利克（Erwin Finlay-Freundlich）创造，而它最强有力的直接证据来自观测到的“创世余辉”（afterglow of creation），即宇宙微波背景辐射。这种辐射是原始炽热的、致密的不透明火球的遗迹，它来自各个方向，在所有方向上都是相同的，差异不超过万分之一，用天文学家鲍勃·柯什纳（Bob Kirshner）的话说：“比婴儿的屁股还要光滑。”大尺度的星系巡天观测也显示出很高的均匀性。在所有涵盖宇宙足够大的区域以构成“合理样本”的观测中，就连最显著的结构特征也被削弱了，变得微不足道。

既然宇宙学原理在空间中的不同位置上都是有效的，那么我们自然会好奇，是否可以将其扩展应用到时间呢？也就是说，是否可以认为宇宙的大尺度外观和其物理定律一样，都是亘古不变的？这是霍伊尔、邦迪和戈尔德在 1948 年提出的重要问题。有趣的是，这 3 位著名的学者可能是受到了一部英国恐怖电影《死亡之夜》（*Dead of Night*）的启发，才提出了这个问题。图 8-1 是该电影的原始海报。以下是霍伊尔本人对这一系列事件的描述：

> 在某种意义上，稳态理论可以说是始于邦迪、戈尔德和我一起

光顾剑桥的一家电影院的那个夜晚……[①] 电影《死亡之夜》由 4 个鬼故事组成，看似由几个角色独立讲述，但有趣的是第四个故事的结尾意外地与第一个故事的开始相连，从而构建了一个永无止境的循环。

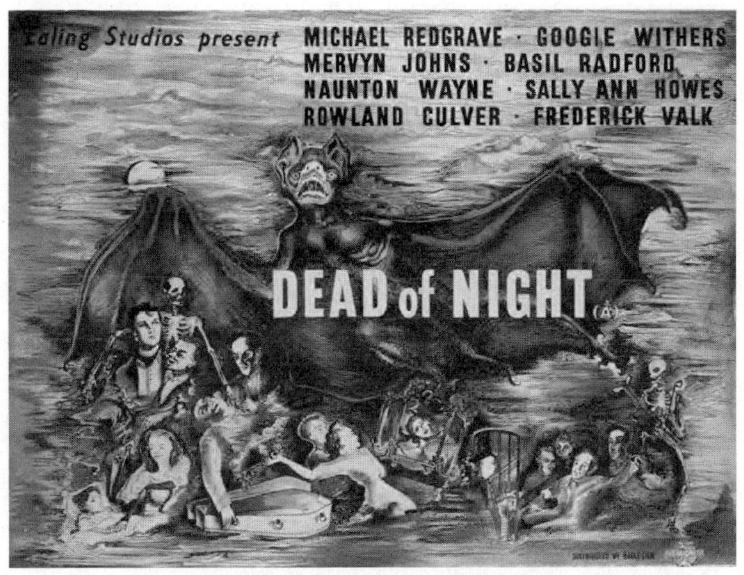

图 8-1 电影《死亡之夜》的原始海报

当回到三一学院时，戈尔德突然问道："如果宇宙是那样的呢？"他的意思是宇宙本身可能也在永恒地循环，没有起点也没有终点。这个想法当然很有趣，只是乍看之下，它似乎与比利时宇宙学家乔治·勒梅特（Georges

① 在对稳态理论历史的精彩描述中，曾有人对电影故事的真实性提出了质疑。然而，《纽约时报》在 1952 年 5 月 24 日报道，皇家天文学家哈罗德·斯宾塞·琼斯爵士（Sir Harold Spencer Jones）在一次演讲后不久，收到了霍伊尔写给他的一封信，在信中特别提到了电影的故事。这封信早在 1952 年就写了，因此这种说法更可信。

Lemaitre）和天文学家埃德温·哈勃（Edwin Hubble）“宇宙正在膨胀”的发现相矛盾。宇宙的膨胀似乎指向一个线性演化过程，始于一个致密且炽热的源头（宇宙大爆炸），并显示出时间之箭射向的明确方向。霍伊尔、邦迪和戈尔德对这些发现非常清楚，因为哈勃的发现及其潜在影响早已成为他们经常讨论的话题。戈尔德在 1978 年的一次采访中回忆了那些激烈的讨论：

> 有一段时间，霍伊尔和我经常坐在邦迪在学院的房间里，一坐就是好久，而霍伊尔一直想弄清楚，哈勃的发现真正意味着什么？……所有那些星系都在不断远离，太空之后会变得空无一物吗？过去宇宙的密度是不是非常大？

所有这些思考导致了一个意外的结果：霍伊尔、邦迪和戈尔德开始认真考虑一个问题，即观测到的宇宙膨胀是否可以在一个不变的宇宙理论的背景下得到解释。

但在深入探讨这个迷人的话题之前，让我们暂且回到 20 世纪 20 年代。宇宙膨胀不仅是 20 世纪最伟大的天文学发现，也在霍伊尔和爱因斯坦的错误中扮演非常关键的角色，因此，让我们稍微绕点路，回顾一下这段具有突破性和启发意义的历史。这个故事尤为重要，因为在 2011 年，事件的发展出现了一个非常引人入胜的新转折，引起了天文学界和科学史界的广泛兴趣和热议。

是谁发现了宇宙正在膨胀

当宇宙学家说宇宙正在膨胀时，他们主要依赖的证据来自星系明显的运动。一个高度简化且常用的例子可以帮助我们形象地理解这个概念。

想象一个二维世界，它只存在于一颗橡胶球的表面上（见图 8-2）。也就是说，这个世界中的星系只是简单地黏在表面上的小圆点，就像用打孔器打出来的那样。对于这个世界的居民来说，球内部和外部的空间都不存在；他们的整个宇宙就是这个表面。请注意，这个世界没有中心，表面上的每个小圆点都与其他小圆点没有任何区别。请记住，球本身的中心不是这个世界的一部分。这个宇宙也没有边界或边缘。即使一个点在球面上朝着某个方向移动，它也永远无法到达边缘。

现在，如果给这个球充气，会发生什么呢？无论你属于表面上的哪个小圆点，你都会看到其他所有的小圆点都在后退并远离你。此外，距离更远的小圆点会以更快的速度远离：一个距离你 2 倍远的小圆点将以 2 倍的速度移动，因为在相同时间内它会走 2 倍的距离。换句话说，距离我们越远，其退行速度就越快。爱因斯坦的广义相对论表明，宇宙的时空结构（将空间和时间合为一个连续体）就是以这个简化例子呈现的方式运作的。也就是说，所有遥远的星系都在远离我们，再加上退行速度与距离成正比的事实，这些都暗示着我们的宇宙正在膨胀。我们将在第 9 章中再次回到这个话题。请注意，宇宙的膨胀不能与手榴弹的爆炸相比较。在后一种情况下，爆炸发生在一个预先存在的空间中，并且有明确的中心和边缘。而在宇宙中，之所以出现远离运动，是因为空间本身的结构在膨胀。没有哪个星系与其他星系不同。无论你身处何处，都会看到所有星系朝四面八方迅速远离。

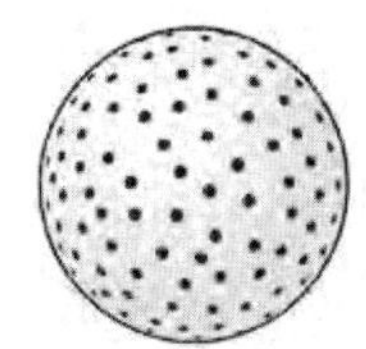

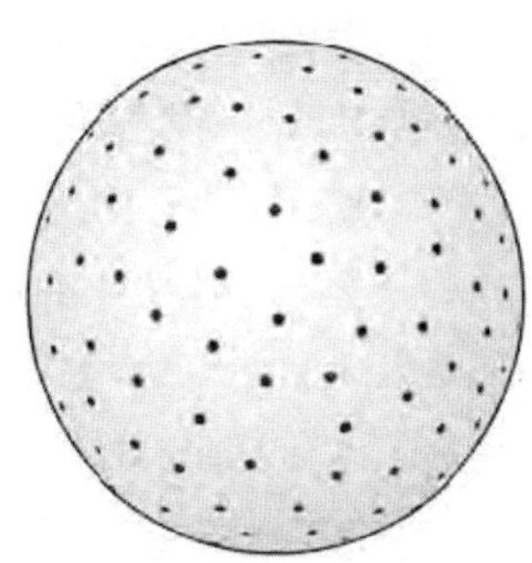

图 8-2　宇宙膨胀的演示模型

BRILLIANT BLUNDERS

哈勃定律

星系远离我们的速度与星系同我们之间的距离成正比。

一提到宇宙膨胀，大家最常想到的人就是天文学家哈勃，哈勃太空望远镜就是以他的名字命名的。哈勃通常被认为是测量几十个星系的距离和退行速度的关键人物，[①]并且在1929年发表的一篇论文中确立了以他名字命名的哈勃定律。通过哈勃定律，哈勃和赫马森推导出了当前宇宙的整体膨胀速率，表明每隔326万光年的距离，星系的退行速度就会增加约每秒500千米。

由于哈勃最初的观测距离相对较小，如果没有一些支持性的理论思想，就很难从这些观测中推断出宇宙的膨胀。实际上，早在1922年，俄罗斯数学家亚历山大·弗里德曼（Aleksandr Friedmann）就已经证明，广义相对论允许一个膨胀的、充满物质的、无边界的宇宙存在。虽然很少有人注意到弗里德曼的成果，[②]但在20世纪20年代，动态宇宙的概念开始受到关注。因此，将哈勃的观测解释为宇宙膨胀的理论迅速变得流行起来。

物理学家有时习惯忽视他们学科的历史。毕竟，只要那些发现广为人知，谁发现了什么并不重要。然而，在一些情况下，某些发现具有如此重大的意义，以至于理解导致这些发现的历程，包括正确的归属，都具有极高的价值。宇宙膨胀的发现无疑就属于这一类别，即使没有其他原因，仅仅因为膨胀暗示着我们的宇宙有一个起源，也足以使其成为如此重要的发现。

2011年，关于谁实际上应该获得发现宇宙膨胀的荣誉展开了一场激烈

① 与他的助手米尔顿·赫马森（Milton Humason）合作。

② 除了爱因斯坦本人，他最后承认那些成果在数学方面正确无误，却又对它们置之不理，因为他认为“它们不具有物理学的意义”。

的辩论。一些文章甚至质疑，20 世纪 20 年代，可能存在一些不当的审查手段，以确保哈勃在这一发现上占据优先权。

与这场辩论相关的事实背景，简要概括如下：

截至 1922 年 2 月，天文学家维斯托·斯里弗（Vesto Slipher）已经测量了 41 个星系的径向速度（即沿着我们视线方向的速度）。在 1923 年出版的一本书中，亚瑟·爱丁顿列出了这些速度，并评论道："正向（远离的）速度的优势非常明显，但欠缺对南环星云的观测，因此无法给出一个最终的结论。" 1927 年，勒梅特用法语发表了一篇有重要意义的论文，即《一个均匀的、质量不变且半径增长的宇宙，解释了外星系星云的径向速度》（*A Homogeneous Universe of Constant Mass and Increasing Radius Accounting for the Radial Velocity of Extra-Galactic Nebulae*）。可惜的是，这篇论文发表在鲜有人读的《布鲁塞尔科学学会年鉴》（*Annals of the Brussels Scientific Society*）上。在这篇论文中，勒梅特率先发现了爱因斯坦的广义相对论方程的动态（膨胀）解，并由此得出了现在被称为哈勃定律的理论基础：远离我们的速度与距离成正比。但勒梅特没有停留在理论计算上，他实际上使用了斯里弗测得的星系速度以及哈勃于 1926 年通过亮度测量得出的近似距离，发现了一个初步的"哈勃定律"，并确定了宇宙膨胀的速率。这个速率的数值就是今天所称的哈勃常数，勒梅特当时得出的结果为 625；两年后，哈勃得出的结果为 500。[①] 事实上，哈勃在自己的论文

> BRILLIANT BLUNDERS
>
> **星云**
>
> 由气体和尘埃组成的云雾状天体。最初将现已清楚是星系和星团的天体也称为星云，因为它们看起来模糊不清。

① 今天我们知道这两个数值都错了将近一个数量级。

中使用了基本上与勒梅特相同的退行速度，即由斯里弗确定的速度，但从未在论文中提及这些数据是由后者测得的。基于更好的恒星测距器，哈勃使用的距离确实更加精确。勒梅特充分意识到自己使用的距离只是近似值。勒梅特得出结论，当时所能获得的距离估计值的精确度，似乎不足以证明他发现的线性关系。

BRILLIANT BLUNDERS

哈勃常数

哈勃关系中的比例常数，用来描述宇宙的膨胀速率。目前的测量值根据不同的方法可能为 65 ～ 74（km/s）/Mpc。

仅根据我所描述的内容，我想大多数人都会认为公平的做法是将宇宙膨胀的发现和哈勃定律的初步建立归功于勒梅特，而将对该定律的详细证实归功于哈勃和赫马森。哈勃和赫马森后来的细致观测，将斯里弗的速度测量扩展到更大且更准确的距离。但是，故事就在这里变得复杂起来。

勒梅特 1927 年的论文被翻译成英文，并于 1931 年 3 月发表在英国《皇家天文学会月刊》（*Monthly Notices of the Royal Astronomical Society*）上。然而，原始法语版本中有几段被删去了，特别是描述哈勃定律的段落，涉及勒梅特在使用 42 个星系的（近似）距离和速度得出哈勃常数为 625 的那一段。另外还缺失了一段勒梅特讨论距离估值中的可能误差的内容，以及两个脚注。其中一个脚注中，勒梅特评价了速度和距离之间成正比是相对膨胀的结果这一解释。在这个脚注中，勒梅特还计算了哈勃常数的两个可能数值：575 和 670，具体视数据的归类方法而定。

这篇论文是由谁翻译的？为什么在英文版本中这些段落被删除了？2011 年，一些业余的科学史侦探认为，有人故意查禁了勒梅特论文中涉及哈勃定律和确定哈勃常数的部分。加拿大天文学家悉尼·范登伯格（Sidney van den Bergh）推测，进行“选择性编辑”的人可能是为了防止勒梅特的论文侵害到哈勃的优先权。他指出：“选择方程式中间的一部分，肯定是故意为之。”南非数学家戴维·布洛克（David Block）把话说得更绝，他表示很可能是哈勃本人插手了这次宇宙“审查”，以确保将宇宙膨胀的发现归功于哈勃本人和哈勃进行观测的威尔逊山天文台。

作为一个与哈勃空间望远镜有着 20 多年合作历史的人，我对这个谜题产生了强烈的兴趣，决定仔细评估事实。我开始研究勒梅特论文的翻译情况。

首先，我获得了《皇家天文学会月刊》当时的编辑、天文学家威廉·马歇尔·斯马特（William Marshall Smart）写给勒梅特的原始信函。在这封信中（见图 8-3），斯马特询问勒梅特是否允许在《皇家天文学会月刊》上重新刊登他在 1927 年发表的那篇论文，因为英国皇家天文学会认为这篇论文的重要性并未得到应有的广泛认知。信函中最重要的段落如下：

> 简要地说，如果《布鲁塞尔科学学会》也同意的话，我们更愿意将论文翻译成英文。此外，如果您对该主题有任何进一步的补充，我们也愿意将这些内容一并印刷。我提议，如果有新增内容，可以在注释中说明第 1 节到第 n 节来自原论文，其余部分为新内容（或其他更加合适的方式）。我仅代表我个人以及学会，希望您能够同意这一请求。

我立刻反应过来，斯马特的信完全是无恶意的，这封信当然没有表现出任何额外编辑或审查的意图。尽管我对斯马特信函这种无阴谋论的解释相当有信心，但两个主要谜团，谁翻译了这篇论文以及谁删除了这些段落，仍然

Observatory
Cambridge

TELEGRAMS: "URANOMETRY, LONDON."
TELEPHONE: GERRARD 2982.

ROYAL ASTRONOMICAL SOCIETY,
BURLINGTON HOUSE,
LONDON. W.1.

17 February 1931

Dear Dr Lemaître,

At the R.A.S. Council meeting last Friday it was resolved to ask you if you would allow your paper "Un Univers homogène ...." in the Annales de la Soc. Sci. de Bruxelles to be reprinted in the Monthly Notices. It has been felt that it has not circulated as widely — or isn't as well known — as its importance warrants — especially in English speaking countries. This request of the Council is almost unique in the Society's annals and it shows you how much the Society would appreciate the honour of giving your paper a greater publicity amongst English-speaking scientists.

Briefly — if the Soc. Scientifique de Bruxelles is also willing to give its permission — we should prefer the paper translated into English. Also, if you have any further

(a)

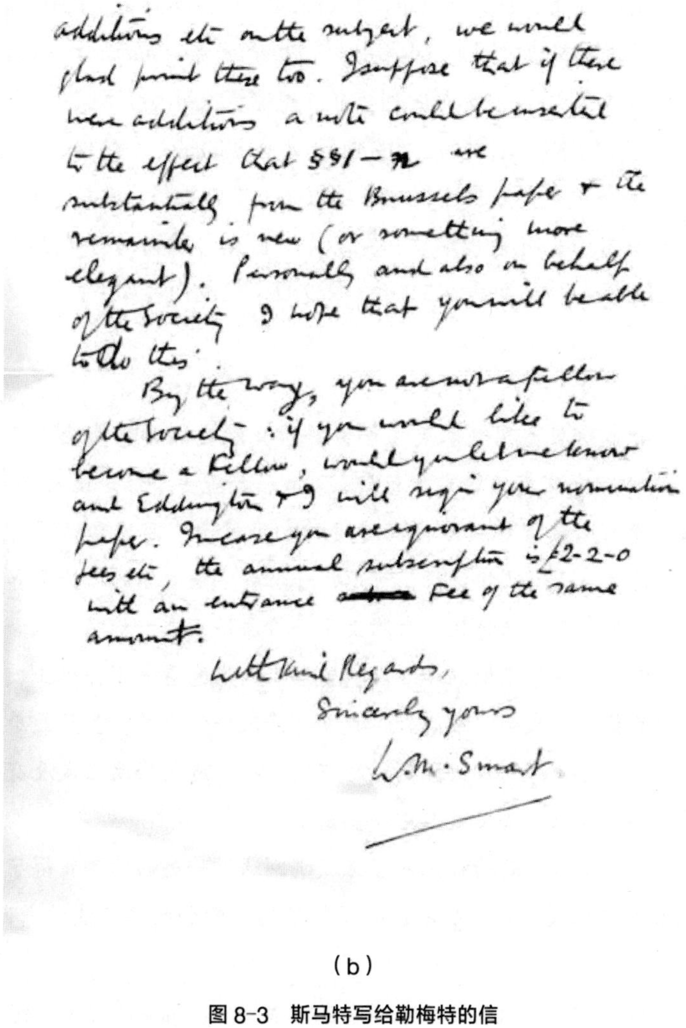

additions etc on the subject, we would glad print these too. I suppose that if there were additions a note could be inserted to the effect that §§1–n are substantially from the Brussels paper & the remainder is new (or something more elegant). Personally and also on behalf of the Society I hope that you will be able to do this.

By the way, you are not a fellow of the Society: if you would like to become a Fellow, would you let me know and Eddington & I will sign your nomination paper. In case you are ignorant of the fees etc, the annual subscription is £2-2-0 with an entrance fee of the same amount.

With kind Regards,

Sincerely yours

W. M. Smart

（b）

图 8-3　斯马特写给勒梅特的信

没有解开。为了彻底回答这些问题，我决定进一步研究此事，仔细查阅伦敦英国皇家天文学会图书馆中的所有委员会会议记录和全部存留下来的1931年的信件。经过查阅数以百计的无关文件，几乎要放弃时，我发现了两个“证据”。首先，在1931年2月13日的委员会会议记录中，有如下内容：“在杰克逊博士的提议下，决议要求向勒梅特询问是否同意将他的论文《质量不变、半径不断增大的宇宙》（*Un Univers homogène de masse constante et de rayon croissant*）或其英文译文被刊登在《皇家天文学会月刊》上。”当然，这正是斯马特在信中向勒梅特提到的决定。（有趣的是，在这份会议记录中，还记载着：“亚瑟·爱丁顿爵士提出一项议案，即在委员会会议上允许吸烟。决议规定下午3:30后允许吸烟。”）第二个“证据”是勒梅特对斯马特信函的回复（见图8-4），日期是1931年3月9日。信的内容如下：

尊敬的斯马特博士：

我非常感激英国皇家天文学会给予我和我们学会的荣誉，允许我在1927年发表的论文重新印刷。我给您寄去了该论文的译文。我认为没有必要重印关于径向速度的初步讨论，因为显然没有当前[①]的意义。还有几何注释，可以用一份关于该主题的旧论文和新论文的小型参考文献替代。我附上了一份法语版本，标明了翻译中省略的部分。我尽量使翻译准确，如果有人愿意看一下并纠正我比较生涩的英文，我会非常高兴。我没有修改任何公式，甚至最后的建议，虽然并未得到我最近研究的证实，也未进行修改。我没有重新写表格，可以从法文版本中印刷出来。

至于关于该主题的补充内容，我刚刚通过一种新方法获得了宇宙膨胀的方程式，它清楚地说明了凝聚的影响和膨胀可能的原因。

① 几乎可以肯定的是，勒梅特将法语单词“actuel”翻译为英文单词“current”，意为“当前”。

我非常乐意将它们作为一篇独立的论文提交给贵学会。

我非常希望成为贵学会的一员，感谢爱丁顿教授和您的推荐。

如果爱丁顿教授手头还有他五月份发表在《皇家天文学会月刊》上的论文重印本，若能收到一份，将是我的荣幸。

请您代我向爱丁顿教授致以最诚挚的问候。

这一切都明确地解答了关于谁翻译了这篇论文以及谁删除了这些段落的猜测：勒梅特本人做了这两件事！

Louvain, le 9 mars 1931

Dear Dr. Smart

I highly appreciate the honour for me and for our society to have my 1927 paper reprinted by the Royal Astronomical Society. I send you a translation of the paper. I did not find advisable to reprint the provisional discussion of radial velocities which is clearly of no actual interest, and also the geometrical note, which could be replaced by a small bibliography of ancient and new papers on the subject. I join a french text with indication of the passages omitted in the translation. I made this translation as exact as I can, but I would be very glad if some of yours would be kind enough to read it and correct my english which I am afraid is rather rough. No formula is changed, and even the final suggestion which is not confirmed by recent work of mine has not be modified. I did not write again the table which may be printed from the french text.

As regards to addition on the subject, I just obtained the equations of the expanding universe by a new method which makes clear the influence of the condensations and the possible causes of the expansion. I would be very glad to have them presented to your society as a separate paper.

I would like very much to become a fellow of your society and would appreciate to be presented by Prof. Eddington and you.

If Prof. Eddington has yet a reprint of his May paper in M.N. I would be very glad to receive it.

Will you kind enough so present my best regards to professor Eddington

and beleive

yours sincerely

G. Lemaître

40 rue de Namur
Louvain

图 8-4　勒梅特给斯马特的回信

勒梅特的信还为我们提供了一个迷人的洞察视角，探究20世纪初科学家们（至少是其中一部分）的科学心态。勒梅特对于为自己确立最初发现的优先权并没有过分关注。考虑到哈勃的研究结果已经在1929年发表，他认为在1931年再次重复他早期的探索性发现没有意义。相反，他更愿意继续前进，并发表自己的新论文《膨胀的宇宙》（*The Expanding Universe*），而他也确实这样做了。勒梅特最终也被允许加入英国皇家天文学会，并于1939年5月12日正式当选为该学会的会员。

为何霍伊尔拒绝宇宙有开端

现在回到戈尔德提出的引人深思的问题："如果宇宙是那样的呢？"这是指电影《死亡之夜》中的循环情节。但在最开始的时候，他的两位同事并没有考虑这种可能性。霍伊尔立刻对戈尔德不屑一顾，嘲笑道："啊，我们将在晚餐前就推翻这个观点。"然而，这个"预测"最终被证明是错误的。用邦迪的话来说："那天晚餐有点晚，但不久之后，我们都说这是一个完全可能的解决方案。"换句话说，一个永不改变的宇宙，没有起点也没有终点，这开始变得越来越有吸引力。然而，从那时起，霍伊尔对这个问题的处理方式就与他的科学同行有所不同。

邦迪和戈尔德的观点基于一个颇具吸引力的哲学概念。他们认为，如果宇宙确实在演化和变化，那么我们为什么还要相信自然法则是永久有效的呢？毕竟，这些法则是基于此时此地进行的实验所建立的。此外，邦迪和戈尔德认为，正如最初所陈述的那样，宇宙学原理存在另一个困难。它假设在宇宙中任何地方不同星系的观测者都将看到相同的大尺度宇宙图景。但是，如果宇宙不断随时间演化，这意味着不同的观测者需要同时比较他们的观测结果，这就需要定义"同时"究竟是什么意思。为了绕过所有这些障碍，邦迪和戈尔德提出了他们的“完美宇宙学原理”，它在最初的原理的基础上增加了宇宙中没有首选的时间的要求：宇宙在任何时刻、任何地点看起来都是一样的。

虽然霍伊尔决定采取不同的方式，但他确实发现邦迪和戈尔德的直观原理非常具有吸引力，尤其因为它还解决了从宇宙膨胀的观测中推断出的另一个问题。哈勃对膨胀速率的测定（后来被发现是错误的）暗示着一个可怕的情景：宇宙只有 12 亿年的年龄，远远小于我们估计的地球年龄！因此，尽管哈勃拥有巨大的声望，霍伊尔、邦迪和戈尔德还是认为必须找到另一个解决方案。

然而，与邦迪和戈尔德不同，霍伊尔采取了一种数学化而非哲学化的方法。特别的是，他将自己的理论建立在爱因斯坦广义相对论的框架中。他从宇宙正在膨胀的观测事实出发。这立即引出一个问题：如果星系在不断地远离彼此，是否意味着宇宙空间内变得越来越空？霍伊尔坚定地回答“不”。相反，他提出了一个观点，即物质在整个宇宙中不断地产生，以使新的星系和星系团不断地形成，其形成速率恰好补偿了由于宇宙膨胀导致的稀释。霍伊尔推理，宇宙通过这样的方式，保持在一种稳态。他曾经风趣地评论说：“事物之所以如此，是因为它们曾经如此。”

演化宇宙（大爆炸）和稳态宇宙之间的区别如图 8-5 所示，我再次使用了膨胀球的类比。在这两种情况下，我们都从顶部的宇宙样本开始，其中星系用小圆点表示。在左边的演化情景中，经过一段时间后，星系互相远离（左下），物质的总密度随之降低。而在右边的稳态情景中，新的星系已经被创造出来，使得平均密度保持不变（右下）。

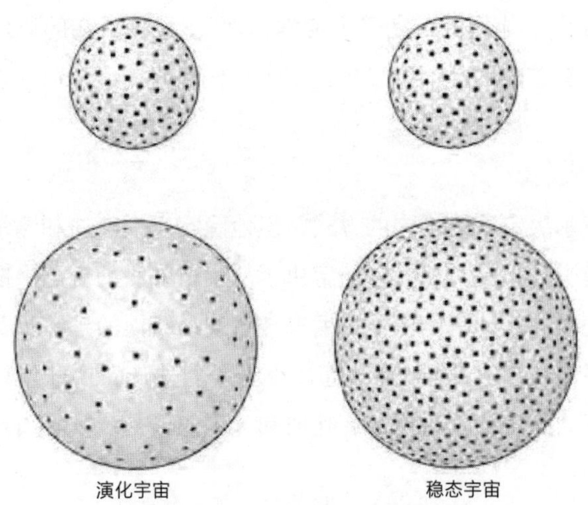

图 8-5　演化宇宙和稳态宇宙的示意图

大爆炸模型 vs 稳态宇宙模型

物质不断从虚无中产生出来的想法乍听起来可能有些疯狂。然而，霍伊尔很快就指出，在宇宙大爆炸理论中，人们也不知道物质是从哪里出现的。他解释说，唯一的区别是，在大爆炸模型中，所有物质都在一个爆炸性的开始时刻被创造出来，而在稳态宇宙模型中，物质在无限的时间内以恒定的速率产生，今天仍以相同的速率产生。霍伊尔认为，当物质持续产生的概念被放在特定理论的背景下时，它比遥远过去的宇宙创造的概念更具吸引力，因为后者意味着可观测的效应是从“科学上未知的原因”产生的。为了实现稳态，霍伊尔在爱因斯坦的广义相对论方程中添加了一项“创造场”，其作用是自发地创造物质。这种物质是什么？霍伊尔不确定，但他推测：“中

> 子似乎是最有可能的物质，随后的衰变可能会提供天体物理学所需的氢。此外，宇宙的电中性将得到保证。”新原子被假设以非常缓慢的速率从空间中产生，其速率缓慢到无法直接观测。霍伊尔曾形容这个速率为“在一个有帝国大厦那么大的空间中，每个世纪产生约一个原子”。

稳态宇宙模型的主要优点在于，它符合所有良好的科学理论的预期，即可以被证伪。以下是科学哲学家卡尔·波普尔（Karl Popper）对自然科学理论体系的表达：

> 我不要求一个科学体系必须能够被一次性地肯定下来，但我要求它的逻辑形式必须能够通过经验性的测试而被否定：一个经验科学体系必须可以通过经验被证伪。

稳态宇宙模型预测，从统计学来讲，数十亿光年之外的星系应该看起来和附近的星系一样，尽管我们看到的是它们几十亿年前的样子，因为光需要那么长的时间才能到达我们。邦迪曾挑战演化宇宙（大爆炸）模型的支持者说：“如果宇宙曾经与现在有很大不同，请给我找一些化石证据，证明很久以前它是什么样子。”换句话说，例如，如果我们观测到，就其平均状态而言，非常遥远的星系与银河系附近的星系非常不同，那么我们的宇宙就不能处于稳态。

科学史最戏剧对决：两个阵营的三十年拉锯战

当霍伊尔和邦迪、戈尔德分别发表了稳态宇宙的论文后，他们为天体物理学界提供了两种截然不同的世界观的选择。其中一个是大爆炸模型，这一模型假设宇宙曾经处于一种致密而炽热的状态。[①] 除了勒梅特，乔治·伽莫夫或许是这一理论最坚定的支持者。正如我们在上一章中看到的，伽莫夫甚至误以为所有的化学元素都是在宇宙初始的大爆炸中形成的。

稳态宇宙模型与大爆炸模型相对立，尽管宇宙整体在膨胀，但它有无限的过去和不变的宇宙景观。然而，20 世纪 40 年代末的望远镜还不够强大，无法探测到大爆炸模型所预言的演化趋势是否存在。当霍伊尔在 1948 年 8 月第一次与哈勃见面时，他非常高兴地从哈勃那里得知，世界上最大的望远镜——加利福尼亚州帕罗马山上的 200 英寸望远镜，正在进行最后测试。哈勃希望随后不久就可以在那里开始观测遥远的星系。然而令人失望的是，即使帕罗马山望远镜的大镜面也无法从非常遥远的普通星系中收集到足够的光来明确区分这两种对立的理论。

1948 年 10 月，霍伊尔、邦迪和戈尔德参加了在爱丁堡召开的皇家天文学会的一次小型会议。他们三人都被邀请发表关于稳态宇宙的想法。霍伊尔利用这个机会首次提出了一种将不变、自我维持的宇宙与生命之间的可能联系：

> 现代天体物理学似乎不可避免地使我们远离一个空间和时间有限的宇宙，在这个宇宙中，空间和时间都是无限的，未来只有普遍的耗尽或热寂。物质演化的可能性，甚至生命进化的可能性，是无限的。这是如今摆在天文学家面前的问题。我们希望在一代人的时间内，可以合理地、确定地解决这些问题。

---

① 勒梅特称之为“原初原子”。

具有讽刺意味的是，尽管霍伊尔在后来的生活中批评了自然选择，但这种思路的起源可以追溯到达尔文。[1] 回想一下，达尔文担心开尔文对地球年龄的估算会导致无法解释进化论，因为在有限的地球年龄内可能没有足够的时间来让进化起作用。霍伊尔在这里提到了稳态理论的一个优势：一个一直存在且永远存在的宇宙，为生命的出现和演化提供了无限的时间。稍后，当我们讨论霍伊尔固执地坚持稳态理论的可能原因时，还将回到这个问题。

在戈尔德、邦迪和霍伊尔的发言之后，皇家天文学会的主席、天文学家威廉·格里夫斯（William Greaves）以一种略带讽刺的语气开启了随后的讨论："宇宙学是天文学的一个部门，有时我怀疑其拥护者认为宇宙学是唯一的部分，但我们都同意它是最重要的部分。"恰巧，20世纪最杰出的物理学家之一——马克斯·玻恩（Max Born）也在场。当被问及对稳态宇宙模型的看法时，玻恩说：

> 我对宇宙学家们的勇气感到敬畏！在原子物理学的初期发现后，物理学家们经常持续不断地发现新粒子；因此，在宇宙学中，我们将继续发现关于世界结构和演化的新理论……听到这些论文，我充满感激，但我也持怀疑态度。

天才的谬误 BRILLIANT BLUNDERS

第一个挑战，来自射电望远镜

稳态宇宙模型遇到麻烦的第一个迹象并非来自光学望远镜，而是来自射电天文学。在无线电波面前，宇宙几乎是透明的，因此射电望远镜的天线甚至能够接收来自遥远星系的信

---

① 他支持胚种假说，认为生命是一种宇宙现象。

号[①]，而这些星系在光学上几乎无法被探测到。在 20 世纪 50 年代，英国和澳大利亚的科学家充分利用第二次世界大战期间获得的专业知识，发展了一个强大的射电天文学项目。这方面的一位先驱是来自剑桥大学卡文迪许实验室的物理学家马丁・赖尔（Martin Ryle）。

与霍伊尔不同，赖尔来自一个拥有特权背景的家庭：他的父亲是乔治六世的医生，赖尔接受了当时最好的教育。在 20 世纪 40 年代晚期，赖尔和他的团队对太阳进行了开创性的无线电观测，然后开始了一项雄心勃勃的计划，即探测太阳系之外的宇宙射电源。随着观测技术方面取得了一些有力的改进后，他们可以排除来自银河系的背景辐射，赖尔和同事们发现了几十个在天空中基本均匀分布的“射电星”。但是，由于大多数射电源没有可见的对应物，无法准确确定它们的距离。赖尔认为这些是银河系内的特殊星体，他准备在一次小型的射电天文学支持者聚会上捍卫这一观点。

这次所谓的梅西会议，以原子物理学家哈里・梅西（Harrie Massey）的名字命名。这次会议由梅西主持，于 1951 年 3 月在伦敦大学学院举行。霍伊尔和戈尔德都在场，他们并没有掩饰自己的怀疑态度。在一个问题上，戈尔德站起来质疑了赖尔的结论。戈尔德认为，由于这些离散的射电源均匀地分布在所有方向上，而不是集中在银河系的平面附近，所以它们肯定在银河系之外，而且距离要远得多。戈尔德认为，唯一的一种

① 在无线电光谱范围内“活跃”的。

可能性是，这些射电源实际上非常接近，它们都位于厚度相对较小的银河系圆盘之内。[①]

在戈尔德看来，赖尔的假设，即这些射电源遍布整个银河系，是站不住脚的。霍伊尔完全支持戈尔德的观点，这引起了赖尔讽刺的评论："我认为理论学家们误解了实验数据。"霍伊尔回应道，实际上，在已经被光学识别的大约 6 个射电源中，有 5 个对应于河外星系。多年后，霍伊尔说，赖尔使用"理论学家"这个词时暗示了一些"低劣且可恶的物种"。

这只是稳态理论家与赖尔之间的诸多重大冲突之一，给霍伊尔和赖尔都留下了情感上的创伤。在这次冲突中，戈尔德和霍伊尔占了上风。

大约在梅西会议一年后，天文学家沃尔特·巴德（Walter Baade）确定了天鹅座射电源与地球之间的距离为数亿光年，证实了霍伊尔的猜测。然而，具有讽刺意味的是，正是射电源的遥远距离后来成为赖尔支持宇宙演化理论的基石，并导致稳态理论的垮台。

稳态理论在美国并没有引起太大的共鸣，但在 1952 年，英国皇家天文学家哈罗德·斯宾塞·琼斯爵士的一次讲演后，它确实成功地登上了一些报刊的头条新闻，其中一条来自《纽约时报》，另一条来自《基督教科学箴言报》(*Christian Science Monitor*)，如图 8-6 所示。

① 距离小于 100 光年。

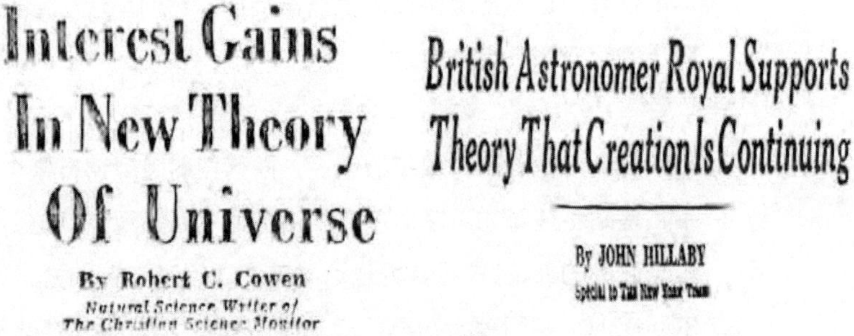

Interest Gains In New Theory Of Universe

By Robert C. Cowen
Natural Science Writer of The Christian Science Monitor

British Astronomer Royal Supports Theory That Creation Is Continuing

By JOHN HILLABY
Special to The New York Times

图 8-6　两份报纸的头条新闻

尽管这一系列特殊事件始于看似胜利的局面，但赖尔在与稳态宇宙论的战役中不得不再次面对暂时的尴尬。大爆炸模型和稳态宇宙模型对于遥远宇宙的预测截然不同。当我们观测数十亿光年外的星系时，其实我们看到的是它们数十亿年前的样子。在持续演化的宇宙，即大爆炸模型中，这意味着我们观察到的是宇宙的某一部分更年轻时的样子，因此不同于现在。而在稳态宇宙模型中，宇宙一直以相同状态存在，因此远处宇宙与近处宇宙的环境完全相同。赖尔抓住了这个可检验的预测机会，开始收集大量的射电源样本，并计算在不同强度间隔内射电源的数量。由于无法确定大多数射电源的实际距离，[①] 赖尔做了一个最简单的假设：在平均情况下，信号较弱的射电源比信号强的射电源距离更远。他发现弱射电源明显多于强射电源。换句话说，这似乎表明，数十亿光年之外的地方[②]的射电源密度要比目前附近的密度高得多。这明显与稳态宇宙模型提出的永恒不变的宇宙不相符，但可以与由大爆炸演化而来的宇宙相一致，二者一致的前提是假设星系在年轻时发射的射电信号比现在发射的射电信号更强。[③]

① 它们超出了光学望远镜的探测范围。
② 代表数十亿年前的宇宙。
③ 我们现在已经知道，这是正确的。

赖尔于 1955 年 5 月 6 日在颇具声望的哈雷讲座[①]上宣布了自己的研究结果。他没有直接提到霍伊尔的名字，只提到“邦迪和其他人”作为稳态宇宙模型的提出者。赖尔的结论很明确：“如果我们接受大多数射电恒星都在河外星系的结论，而且这个结论似乎很难避免，那么我们似乎就无法用稳态理论来解释这些观测结果。”

一周后，5 月 13 日，赖尔在皇家天文学会的会议上继续发起进攻，他和他的学生约翰·沙克沙夫特（John Shakeshaft）高兴地表示：“我们必须得出结论，远处的宇宙与近处的宇宙不同，这个结果与稳态宇宙论不符，但在演化理论中可以得到很好的解释。”

面对这一严峻挑战，参加皇家天文学会会议的戈尔德和邦迪发现自己处于被动。戈尔德决定巧妙地提醒观众，赖尔此前也犯过错误。他指出，他“很高兴看到现在大家都同意，这些射电源大部分可能都是来自河外星系的”，就像 4 年前他自己所建议的那样，“当时赖尔先生认为这样的建议肯定是基于对证据的误解”。然后，他补充说，根据目前的信息，“将大多数弱射电源视为极远的”是非常不合理的。他警告说，如果这些射电源并不完全相同，而是存在各种不同的无线电信号强度，那么赖尔所统计的弱射电源可能是远处和近处的射电源混杂在一起而产生了混乱。邦迪对赖尔的研究结果的解释也持怀疑态度。在邦迪看来，目前的统计还存在很大的不确定性，不足以得出确定性的推论。为了强调这一点，邦迪提醒观众，早期试图根据星系数据来确定宇宙几何形状的尝试导致了完全不同的结果。

不言而喻，霍伊尔也不同意赖尔的解释。然而，他决定等待更可靠的观

---

① 该讲座以 17 世纪著名天文学家埃德蒙·哈雷（Edmond Halley）的名字命名。

测数据出现以否定赖尔的观点，而不是陷入长时间的争论中。令许多天文学家感到惊讶的是，确实出现了这样相互矛盾的观测结果。澳大利亚的射电天文学家在 1957 年指出，赖尔早期的巡天观测结果存在严重的缺陷：赖尔绘制的射电源图像模糊不清，致使两个或多个射电源经常被计算为一个。对澳大利亚天文学家来说，结果是显而易见的："从分析中得出的与宇宙学相关的推断是没有根据的。"

霍伊尔没有为此去庆祝。1957 年见证了备受赞誉的 B^2FH 论文的发表，比起稳态宇宙论，他对合成元素的研究更感兴趣。然而，在恒星内部而不是大爆炸中合成大部分元素也可以看作支持稳态理论的一个观点，[①] 这没有逃过霍伊尔的眼睛。同年，霍伊尔还当选为皇家天文学会的成员，这一荣誉使他在学术地位上与赖尔并驾齐驱。但赖尔并没有放弃。他和他的团队继续对仪器进行重要升级，并改进了数据处理和分析方法。他们的努力完成了《第 3 版剑桥射电源星表》（*The Third Cambridge Catalog of Radio Sources*）的发布，也就是"3C 星表"。

一份有失礼节的邀请

到了 20 世纪 60 年代初，赖尔的团队甚至拥有了一座全新的射电天文台，由穆拉德电子公司资助。赖尔和霍伊尔之间的理论冲突持续不断，最终发生了一次极不愉快的事件。霍伊尔在他的自传《家是风吹来的地方》（*Home Is Where the Wind Blows*）中描述了这段痛苦的经历。一切都始于 1961 年初穆拉德公司打来的一个貌似无辜的电话。电话那头的人邀请

① 至少部分可以支持稳态理论。

霍伊尔和他的妻子参加一场新闻发布会，赖尔将在会上宣布新的研究结果，霍伊尔应该对这些结果非常感兴趣。当他们抵达伦敦的穆拉德总部时，霍伊尔的妻子芭芭拉被带到前排的座位上，而霍伊尔被引导到舞台上的一张椅子上，面对着媒体。他毫不怀疑这次会议宣布的结果将与射电源的强度有关，但他不敢相信，如果结果与稳态理论相矛盾，他会受到邀请。用他的话说：

> 对于赖尔即将公布的新结果，如果我认为会对我的观点不利，我是否太苛刻呢？当然，如果是对他们不利，我肯定不会被如此大胆地邀请参加发布会。那么，这肯定意味着赖尔即将宣布与稳态理论一致的结果，并对他之前的误导性报告大方地做出道歉。因此，我开始在脑海中构思一份同样得体的回复。

但是，霍伊尔认为完全不可思议的事情确实发生了。当赖尔出现时，他并没有像宣传的那样简短地宣布结果，而是开始了一场充满专业术语的演讲，介绍他第四次更大的巡天观测结果。最后他自信地宣称，结果清楚地显示过去的射电源密度更高，因此证明了稳态理论是错误的。霍伊尔感到震惊和屈辱，被要求对结果进行评论。他只能咕哝几句，然后匆匆逃离了现场。随后几天，媒体的狂热报道让霍伊尔感到厌恶，他甚至一个星期都没有打过电话，并缺席了 2 月 10 日的皇家天文学会会议。就连赖尔也意识到，这次新闻发布会已经越过了基本的礼仪底线。他打电话向霍伊尔道歉，同时补充说，当他同意参加穆拉德活动时，“完全没有想到会变得这么糟糕”。

然而，尽管在礼仪上有失体面，但在纯粹的科学方面，赖尔的论点变得越来越有说服力，到了 20 世纪 60 年代中期，绝大多数天文学界人士都认为稳态理论的支持者已经失败了。图 8-7 为 20 世纪 60 年代，戈尔德、邦迪和霍伊尔（从左至右）参加一次会议时的合影。活动星系的发现增加了反对稳态宇宙的证据。这些星系的中央拥有超大质量黑洞，物质被黑洞吸积时会释放出强大的辐射，它们的亮度甚至超过整个星系。这些天体被称为类星体，它们非常亮，可以被光学望远镜观测到。通过观测类星体，天文学家可以利用哈勃定律来确定它们的距离，并有力地证明类星体在过去确实比现在更常见。人们无法否认，结论就是宇宙在演化，并且它过去的密度更大。在这一点上，闸门打开了，对稳态宇宙模型的挑战不断涌入。特别是在 1964 年，科学家阿诺·彭齐亚斯（Arno Penzias）和罗伯特·威尔逊（Robert Wilson）的发现，对除了坚定支持者之外的所有人来说，几乎是对稳态理论的最后一击。

图 8-7　戈尔德、邦迪和霍伊尔（从左至右）的一次会议合影

天才的谬误
BRILLIANT BLUNDERS

最后一击，宇宙微波背景辐射

彭齐亚斯和威尔逊在新泽西州的贝尔电话实验室工作，他们使用的天线是为通信卫星建造的。令他们感到烦恼的是，他们捕捉到了某种普遍存在的背景无线电噪声：一种来自各个方向且似乎都相同的微波辐射。将这种恼人的“噪声”解释为仪器偏差并不可行，之后，彭齐亚斯和威尔逊最终宣布探测到星系间的温度约 3 开尔文，也就是绝对零度以上 3 度。由于缺乏相关背景知识，彭齐亚斯和威尔逊最初没有意识到他们发现了什么。然而，普林斯顿大学的罗伯特·迪克（Robert Dicke）立刻认出了这个信号。迪克正在建造一台辐射计，来寻找由阿尔弗、赫尔曼和伽莫夫预测的大爆炸的遗迹辐射。因此，他对彭齐亚斯和威尔逊的结果做出了正确的解释，从而将大爆炸理论从假设转变为经过实验证实的物理学理论。随着宇宙的膨胀，极其炽热的、密度巨大的不透明火球持续冷却，最终达到目前的温度约为 2.7 开尔文。

自那时以来，对宇宙微波背景辐射的观测已经产生了宇宙学中一些最精确的测量结果。该辐射的温度现在已知为 2.725 开尔文，精确到 4 个有效数字，而且其强度随波长的变化与从热源得到的预期完全一致，从而证实了大爆炸理论的预测。面对这些压倒性的证据，霍伊尔却从未被说服。他提出，宇宙微波背景辐射不是大爆炸的遗迹，而是由一些河外星系中的铁“纤维”产生的，这些铁纤维在微波波长上

BRILLIANT BLUNDERS

大爆炸理论预言，在宇宙早期还是不透明的阶段，充满了辐射。这种辐射遗留至今就是宇宙微波背景辐射。其特征与预言的宇宙早期特征相吻合，这证实了大爆炸理论的一个关键内容。

吸收和散射星系的红外光。这些铁纤维应该是从金属蒸气中凝结而成的，例如在超新星爆炸产生的物质中。

尽管霍伊尔不遗余力地努力，但是从20世纪60年代中期开始，大多数科学家都不再关注稳态理论。霍伊尔不断试图证明，稳态理论与新的观测结果之间的所有冲突都可以得出解释，但这都变得越来越牵强附会和不可信。更糟糕的是，他似乎失去了自己曾经提倡的“良好的判断力”（fine judgement），这种判断力本应该使他不同于“仅仅成为一个怪人”。1988年，在意大利博洛尼亚举行的一次以“回顾现代宇宙学”（Modern Cosmology in Retrospect）为主题的国际研讨会上，他进行了一次《关于反对稳态理论的证据评估》（*An Assessment of the Evidence Against the Steady-State Theory*）的演讲。在那次不合时宜的演讲中，霍伊尔试图说服听众，[①] 所有关于宇宙大爆炸的有力证据，也就是宇宙微波背景辐射的存在，需要原始合成轻元素氘、氦和锂以及射电源的数量，仍然可以通过稳态理论来解释。霍伊尔顽固地拒绝改变观点，这与稳态理论的共同创始人邦迪采取的态度形成了鲜明对比。如前所述，邦迪曾坚持认为，如果宇宙确实在演化，就应该展示一些宇宙过去的化石证据。在博洛尼亚研讨会上的发言中，邦迪承认这样的化石证据确实已经出现，这些证据既包括宇宙中氦的丰度，它已经被证实最有可能在宇宙大爆炸中形成，也包括宇宙微波背景辐射，这与宇宙大爆炸的预测完美地吻合。邦迪很有风度地得出了结论：“因此，对于是否可以找到化石的挑战，在我提出这么久之后，已经得到了答案。”

然而，霍伊尔继续坚持支持稍有调整的稳态理论，他称之为“准稳态状态”。甚至在2000年，已经年届85岁的他与合作者贾扬特·纳利卡

① 补充一句，霍伊尔没有成功说服听众。

尔（Jayant Narlikar）和杰夫·伯比奇（Geoff Burbidge）合著了一本著作《宇宙学的不同途径：从静态宇宙到宇宙大爆炸走向现实》（*Approach to Cosmology: From a Static Universe Through the Big Bang Towards Reality*），详细阐述了准稳态理论的细节以及他们对宇宙大爆炸理论的反对意见。为了表达他们对科学机构的不屑一顾，他们在书中的某一页配以一张鹅群漫步于土路的照片，并附上标题："这是我们对标准（大爆炸）宇宙学的从众态度的看法。我们抵制住了说出一些主要人物名字的诱惑。"

然而，在那时，霍伊尔已经远离主流宇宙学的观点太久了，很少有人愿意指出这种修正后的理论的缺点。关于这本书，或许最好的评论出现在英国《星期日电讯报》（*Britain's Sunday Telegraph*）的一篇评论中，该评论更多地涉及霍伊尔的火爆个性："霍伊尔系统地审视了宇宙大爆炸理论的证据，并对其进行了深入批判……这场大胆的拆台行动令人印象深刻……我只希望，当我像他一样到了 85 岁时，我能拥有霍伊尔千分之一的斗志。"

稳态理论不断为宇宙演化注入活力，并催生新的思想

霍伊尔的错误与达尔文、开尔文和鲍林的错误在两个重要方面有所不同。首先，错误发生的背景涉及话题的规模。达尔文的错误只涉及他理论中的一个要素，而且是一个极其重要的要素；开尔文的错误涉及一个基于特定计算的基础假设，而且是一个非常有意义的假设；鲍林的错误影响了一个具体的模型，而且，这个模型涉及最重要的分子。而霍伊尔的错误却涉及把宇宙作为一个整体的一整套理论。

其次，更重要的是，霍伊尔在提出稳态宇宙模型时并没有做错什么，与之不同的是，达尔文不理解有缺陷的生物机制的影响，开尔文忽略了未预料

到的物理过程，鲍林无视了化学的基本规则。稳态理论本身是大胆且异常聪明的，并且与当时存在的所有观测事实相符。霍伊尔的错误在于他明显的固执己见，即使稳态理论被越来越多的相互矛盾的证据所淹没，他也几乎是愤怒地拒绝承认它的衰亡，并且他对宇宙大爆炸理论和稳态理论采用了不一致的判断标准。

是什么导致了这种不妥协的行为？为了回答这个有趣的问题，我首先向霍伊尔以前的一些学生和年轻同事征询了他们的意见。

宇宙学家纳利卡尔是霍伊尔的研究生，他一直与霍伊尔合作，伴随着霍伊尔的一生。这两位研究者发展出了被称为霍伊尔－纳利卡尔理论的引力理论，该理论符合他们的准稳态宇宙模型。纳利卡尔提到，霍伊尔对宇宙大爆炸模型的不满，最初应该源自霍伊尔对宇宙大爆炸中一些物理前提的不适。

例如，纳利卡尔回忆道，霍伊尔指出所有其他观测到的背景辐射[①]都与恒星、活动星系等天体相关联，他想不通为什么宇宙微波背景辐射会有所不同，并且与一个单一事件，即宇宙大爆炸相关。类似地，在 1956 年前后，他认为，如果能找到一种方法合成所有恒星中的氦，那么恒星可能以某种方式产生了在宇宙微波背景辐射中观测到的能量。此外，纳利卡尔认为，从感性的角度来看，霍伊尔不是一名宗教信仰者这一事实，可能也导致了他对宇宙的突然出现持有反对态度。

天体物理学家彼得·埃格尔顿（Peter Eggleton）和约翰·福克纳（John Faulkner）[②]在 20 世纪 60 年代初都是霍伊尔的研究生，但我有些惊讶地发现

① 包括光学、X 射线、红外线。
② 在第 7 章图 7-4 的合影中，福克纳位于前排最右侧。

他们的观点有所不同。埃格尔顿记得，霍伊尔了解当时天体物理学中所有值得知道的事物，并且认识天体物理学界的每位重要人物。他说，曾经用来描述维多利亚时代学者本杰明·乔伊特（Benjamin Jowett）的一句玩笑话[①]也可以用来形容霍伊尔，即“他不知道的东西都不是知识”。关于霍伊尔对科学的态度，埃格尔顿的印象是，如果科学界相信某件事，霍伊尔往往会倾向于相信相反的事情，以看看他能走多远。

当我追问为什么认为霍伊尔如此不愿接受宇宙大爆炸理论时，埃格尔顿表示，霍伊尔对地球上的生命是通过自然进化产生的观点持抵制态度。埃格尔顿说，霍伊尔坚持认为生命的起源需要比宇宙大爆炸理论推断的宇宙年龄更长的时间。这是一个有趣的观点，我们将很快回到这个问题上。

福克纳承认，霍伊尔对宇宙大爆炸的坚定立场，也令自己感到困惑。在他看来，霍伊尔“有点偏离了轨道，对他的心血结晶（稳态理论）产生了热爱，不愿放弃它”。他还做了另一个有趣的评论，即到了20世纪60年代末，霍伊尔对于所谓的“规范科学”的兴趣逐渐减退，转而选择了一条更为特立独行的道路。

英国皇家天文学家马丁·里斯（Martin Rees）接替霍伊尔成为剑桥大学布卢米安教授以及天文学研究所所长。尽管里斯自己关于宇宙微波背景辐射和类星体的一些工作导致了稳态理论的崩溃，但他依然深情地回忆起霍伊尔总是对自己给予支持。在天文学研究所里斯的办公室墙上还挂着霍伊尔的照片，这显示了里斯对霍伊尔的崇高敬意。里斯提供了两个引人深思的可能原因，以解释霍伊尔的异见。

---

① 乔伊特在21岁时被任命为牛津大学贝利奥尔学院的研究员。他被人取笑道：“我叫乔伊特，我不知道的都不是知识。”

首先，他强调了科学孤立带来的负面影响。他解释称，从大约20世纪60年代中期开始，霍伊尔几乎只与他的密切合作者进行科学交流，这个非常小的团队包括贾扬特·纳利卡尔、钱德拉·维克拉马辛格（Chandra Wickramasinghe）和杰夫·伯比奇。由于这些科学家很少与霍伊尔意见不合，这显然不利于改变一个人的观点。令我惊讶的是，里斯告诉我，尽管霍伊尔一直非常慷慨，鼓励他人，但几乎从不与他讨论科学问题。事实上，霍伊尔并未与自己的支持者之外的年轻宇宙学家交流新的科学发现。

其次，里斯还提出了第二个有趣的观察，这与福克纳的一些想法相似。他指出，在职业生涯后期，一些科学家对常规的、渐进式的进展失去了兴趣，而这种进展通常是长期科研努力的特征，他们将注意力转向了全新的科学领域，有时甚至超出他们的专业领域。里斯指出，鲍林在晚年对维生素C的痴迷追求就是这种现象的一个例子，而他认为霍伊尔在地球生命起源的问题上误入歧途也类似。

毫无疑问，里斯、埃格尔顿和福克纳提出的因素在霍伊尔的固执己见中起了作用。霍伊尔本人的一些话就是最佳证据。在《家是风吹来的地方》一书中，他写下了以下精彩的段落：

> 科学机构的问题可以追溯到史前时期的小型狩猎团队。在那个时候，要想狩猎成功，就需要整个团队。由于猎物的方向不确定，就像科学中正确理论的方向最初也不确定一样，团队必须做出决定，选择一个方向前进，然后大家都必须坚持这个决定，即使它只是随机做出的。那些认为正确方向与所选方向恰好相反的异见者必须被排除在团队之外，就像今天那些与主流观点不同的科学家，他们的论文会被期刊拒绝，他们的研究经费申请也会被国家机构驳

回。在史前生活肯定很艰难，狩猎团队在选择的方向上越是找不到猎物，就越需要继续朝那个方向前进，因为停下来争论会产生不确定性，有可能出现意见分歧，最终导致团队灾难性地分裂。这就是为什么科学家的首要任务不是正确，而是要使每个人都以相同的方式思考。科学机构的特性正是出于这一原始动机。

我们几乎无法想象，还有比霍伊尔更强烈的、对主流科学持异议的人。在这里，霍伊尔回应了公元 2 世纪颇有影响力的佩加蒙医学家盖仑的一句话："从我年轻时起，我就鄙视多数人的观点，渴望真理和知识，对于人类来说，相信再没有比这更崇高和神圣的东西了。"

然而，正如里斯指出的，孤立是有代价的。科学的发展之路不是从 A 到 B 的直线，而是在批判性的重新评估和发现错误的互动中形成的曲线。霍伊尔如此蔑视的科学机构所提供的持续评估，形成了制衡机制，使科学家不至于在错误的方向上走得太远。对自己强加学术孤立，这些纠正的力量也就被霍伊尔拒之门外了。

毫无疑问，霍伊尔对生命起源的独特观点也无疑激励了他拒绝放弃稳态理论。以下是霍伊尔自己的陈述：

> 我认为，从宇宙演化的角度来思考进化时，正确的哲学观点总会涉及超天文学的问题，正如人们在试图理解生物秩序的起源时不可避免会遇到一样。面对这些复杂的超天文学的秩序问题，生物学家们要诉诸神话故事。这可以从数百种酶中任何一种氨基酸的序列

看出来[①]……要想以一种合理的方式解决生物起源问题，就需要一个本质上无限延展的宇宙，一个单位质量的熵[②]不会像大爆炸宇宙学中那样无情地增加的宇宙。稳态理论正是提供了这样一个无限的宇宙，至少在我看来是这样的。

换句话说，霍伊尔认为，一个不断演化中的宇宙，随着其无序度的递增，无法为类似生物这样有序的事物出现而提供必要条件。他还认为，根据哈勃常数所估计的宇宙年龄，对于复杂分子的形成是不够的。我应该指出，主流的进化生物学家对这一论点坚决予以否定。实质上，霍伊尔试图将活细胞的随机起源，与“席卷废品堆的龙卷风可能用其中的材料组装成一架波音747”的可能性相提并论，以恢复智能设计论中的“钟表匠类比”。

生物学家理查德·道金斯（Richard Dawkins）[③]将这种推理称为“霍伊尔的谬论”，并指出生物学并不要求复杂的生命结构一步到位地出现。能够自我复制的生物体能够通过连续的变化产生复杂性，而没有生命的物体无法进行繁殖与修饰。

在对霍伊尔的错误做出部分解释之外，尤其是他明显否认自己犯错的情况，我们还需要更好地理解否认的概念。在科学界，否认很少引起同情。科学家们理所当然地认为，否认与研究精神相矛盾，因为当实验结果需要时，旧理论必须为新理论让路。然而，研究仍然由人类进行，而弗洛伊德本人已经假

① 霍伊尔估计，由氨基酸随机形成一种酶的概率约为10的40 000次方分之一。

② 衡量无序度的指标。

③ 英国著名演化生物学家、牛津大学教授。道金斯认为基因是构成生命的基本单位。继《自私的基因》之后，道金斯在又一部经典作品《基因之河》中指出，在生命的进化过程中，基因会相互碰撞和重组，不断分叉、不断消亡。该书中文简体字版已由湛庐引进、浙江人民出版社出版。——编者注

设，人类将否认作为一种防御机制，用来抵御创伤和威胁自我的外在现实。

例如，我们都熟悉，否认是公认的悲伤五阶段中的第一个阶段。也许不太广为人知的是，犯了重大错误的经历也构成了一种创伤。司法系统提供了充分的证据，证明这确实是事实。在许多事件中，暴力犯罪的受害者和这类案件的检察官坚决拒绝相信最初被判有罪的人实际上是无辜的，哪怕是有 DNA 证据或新的证词明确证明了这个人的清白之后，他们仍不相信。对陷入困境的人来说，否认可以避免他们重新开始原本被认为已经结束的经历。

当然，将科学理论中的错误与给无辜者定罪的错误相提并论是不合适的，但这种经历仍然是一种创伤，从这个意义上来说，我们可以假设在霍伊尔的错误中，否认可能发挥了一定作用。

我已经多次指出，稳态宇宙的想法在提出时，是非常出色的。回顾过去，持续产生物质的稳态宇宙与目前流行的暴胀宇宙模型有许多共同之处，在后者的猜测里，宇宙在刚刚形成不到 1 秒的时间里经历了一个超过光速的急剧膨胀阶段。在某些方面，稳态宇宙只是一个永远在发生暴胀的宇宙。物理学家艾伦·古思（Alan Guth）于 1981 年提出了暴胀理论，用于解释宇宙的均匀性和各向同性等现象。

> BRILLIANT BLUNDERS
>
> **暴胀**
>
> 在大爆炸的 10^{-36} ～ 10^{-32} 秒里，宇宙膨胀了 10^{52} 倍，从比原子核还小的东西变成了比太阳系还大的东西。

霍伊尔很高兴地指出，在 1963 年他与纳利卡尔发表的一篇论文中，他们已经表明，他们提出的创造场“使得初始各向异性[①]或不均匀性[②]以一种

① 对方向的依赖性。

② 偏离均匀性。

趋于平滑的方式运作”，而且“宇宙似乎在任何初始边界条件下都达到了观测到的规律性”。这正是现在归因于暴胀的特性。

霍伊尔的才华还表现在他能够同时研究两个相互矛盾的理论，能做到这一点的科学家并不多。尽管他终其一生坚持反对宇宙大爆炸理论，但霍伊尔实际上为宇宙大爆炸中的核合成理论做出了重要的研究贡献，特别是关于宇宙中氦的丰度和高温条件下元素合成的研究。

里斯曾经形容霍伊尔是“他那一代最富创造力和独创性的天体物理学家”。作为一名微不足道的天体物理学家，我完全同意这个评价。即使最终被证明是错误的，霍伊尔的理论始终具有动力，它们不断为整个领域注入活力，并催生新的想法。难怪霍伊尔的雕像（见图 8-8）如今就立在剑桥大学天文学研究所以他的名字命名的大楼外。

图 8-8 霍伊尔雕像

霍伊尔的贡献虽然非常重大，但毫无疑问，目前我们对宇宙运行机制的理解，最大的功劳要归于阿尔伯特·爱因斯坦。他的狭义相对论和广义相对论彻底改变了我们对存在的两个最基本概念——空间和时间的看法。然而，奇怪的是，短语“最大的错误”恰恰与这位最具代表性的科学家的一个想法紧密相连。

本章回顾 »

BRILLIANT BLUNDERS

- 宇宙的膨胀似乎指向一个线性演化过程，始于一个致密且炽热的源头（宇宙大爆炸），并显示出时间之箭射向的明确方向。
- 在宇宙中，之所以出现远离运动，是因为空间本身的结构在膨胀。没有哪个星系与其他星系不同。无论你身处何处，都会看到所有星系朝四面八方迅速远离。
- 在大爆炸模型中，所有物质都在一个爆炸性的开始时刻被创造出来，而在稳态宇宙模型中，物质在无限的时间内以恒定的速率产生，今天仍以相同的速率产生。
- 稳态宇宙模型的主要优点在于，它符合所有良好的科学理论的预期，即可以被证伪。
- 稳态宇宙模型与大爆炸模型相对立，尽管宇宙整体在膨胀，但它有无限的过去和不变的宇宙景观。
- 大爆炸模型和稳态宇宙模型对于遥远宇宙的预测截然不同。当我们观测数十亿光年外的星系时，其实我们看到的是它们数十亿年前的样子。在持续演化的宇宙，即大爆炸模型中，这意味着我们观察到的是宇宙的某一部分更年轻时的样子，因此不同于现在。而在稳态宇宙模型中，宇宙一直以相同状态存在，因此远处宇宙与近处宇宙的环境完全相同。
- 霍伊尔的才华还表现在他能够同时研究两个相互矛盾的理论，能做到这一点的科学家并不多。尽管他终其一生坚持反对宇宙大爆炸理论，但霍伊尔实际上为宇宙大爆炸中的核合成理论做出了重要的研究贡献，特别是关于宇宙中氦的丰度和高温条件下元素合成的研究。

第五篇　爱因斯坦的幽灵常数：被复活的 Λ

自从我引入这个常数以来，我一直有一种内疚感。但那时，我看不到存在有限平均密度这一事实的其他可能性解释。我发现引力场定律由两个逻辑上独立的项构成，并通过加法相连，这看起来非常不美观。对于逻辑简洁性的这种感觉的判断，我难以形容。我无法控制这种感觉，而且我无法相信这样丑陋的事物在自然界中存在。

爱因斯坦
伟大的天才科学家

第 9 章

最大的错误：相对论大厦的裂缝

我的主题使星系分散，却使地球统一起来。但愿没有“宇宙的斥力”分离我们!

亚瑟·爱丁顿爵士

当我将钥匙抛向空中时，它们到达某个最大高度，然后重新落到我的手中。只有在到达最高点的瞬间，钥匙是保持静止的。显然，出现这种现象的原因是钥匙受到了地球的引力。如果以超过 11.2 千米 / 秒[①] 的速度扔出钥匙，它们将彻底逃脱地球的引力束缚，就像“先驱者 10 号”一样。2003 年，“先驱者 10 号”在距离地球 12 亿千米的位置，与地球失去了联系。然而，如果没有反作用力，单凭地球的引力是无法使钥匙悬浮在半空中的。

20 世纪 20 年代，两位科学家独立证明了整个宇宙时空的表现非常相似。这两位研究者分别是俄罗斯数学家、气象学家亚历山大 · 弗里德曼以及比利时宇宙学家乔治 · 勒梅特，他们将爱因斯坦的广义相对论应用于整个宇宙。他们很快意识到，宇宙中所有物质和辐射的引力作用意味着时空[②] 可以膨胀或收缩，但不能保持稳定并静止在一个固定的状态上。这些重要发现最终为勒梅特和哈勃发现宇宙膨胀提供了理论背景。现在，让我们从头开始。

---

① 地球表面处的逃逸速度，其值约为 11.2 千米 / 秒。——编者注

② 爱因斯坦将空间和时间结合起来的概念。

爱因斯坦的宇宙

1917 年，爱因斯坦本人率先尝试根据广义相对论方程来理解整个宇宙的演化。这一举措标志着宇宙学问题从抽象的哲学问题转变为物理学问题。当时，宇宙的膨胀尚未被发现。此外，不仅爱因斯坦不知道有任何观测到的大规模的宇宙运动，而且，当时的大多数天文学家仍相信宇宙仅由银河系组成，除此之外什么都没有。天文学家维斯托·斯里弗观测到的“星云”的红移，当时知道的人并不多。天文学家希伯·柯蒂斯（Heber Curtis）提供了一些初步证据，表明仙女座星系 M31 可能位于银河系之外，然而，直到 1924 年，哈勃才明确证实了这一重要事实，即银河系并不是全部的宇宙。

BRILLIANT BLUNDERS

红移

如果天体远离我们，它的光波就会向波长越来越长的方向移动。因为波长越长，可见光就越红，所以我们称之为红移。

1917 年，爱因斯坦坚信宇宙在其最大尺度上是恒定且静态的，因此，他必须找到一种方法来使自己的方程描述的宇宙不会因自身的引力而坍缩。爱因斯坦猜测，要实现物质均匀分布的静态结构，宇宙必须存在某种斥力以精确平衡引力。因此，在广义相对论发表仅仅一年多的时间里，爱因斯坦就提出了乍看之下非常出色的解决方案。在一篇开创性论文《关于广义相对论的宇宙学思考》（*Cosmological Considerations on the General Theory of Relativity*）中，他在自己的方程中引入了一个新常数。这个常数产生了令人惊讶的效果：出现了斥力！这种斥力被认为会在整个宇宙中起作用，使太空的每个部分都在推挤其他部分，这与使物质和能量相互吸引的引力的作用完全相反。我们很快就会发现，质量和能量会以某种方式扭曲时空，使物质聚集在一起。而这个新常数则以相反的方式扭曲时空，使物质分散运动。这个新常数的数值，决定了斥力的大小。该常数由希腊字母 Λ 表示，被称为宇宙学常数。爱因斯坦证明，他可以选择宇宙学常数的数值，以精确平衡引力与斥力，形成一个静态的、永恒的、均匀且大小不变的宇宙。这个模型后来被称为“爱因斯坦的宇宙”。爱因斯坦在这篇论文的结尾写下了后来被证明非常重要的评论：“我在这里强调一下，这个常数只是为了使物质的准静态分布成为可能，以满足恒星的速度较小这一观测事实。”你会注意到，爱因斯坦在这里提到的是“恒星的速度”，而不是星系的速度，因为星系的存在和运动超出了当时天文学的视野。

除了少数例外，事后诸葛亮总是正确的。宇宙学家往往强调一个事实，那就是通过引入宇宙学常数，爱因斯坦错失了一个绝妙的预测机会。如果他坚持使用自己最初的方程，他很可能在哈勃观测的 10 多年前就预测到宇宙正在收缩或膨胀。这样说当然没错。但正如我将在下一章中所讨论的，引入宇宙学常数可能构建出一个同样重要的预测。

你可能会好奇，在不破坏广义相对论对其他若干复杂现象的成功解释的情况下，爱因斯坦如何将这个新的斥力项添加到自己的方程中。例如，广义相对论阐明了水星每绕太阳运行一周，轨道都会发生轻微偏移。当然，爱因斯坦知道他的宇宙学常数可能与观测结果不符，因此为了避免出现不希望看到的后果，他修改了方程，让宇宙的斥力与空间的距离成正比。也就是说，这种排斥力在太阳系这种距离尺度上几乎观察不到，但一进入浩瀚的宇宙，它就变得越来越明显了。这样一来，所有广义相对论的实验验证都能得以保留。

令人费解的是，爱因斯坦在宇宙学常数问题上犯了一个令人惊讶的错误。虽然通过修改，使得方程在形式上确实存在一个静态解，但实际上，这个解描述了一种不稳定的平衡状态：有点像以笔尖立起的铅笔或置于山顶的球，即使是最轻微的扰动，也会导致系统进一步偏离平衡状态。即使不借助复杂的数学，人们也可以理解这一点。斥力随距离的增加而增加，而普通的引力则随距离的增加而减小。因此，虽然可以找到一种质量密度，使这两种力完全平衡，但任何细微的扰动，比如微小的膨胀，都会增加斥力并减小引力，导致加速膨胀。同样，最轻微的收缩也将导致完全坍缩。爱丁顿在 1930 年首先指出了这个错误，并将这一极具洞察力的发现归功于勒梅特。然而，在那时，宇宙正在膨胀的事实已经广为人知，因此爱因斯坦静态宇宙理论的这个缺陷已不再受到关注。我还要补充一点，在他最初的论文中，爱因斯坦并未明确说明宇宙学常数的物理学起源和它确切的性质。在下一章中，我们将回到这些有趣的问题，并讨论引力到底是如何施加斥力的。

尽管存在这些未解决的问题，爱因斯坦对于成功（或者他认为是成功）构建了一个静态宇宙的模型感到满意，他认为这个宇宙模型与当时盛行的天文学思想是相容的。最初，他对宇宙学常数感到满意，还有另一个原因。对最初的引力场方程的修改似乎与爱因斯坦先前在构思广义相对论时使用的一些哲学原则相契合。特别是，不包含宇宙学常数的、最开始的方程似乎需要物理学家所谓的“边界条件”，即在无穷远距离处指定一组物理量的值。用爱因斯坦的话说，这与“相对论的精髓”相矛盾。与牛顿的绝对空间和时间概念不同，广义相对论的一个基本前提是不存在绝对的参照系。此外，爱因斯坦坚持认为物质和能量的分布应该决定时空的结构。① 例如，一个物质分布逐渐减少到虚无的宇宙是不能令人满意的，因为在没有质量或能量存在的情况下，时空无法被正确定义。然而，令爱因斯坦感到苦恼的是，原来的方程允许虚空的时空作为解。因此，他很高兴地发现，静态宇宙根本不需要任何边界条件，因为它是有限的，像球体的表面一样是弯曲的，而且没有任何

① 爱因斯坦在这里依靠的是马赫原理，该原理以奥地利物理学家和哲学家恩斯特·马赫的名字命名，马赫认为在一个空的宇宙中根本感觉不到运动和加速度。

边界。在这个宇宙中，光线在转了一圈之后又回到起点开始新的一圈。从这种哲学意义上说，爱因斯坦像古希腊哲学家柏拉图一样，总是畏惧开放式的结局，即哲学家黑格尔所说的对“坏的无限”感到厌恶。

我觉得有些读者可能对广义相对论不太熟悉或生疏了，重新回顾一下是有必要的。所以我们对一些核心原理做一点简短的梳理。

物质告诉时空如何弯曲，时空告诉物质如何运动

在提出广义相对论之前，爱因斯坦在狭义相对论理论中，摒弃了牛顿关于绝对或世界时间的观念，即所有时钟都应该测量的时间。牛顿试图建立对称的绝对时间和绝对空间。以此为出发点，牛顿认为：“绝对、真实和数学的时间本身从其本质上来说，是均匀流逝的，与外界任何事物无关。”狭义相对论的核心假设是，不论观察者以何种速度、向哪个方向移动，他们测量的光速都应该得到相同的结果。这一革命性的观点将空间和时间合二为一，形成了被称为时空的紧密交织实体。狭义相对论表明，两名相对运动的观察者所测量的时间间隔并不相同。这种时间膨胀的现象已经得到了众多实验的验证。2010 年，通过比较两个由光纤连接的光学原子钟，美国国家标准与技术研究所的研究人员成功观察到“时间膨胀”效应，其相对速度低至每小时 35.4 千米。

由于光[①]在理论中的核心地位，狭义相对论被修改为与描述电和磁的定律相一致。事实上，爱因斯坦在 1905 年提出该理论的论文就是《论动体的电动力学》(*On the Electrodynamics of Moving Bodies*)。然而，早在 1907 年，

① 更普遍来说，是电磁辐射。

他逐渐意识到狭义相对论与牛顿的万有引力理论不兼容。牛顿的万有引力被认为是整个空间中瞬时起作用的。这意味着，例如，当我们的银河系和仙女座星系在几十亿年后发生碰撞时，整个宇宙都会瞬时感受到由于物质重新分配而引起的引力场变化。这一条件显然与狭义相对论相冲突，因为这意味着信息可以比光传播得更快，而这在狭义相对论中是不允许的。此外，广义的同时性的概念本身需要存在普遍的时间，而狭义相对论则小心地推翻了这一概念。尽管爱因斯坦在 1907 年还不知道这个具体的例子，但他完全理解这个原则。为了克服这些困难，特别是为了让他的理论适用于加速运动，爱因斯坦走上了一条相当曲折的道路，经历了许多错误，最终导致他提出了广义相对论。

广义相对论仍然被许多人认为是有史以来最巧妙的物理理论。著名物理学家理查德·费曼（Richard Feynman）曾经坦言："我始终看不出他是如何想到这一点的。"这个理论主要基于两个深刻的洞察：引力与加速度之间的等价性，以及时空的角色从被动的旁观者转变为宇宙动力学中的主要角色。首先，通过仔细思考一个人在地球的引力场中自由下落的经历，爱因斯坦意识到加速度和重力本质上是无法区分的。在地球上，一个人住在封闭的电梯里，电梯不断向上加速，他可能会认为自己生活在一个引力更强的地方，浴室的秤上所显示的体重肯定会比正常体重更大。同样，太空飞船上的宇航员会体验到"失重"，因为他们和飞船相对于地球的加速度是相同的。在 1922 年的京都演讲中，爱因斯坦向学生和教职员工即兴发表了一段讲话，描述了这个想法的来历："我坐在伯尔尼专利局的椅子上，突然间有一个念头出现在我脑海中，如果一个人自由下落，他不会感觉到自己的重力。我吓了一跳。这个简单的想法给我留下了深刻的印象。它促使我想到了万有引力理论。"

爱因斯坦关于"引力"的想法对牛顿的万有引力理论提出了挑战。爱因斯坦认为，引力不是某种穿越整个空间的神秘力量；相反，质量和能量会使时空弯曲，就像一个人站在蹦床上会使蹦床下陷一样。爱因斯坦将引力定义为时空曲率。也就是说，行星在太阳创造的弯曲时空中沿着最短的路径运动，就像高尔夫球在果岭上随着地形起伏的轨迹一样，或者像吉普车在撒哈拉沙漠的沙丘中穿行一样。光线也不是沿直线传播的，而是在大质量的弯曲区域内以曲线传播。图 9-1 为爱因斯坦在 1913 年写给美国天文学家乔治·埃勒里·海耳（George Ellery Hale）的信。当时爱因斯坦正在发展这个理论，在信中，他解释了光在引力场中的弯曲以及太阳对来自遥远恒星的光的偏转。这个重要的预言在 1919 年的一次日食期间首次得到验证。亚瑟·爱丁顿在巴西和几内亚湾的普林西比岛上组织了观测。他的团队和爱尔兰天文学家安德鲁·克罗姆林（Andrew Crommelin）领导的探险队记录到的弯曲值①在估计的观测误差范围内，与爱因斯坦的预测值 1.74 角秒②相符。在广义相对论中，时间也会弯曲：靠近大质量物体的时钟会比远离它们的时钟慢。实验证实了这一效应，并且这也是开发卫星导航系统时必须考虑的一项因素。

> BRILLIANT BLUNDERS
>
> 广义相对论认为，我们所感知到的引力来自这个四维时空的曲率。质量使时空弯曲，而时空曲率越大意味着引力越强。根据广义相对论，行星绕太阳运行是因为时空被太阳弯曲了：每颗行星都在尽可能地以直线运行，但时空弯曲使行星一圈又一圈地旋转。

爱因斯坦在广义相对论中的关键前提是一个真正革命性的想法：我们所感受到的引力仅仅是质量和能量导致时空弯曲的表现。在这个意义上，爱因斯坦至少在精神上更接近古希腊天文学家的几何观点③，而不是牛顿及其对力的强调。时空不再是一个刚性和固定的背景，而是可以在质量

① 分别约为 1.98 角秒和 1.61 角秒。
② 牛顿的预测值为这个值的一半。
③ 非动力学观点。

和能量的存在下弯曲和拉伸，而这些弯曲又反过来影响物质运动的方式。颇具影响力的物理学家约翰·阿奇博尔德·惠勒（John Archibald Wheeler）曾经说过：“物质告诉时空如何弯曲，时空告诉物质如何运动。”物质和能量成为时空的永恒伴侣。

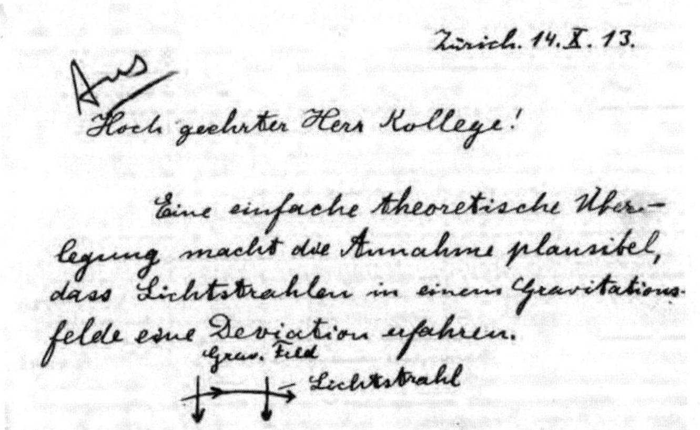

Zürich. 14. X. 13.

Hoch geehrter Herr Kollege!

Eine einfache theoretische Überlegung macht die Annahme plausibel, dass Lichtstrahlen in einem Gravitationsfelde eine Deviation erfahren.

Am Sonnenrande müsste diese Ablenkung 0,84" betragen und wie $\frac{1}{R}$ abnehmen (R = Entfernung vom Sonnen-Mittelpunkt).

Es wäre deshalb von grösstem Interesse, bis zu wie grosser Sonnennähe helle Fixsterne bei Anwendung der stärksten Vergrösserungen bei Tage (ohne Sonnenfinsternis) gesehen werden können.

图 9-1　爱因斯坦写给海耳的信

通过引入广义相对论，爱因斯坦出色地解决了引力的超光速传播问题，这恰好也是牛顿理论的困境。在广义相对论中，传输速度取决于时空结构中的涟漪从一个点传播到另一个点的速度。爱因斯坦证明，这些弯曲和涨落，就是引力的几何表现，准确地以光速传播。换句话说，引力场的变化不能瞬间传递。

放弃 Λ，20 世纪最戏剧性学术撤回

虽然爱因斯坦可能对宇宙学常数和自己的静态宇宙感到满意，但这种满足感很快就消失了，因为新的观测发现使静态宇宙的概念变得不可靠。首先，在理论上有一些让人不满意的地方，其中最早一个几乎是立刻就出现了。在爱因斯坦的宇宙学论文发表仅一个月后，他的同事和朋友威廉·德西特（Willem de Sitter）发现了爱因斯坦方程的一个解，这个解根本没有任何物质。爱因斯坦的愿景是将宇宙的几何形式与其质量和能量相连接，一个没有物质的宇宙显然与这一愿景相矛盾。另外，德西特本人对此非常满意，因为他从一开始就反对引入宇宙学常数。在 1917 年 3 月 20 日写给爱因斯坦的一封信中，他认为，Λ 可能在哲学上是可取的，在物理上却不是。令他特别困扰的是，宇宙学常数的值无法从经验上确定。而在那时，爱因斯坦本人仍然对所有的可能性持开放态度。在 1917 年 4 月 14 日写给德西特的回信中，爱因斯坦写下了一段美丽的预言，很容易让人联想到达尔文著名的“在遥远的将来……人类的起源及其历史将会得到阐明”（见第 1 章）。

> 无论如何，有一件事是确定的。广义相对论允许在引力场方程中包含 Λ。总有一天，我们对星空、恒星的明显运动以及光谱线位置随距离变化的关系的实际知识，可能会取得足够的进展，使我们可能可以从经验上判断 Λ 是否为零。信念是一个好动机，但它不是一个好法官！

舍弃 Λ

正如我们将在下一章中看到的那样，爱因斯坦准确地预测了天文学家在 81 年后取得的成就。但是，在 1917 年，挫折仍然接踵而至。尽管德西特的模型乍一看似乎是静态的，但事实证明这是一种错觉。后来，数学家菲利克斯·克莱因（Felix Klein）和赫尔曼·魏尔（Hermann Weyl）的研究表明，如果将测试物体放入其中，它们并不处于静止状态，而是相互飞离。

第二个理论上的打击来自弗里德曼。正如我之前提到的，弗里德曼在 1922 年证明，无论是否包含宇宙学常数，爱因斯坦的方程都允许非静态解的存在，在这种解中，宇宙要么膨胀，要么收缩。这让爱因斯坦在 1923 年失望地写信给他的朋友魏尔："如果没有准静态宇宙，那么宇宙学常数就可以舍弃了。"但最严峻的挑战来自观测数据。正如我们在第 8 章中看到的，20 世纪 20 年代后期，勒梅特（试探性地）和哈勃（明确地）证明了宇宙实际上并不是静态的：它在膨胀。爱因斯坦立刻意识到了这些结果的含义。在膨胀的宇宙中，引力的吸引作用只会减缓膨胀速度。因此，在哈勃的发现之后，爱因斯坦不得不承认，在引力和斥力之间不再需要进行复杂的平衡，宇宙学常数可以从场方程中移除。在 1931 年发表的一篇论文中，他正式放弃了这个常数，因为"相对论似乎更自然地满足了哈勃的新结果，而无须 Λ"。然后，1932 年，在爱因斯坦与德西特合作发表的一篇论文中，他们得出结论："历史上，在引力场方程中引入宇宙学常数 Λ，是为了使我们从理论上解释，在静态宇宙中存在有限平均密度。现在看来，在这种动态的情况下，不引入 Λ，也能实现这一目的。”

爱因斯坦意识到，如果没有宇宙学常数，哈勃测得的宇宙膨胀速率所计算出来的宇宙年龄，与估算的恒星年龄相比实在太短了，但他在一开始认为问题可能出在后者身上。在观测确定的宇宙膨胀速率中，最大的误差直到 20 世纪 60 年代才得到修正，但在哈勃太空望远镜问世之前，膨胀速率的不确定性仍然持续存在，大约为 2 倍。然而，令人惊讶的是，被舍弃的宇宙学常数在 1998 年又以轰动性的方式回归了。

你会注意到，爱因斯坦和德西特在谈到宇宙学常数时使用的语言是保守的；他们只是简单地指出，在膨胀的宇宙中，它是不需要的。然而，如果你读读所有关于宇宙学常数的历史记录，你就会发现这个故事：爱因斯坦非常自责，将这个常数引入方程中被他视为自己“最大的错误”。爱因斯坦真的说过这话吗？如果说过，为什么呢？

在仔细检查了所有可用的文献后，我首先确认了一些科学史学家早已怀疑的事实：爱因斯坦称宇宙学常数是“最大的错误”，这个故事来源于一个人，就是极具传奇色彩的乔治·伽莫夫。回想一下，伽莫夫是“大爆炸核合成”这一概念的提出者，还对基因密码的早期理论提出了一些想法。DNA 结构的发现者之一詹姆斯·沃森曾经说过，伽莫夫“经常比所有人都领先一步”。伽莫夫在两个地方讲述了这个“最大的错误”的故事。1956 年 9 月，在发表于《科学美国人》（*Scientific American*）的文章《进化的宇宙》（*The Evolutionary Universe*）中，伽莫夫写道：“许多年前，爱因斯坦对我说，宇宙斥力的想法是他一生中犯的最大的错误。”伽莫夫在 1970 年出版的自传

《我的世界线》（*My Worldline*）中重复了同样的故事："因此，爱因斯坦最初的引力场方程是正确的，而改变它[①]是一个错误。很多年后，当我和爱因斯坦讨论宇宙学问题时，他说引入宇宙学常数是他一生中犯的最大的错误。"[②]

众所周知，伽莫夫喜欢渲染自己的许多轶事。他的第一任妻子曾说过："我们共度了20多年，但伽莫夫总是在恶作剧的时候最快乐。"因此，我决定深入挖掘，试图判断这个故事的真实性。我之所以对调查这个特别的故事产生了动力，是因为宇宙学常数的复活使得"最大的错误"成为爱因斯坦被引用得最多的词语之一。我上一次查询时，谷歌上有超过50万个页面包含"Einstein"和"biggest blunder"。

我首先来确定伽莫夫是否真的在引用爱因斯坦的原话。遗憾的是，上述两处引文似乎都不足以解答我的困惑：是爱因斯坦本人确实曾经使用过"他一生中犯的最大错误"这样的措辞，还是伽莫夫只是在传达对话的涵义。然而，在《我的世界线》中，伽莫夫继续说："但这个'错误'，尽管被爱因斯坦拒绝，直到今天有时仍然被宇宙学家使用，用希腊字母Λ表示的宇宙学常数一再出现。"在"错误"一词上使用引号至少表明，伽莫夫意图暗示这是一个真实的引用。而且，伽莫夫两次使用完全相同的措辞，至少也表明他试图给人这样的印象，他是在直接引用爱因斯坦的话。还要注意，伽莫夫在这里通过"一再出现"这个词语，透露出他对宇宙学常数的偏见。

有趣的是，我发现爱因斯坦实际上确实使用过"我一生中犯了一个巨大的错误"这样的表达，但是在一个完全不同的情境下。1954年11月16日，鲍林作为一位杰出的科学家、和平主义者与爱因斯坦在普林斯顿进行了一次

① 在引力场方程中引入宇宙学常数。

② 出于某种原因，大多数关于宇宙学常数历史的描述都只知道这个来源。

交谈。交谈结束后，鲍林在日记中写道，爱因斯坦告诉自己以下内容（图 9-2 为鲍林的日记）：“他犯了一个巨大的错误，他在给罗斯福总统建议制造原子弹的信上签下了自己的名字；但他有一些理由，比如，担心德国人会制造原子弹。”显然，这一事实本身并不一定排除爱因斯坦在科学背景下使用“最大的错误”的可能性，尽管他在与鲍林的对话中所使用的语言[①]确实让人生疑。

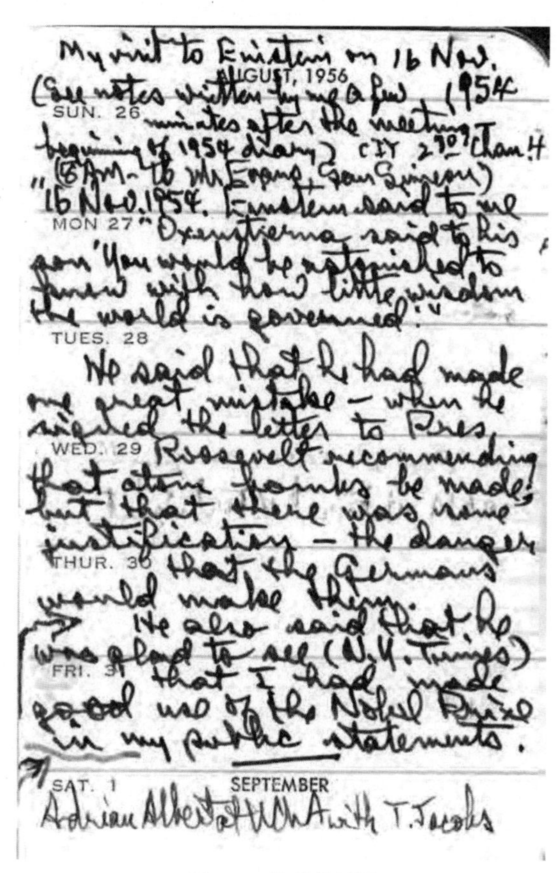
My visit to Einstein on 16 Nov.
AUGUST, 1956
(See notes written by me a few 1954
SUN. 26
minutes after the meeting
beginning of 1954 diary) CIT [illegible] Chem. 4
([illegible])
"16 Nov. 1954. Einstein said to me
MON 27
"Oxenstierna said to his
son 'You would be astonished to
know with how little wisdom
the world is governed.'"
TUES. 28
He said that he had made
one great mistake — when he
signed the letter to Pres.
WED. 29
Roosevelt recommending
that atom bombs be made;
but that there was some
justification — the danger
THUR. 30
that the Germans
would make them.
He also said that he
was glad to see (N.Y. Times)
FRI. 31
that I had made
good use of the Nobel Prize
in my public statements.
SAT. 1 SEPTEMBER
Adrian Albert [illegible] with T. Jacobs

图 9-2 鲍林的日记

① “一个巨大的错误”（one great mistake）。

我想要解决的第二个问题是关于情境的，爱因斯坦在什么时候会对伽莫夫说这样的话。在《我的世界线》中，伽莫夫给人的印象是他和爱因斯坦是非常亲密的朋友。伽莫夫说，在第二次世界大战期间，他们两人同时担任美国海军军械局烈性炸药科的顾问。由于当时爱因斯坦无法从普林斯顿前往华盛顿特区，伽莫夫回忆说，他被美国海军选中，“每隔一周的星期五”把文件带给爱因斯坦，因为他“碰巧在非军事领域早些时候就已经认识爱因斯坦”。伽莫夫继续描绘了他与爱因斯坦之间的亲密关系：

> 爱因斯坦会在他家的书房里和我见面，穿着那件著名的柔软羊毛衫，然后我们会逐一讨论所有的建议……在谈完工作之后，我们会在爱因斯坦家或附近的高等研究院餐厅共进午餐，然后谈论天体物理学和宇宙学的问题……我永远不会忘记这些在普林斯顿的经历，在此期间，我对爱因斯坦的了解比以往更深刻。

基于这些事实，物理学家吉诺·塞格雷（Gino Segre）在他的著作《一般的天才：马克斯·德尔布鲁克、乔治·伽莫夫与基因组学与大爆炸宇宙学》（*Ordinary Geniuses: Max Delbruck, George Gamow, and the Origins of Genomics and Big Bang Cosmology*）中自然地得出结论，爱因斯坦第二次世界大战时在普林斯顿的一次演讲中使用了“最大的错误”这一表述。同样，阿尔布雷希特·费尔辛（Albrecht Fölsing），最详尽的爱因斯坦传记的作者，也认为伽莫夫的描述是可靠的，并且他重复了这个所谓的“最大的错误”的引述，而许多其他人也这样做了。然而，不幸的是，正如我所发现的那样，事实并非如此。

在第二次世界大战期间，史蒂芬·布鲁诺尔（Stephen Brunauer）是一位颇有成就的表面科学家，当时他作为中尉担任美国海军烈性炸药的研发负责人。有一次，他向军队和文职部门打听，爱因斯坦是否在为他们工作。两个部门的回答都是否定的。他们向布鲁诺尔解释说，爱因斯坦是一位和平主义者，而且“对任何行政事务都不感兴趣”。然而，布鲁诺尔不愿接受这种论调，在 1943 年 5 月 16 日拜访了住在普林斯顿的爱因斯坦，并以每天 25 美元的费用将其聘为海军顾问。布鲁诺尔也是 1943 年 9 月 20 日招募伽莫夫的军官。图 9-3 为布鲁诺尔写给伽莫夫的信。

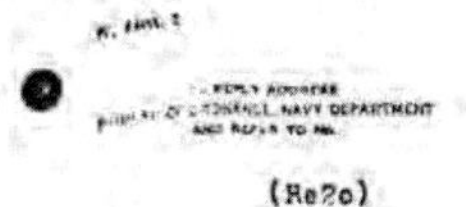

(Re2o)

NAVY DEPARTMENT
BUREAU OF ORDNANCE
WASHINGTON 25, D. C.

September 22, 1943

Dr. George Gamow
19 Thoreau Drive
Woodhaven, Maryland

Dear Dr. Gamow:

According to our conversation of September 20, 1943, proceedings were instituted to obtain a contract for you. We requested 25% of your time, or about 1¼ days per week, and suggested a compensation of $18.00 per diem.

There are two types of contract used by the Navy. In one type the University is the contractor and you would be an employee of the contractor. In the second type the contract is made directly with you, - naturally with the permission of the University.

Please consult President Marvin of George Washington University and let me know about his decision as to the type of contract we should employ for your services.

Very sincerely yours,

Stephen Brunauer
Lieutenant, USNR

SB:cl

图 9-3 布鲁诺尔写给伽莫夫的信

1986年，在一篇文章《爱因斯坦与海军：一个无懈可击的组合》（*Einstein and the Navy: An Unbeatable Combination*）中，布鲁诺尔详细地描述了整个事件。他提到除自己之外，该部门的几位科学家偶尔也会与爱因斯坦进行交流，其中包括物理学家雷蒙德·西格（Raymond Seeger）、约翰·巴丁（John Bardeen）[①]、伽莫夫以及化学家亨利·艾林（Henry Eyring）。在解释伽莫夫的具体角色时，布鲁诺尔写道："伽莫夫在后来的几年中给人留下的印象是，他是海军与爱因斯坦的联络人，他每两周拜访一次教授，教授只是'倾听'而没有任何贡献，这都是假的。最频繁拜访的人是我，大约每两个月一次。"

这个叙述显然对爱因斯坦和伽莫夫之间的互动抛出了不同的论调。对伽莫夫和爱因斯坦之间为数不多的、相当正式的往来信件进行仔细查阅，只强化了我这样的感觉：这两个人并不亲密。在其中一封信中，伽莫夫询问爱因斯坦对宇宙作为一个整体可能具有非零角动量[②]的想法。在另一封信中，伽莫夫附上了自己关于宇宙大爆炸元素核合成的论文。爱因斯坦礼貌地回复了伽莫夫，但在回信中并未提及宇宙学常数。

然而，在整个通信中，最能说明问题的信息可能是伽莫夫在爱因斯坦1946年8月4日的信中添加的一条评论。爱因斯坦告诉伽莫夫，他已经阅读了关于宇宙大爆炸核合成的手稿，并且他"深信元素丰度与原子量的关系是宇宙学研究的一个非常重要的出发点"。如图9-4所示，伽莫夫在信的底部写道："当然，这位老人家现在几乎对任何事情都表示同意。"

① 后来两次获得诺贝尔物理学奖。
② 旋转的动量表现。

THE INSTITUTE FOR ADVANCED STUDY

August 4,1946

Professor G.Gamow
Ohio State University
Columbus,Ohio

Dear Mr.Gamow:

After receiving your manuscript I read it immediately and then forwarded it to Dr.Spitzer. I am convinced that the abundance of elements as function of the atomic weight is a highly important starting point for cosmogonic speculations. The idea that the whole expansion process started with a neutron gas seems to be quite natural too. The explanation of the abundance curve by formation of the heavier elements in making use of the known facts of probability coefficients seems to me pretty convincing. Your remarks concerning the formation of the big units (nebulas) I am not able to judge for lack of special knowledge.

Thanking you for your kindness,I am

yours sincerely,

A. Einstein.

Albert Einstein.

Of course, the old man agrees with almost ~~every~~ anything nowaday.
Geo.

Thanks for slides.
G.

图 9-4 伽莫夫在信件中写下的评论

然而，如果爱因斯坦和伽莫夫并不亲近，那么爱因斯坦为什么会在与伽莫夫谈论宇宙学常数时使用如此强烈的措辞[①]，而不是与其他更亲密的朋友和同事分享这样的看法？[②]为了进一步探讨这一点，我查阅了爱因斯坦1932年后的论文、著作和个人信件，寻找有关宇宙学常数的其他内容。我选择1932年作为起点，是因为在那一年，爱因斯坦和德西特宣布宇宙学常数是不必要的。

爱因斯坦的著作毫无疑问表明，在发现宇宙膨胀后，他对最初引入宇宙学常数感到不满。例如，1942年，他的助手和合作者物理学家彼得·伯格曼（Peter Bergmann）出版了一本《相对论导论》（*Introduction of the Theory of Relativity*），爱因斯坦为这本书撰写了前言，后来对该书进行了评论。然而，这本书中根本没有提及宇宙学常数。在自己《相对论的意义》（*The Meaning of Relativity*）的第二版中，爱因斯坦增加了一个附录，其中确实谈到了宇宙学常数：

> 在引力场方程中引入“宇宙学成员”，虽然从相对论的角度来看是可能的，但从逻辑关系的角度来看，应该被舍去。正如弗里德曼第一个证明的那样，如果承认两个质点之间的距离随时间变化，无处不在的、有限密度的物质与引力场方程的原始形式就可以互相调和。

换句话说，爱因斯坦认识到广义相对论的原理允许将宇宙斥力项添加到

① 称其为自己“一生中犯的最大的错误”（"biggest blunder" in his "entire life"）。

② 普林斯顿大学物理系为庆祝爱因斯坦70岁生日，举行了一次关于相对论的研讨会。伽莫夫是众多受邀者之一。1949年3月15日，普林斯顿大学主席助理保罗·布塞（Paul Busse）写信通知他有关行程安排。然而，从1949年3月17日开始，伽莫夫的名字并没有出现在受邀名单上。

方程中，但这并不是必要的，因此他援引数学的简洁性原则舍去了这个项。然后，他在脚注中补充了以下评论：

> 如果在广义相对论创立时哈勃已经发现了宇宙膨胀，宇宙学常数就永远不会被引入。现在似乎更无须将其引入引力场方程中了，因为它已经失去了其唯一的引入初衷，即为宇宙学问题提供自然解。

在畅销书《相对论：狭义与广义理论》（*Relativity: The Special and General Theory*）附录 4 中，爱因斯坦还指出宇宙学常数“本身并不是理论所需，从理论角度来看，它似乎也不自然”。同样，诺贝尔物理学奖得主沃尔夫冈・泡利（Wolfgang Pauli）[①] 在著作《相对论》（*Theory of Relativity*）1958 年修订版中，补充了一条脚注，提到爱因斯坦完全意识到了弗里德曼和勒梅特以及哈勃的发现。根据泡利所说，爱因斯坦随后将宇宙学常数视为“多余的且不再合理的”。泡利进一步评论说，他自己完全接受了爱因斯坦的新观点。然而，无论如何，没有任何地方提到了“最大的错误”这一说法。

对爱因斯坦有关宇宙学常数的全部记录进行分析，可以明确看出，他反对宇宙学常数仅有两个理由：一是基于审美的简洁性；二是对引入它的错误初衷的懊悔。正如我在第 1 章中指出的，从所涉及的原理角度来看，简洁性原则被认为是美丽理论的标志之一。对于爱因斯坦来说，简洁性不止于此，它几乎是现实的标准：“我们一直以来的经验使我们确信，在自然界中实现了数学简洁性的理想。”在发展广义相对论的过程中，爱因斯坦的经验加深了他对数学原理的信任。当他试图遵循他所认为的物理限制时，他一无所

---

① 泡利是爱因斯坦核心圈子的成员之一。

获，而从数学角度出发遵循最自然的方程，用他的话来说，打开了一扇通往“无与伦比的美丽理论”的大门。在方程中添加一个新常数[①]并没有给爱因斯坦带来简洁的美感，但只要它的出现可以解释静态宇宙，他愿意接受它。而一旦发现宇宙处于动态膨胀的状态，爱因斯坦将很高兴地摆脱他认为是多余的东西。1947 年 9 月 26 日，爱因斯坦写信给勒梅特表达了自己的感受，作为对这位比利时宇宙学家在同年 7 月 30 日的信件的回复。在那封信以及后来的一篇文章中，勒梅特都在尽力说服爱因斯坦，宇宙学常数实际上是解释一些宇宙事实的必要条件，包括宇宙的年龄。[②]

爱因斯坦首先承认，“引入 Λ 项提供了一种可能性”，以避免与地质年龄相矛盾。回想一下，哈勃最初的观测结果表明，宇宙的年龄比地球的年龄要短得多。勒梅特认为，如果方程中包含宇宙学常数，就可以解决这一矛盾。然而，爱因斯坦重申了自己的还原主义论点，以证明他不愿接受宇宙学常数。他写道：

> 自从我引入这个常数以来，我一直有一种内疚感。但那时，我看不到存在有限平均密度这一事实的其他可能性解释。我发现引力场定律由两个逻辑上独立的项构成，并通过加法相连，这看起来非常不美观。对于逻辑简洁性的这种感觉的判断，难以形容。我无法控制这种感觉，而且我无法相信这样丑陋的事物在自然界中存在。

换句话说，初衷已不复存在，爱因斯坦认为，宇宙学常数违背了美学上

① 宇宙学常数。

② 勒梅特在 1947 年 7 月 30 日给爱因斯坦的信中说，他正在“努力改变”爱因斯坦对宇宙学常数的态度。

的简洁性，因此他不认为自然需要它。那么，他是否认为这是他“最大的错误”？不太可能。是的，他对宇宙学常数感到不舒服，早在 1919 年时，就说过它“严重损害了理论的形式美”。但是广义相对论确实允许引入宇宙学常数，而且不会违反该理论建立的任何基本原则。从这个意义上说，爱因斯坦在有关宇宙学常数的最新发现之前就已经知道，这根本不是一个错误。自爱因斯坦时代以来，理论物理学获得的经验表明，基本原理允许的任何项可能都是必要的。还原主义适用于基本原理，而不适用于方程的具体形式。因此，物理定律类似于英国作家 T. H. 怀特（T. H. White）的亚瑟王小说《永恒之王》（*The Once and Future King*）中的规则：“一切未被禁止的，就是必要的。”

总的来说，几乎不可能完全证明某人没有说过某件事。尽管如此，基于所有证据，我猜测，最有可能的是，虽然爱因斯坦可能对引入宇宙学常数有些“内疚”，特别是因为他错过了预测宇宙膨胀的机会，但他从未真正称其为自己所“犯的最大的错误”。在我看来，这一部分几乎可以确定是伽莫夫夸张的说法。有趣的是，曼彻斯特大学的天文学家 J. P. 利希（J. P. Leahy）在一篇文章《爱因斯坦最大的错误》（*Einstein's Greatest Blunder*）中评论道：“幸好爱因斯坦对伽莫夫说了这句话，否则伽莫夫很可能会杜撰出这种说法。”我的结论是，伽莫夫很可能的确杜撰了这件事！

或许你会好奇为什么伽莫夫的这句俏皮话成为物理学史上最值得传颂的佳话。我认为有 3 个原因。首先，一般人，尤其是媒体，都喜欢使用非常夸张的词。涉及“最快”、“最远”、“最大”或“第一”的科学新闻总是更有吸引力。爱因斯坦也是人，他也犯过很多错误，但其他错误没有像所谓的“最大的错误”一样成为头条新闻。其次，爱因斯坦已成为天才的化身，他纯粹凭借智力发现了宇宙的运行规律。作为一位科学家，他证明了纯数学可以发现它所创造的东西，也可以创造它所发现的东西。据说，古希腊人把宇宙当作谜团，并给它留下了一座城邦。从现代宇宙学的角度来看，这句格言更适合爱因斯坦。（图 9-5 是我最喜欢的一张爱因斯坦的照片。）即使是这样的科学巨擘也会犯错，这件事既令人着迷，也是一堂让我们学会谦逊和理解科学怎样真正进步的精彩课程。即便是令人印象最为深刻的头脑也不是完美的，它们只是铺平了下一层次的理解之路。最后，宇宙学常数有时被称为科学史上最有名的容差系数，它之所以受欢迎，是由于它已经被证明是顽强的存在。宇宙学常数虽然在 80 年前已被爱因斯坦所摒弃，但一直没有消失。甚至可以说，这看似“错误”的系数不仅没有消失，还在过去的十年里成为焦点。是什么让宇宙学常数拥有九条命，为什么它再次成为关注的焦点呢？

图 9-5　爱因斯坦

迷上 Λ，宇宙学常数的坚定支持者

即使在爱因斯坦的有生之年，也有少数科学家不愿放弃宇宙学常数。例如，物理学家理查德·C. 托尔曼（Richard C. Tolman）在 1931 年写信给爱因斯坦："在没有实验测定它大小的情况下，$\Lambda=0$ 的赋值似乎是武断的，而且不一定是正确的。"勒梅特则认为 Λ 不应该因为错误而被摒弃，此外，他还有另外两个主要原因希望保留宇宙学常数。首先，它提供了一个潜在的解决方案，以解释宇宙年龄与地质时间尺度之间的差异。[①] 在勒梅特的一些模型中，具有宇宙学常数的宇宙可以在一个缓慢膨胀的状态中持续很长时间，从而延长宇宙年龄。勒梅特支持 Λ 的第二个原因与他关于星系形成的想法有关。他猜测，在缓慢膨胀阶段，致密区域会被放大并形成原始星系。尽管这个特定的想法在 20 世纪 60 年代后期被证明行不通，但它确实使得宇宙学常数在一段时间内被搁置在一边。

亚瑟·爱丁顿是宇宙学常数的另一位坚定支持者。实际上，他曾经坚决宣称："回到之前的观点[②]是不可想象的。我宁愿回到牛顿理论，也不愿放弃宇宙学常数。"爱丁顿的主要理由是，他认为排斥性的引力是对观测到的宇宙膨胀的真正解释。他说：

> 解释星云巨大的退行速度只有两种方式：它们是由我们假设的一种向外的力产生的，或者是从事物开始时就存在着很大或更大的速度。关于星系的退行，人们提出了几种竞争性的解释，它们不接受这一现象作为斥力的证据。这些解释必然采取了第二种选择，并假设从一开始就存在着很大的速度。这可能是真的，但不足以被称

① 哈勃的观测结果表明了这一点。
② 没有宇宙学常数的早期观点。

为对大速度的解释。

换句话说，爱丁顿认识到即使没有宇宙学常数，广义相对论也允许宇宙膨胀的解。然而，这个解需要假设宇宙从一开始就有很大的速度，却没有为这些特定的初始条件提供解释。暴胀模型认为，宇宙在不到一秒的年龄时经历了惊人的膨胀。该模型也有同样的问题，就是不得不依赖于特定的初始条件来解释观测到的宇宙效应。例如，暴胀理论假设宇宙的结构膨胀得如此之大，以至于它使宇宙的几何结构也随之变得扁平。同时，暴胀被认为是将物质密度的亚原子尺寸的量子涨落扩张到宇宙尺度的动力之源。这些密度增加的物质后来成为形成宇宙结构的种子。

BRILLIANT BLUNDERS

量子涨落

微观粒子的能量在极短的时间内发生不可预测的波动。即使在相同的条件下，同一种粒子也可能以不同的方式表现出不同的能量状态。这种不确定性是量子世界的基本属性之一。

正如我在第 8 章中已经指出的那样，霍伊尔于 1948 年提出的稳态宇宙模型确实再现了一些暴胀宇宙学的特征。霍伊尔在爱因斯坦的质能方程中，引入了场项，其作用在许多方面类似于宇宙学常数。特别是，它导致宇宙呈指数级膨胀。因此，稳态宇宙学帮助某种形式的宇宙学容差系数又流行了大约 15 年的时间。

天文学家、霍伊尔的长期支持者威廉·麦克雷（William McCrea）在 1971 年总结当时关于宇宙学常数的观点时，他颇有预见性地区分了两种可能性：要么广义相对论是一种完整且自洽的理论，要么广义相对论应该被视为更全面的“万物理论”的一部分，“万物理论”用于描述宇宙及其中所有现象。在第一种情况下，麦克雷指出，宇宙学常数会成为一个麻烦，因为它的值无法由理论本身确定。而在第二种情况下，他敏锐地认识到，通过广义相对论与其他相关物理学分支之间的联系，可以确定宇宙学常数的值。我们很快将看到，物理学家正试图通过统一宏观和微观，将广义相对论与量子力学结合起来，来理解宇宙学常数的本质。

本章回顾 »

- 与牛顿的绝对空间和时间概念不同，广义相对论的一个基本前提是不存在绝对的参照系。
- 广义相对论仍然被许多人认为是有史以来最巧妙的物理理论。
- 广义相对论主要基于两个深刻的洞察：引力与加速度之间的等价性，以及时空的角色从被动的旁观者转变为宇宙动力学中的主要角色。
- 爱因斯坦将引力定义为时空曲率。我们所感受到的引力仅仅是质量和能量导致时空弯曲的表现。
- 在广义相对论中，时间也会弯曲：靠近大质量物体的时钟会比远离它们的时钟慢。
- 在广义相对论中，传输速度取决于时空结构中的涟漪从一个点传播到另一个点的速度。爱因斯坦证明，这些弯曲和涨落，就是引力的几何表现，准确地以光速传播。
- 爱因斯坦的愿景是将宇宙的几何形状与其质量和能量相连接，一个没有物质的宇宙显然与这一愿景相矛盾。
- 爱因斯坦：历史上，在引力场方程中引入宇宙学常数 Λ，是为了使我们从理论上解释，在静态宇宙中存在有限平均密度。现在看来，在这种动态的情况下，不引入 Λ，也能实现这一目的。
- 即使是令人印象最为深刻的头脑也不是完美的，它们只是铺平了下一层次的理解之路。

BRILLIANT BLUNDERS

第10章

从被废弃的参数到暗能量

如果我们承认以太在某种程度上是可压缩和伸展的，并相信它弥漫在整个太空，那么我们必须得出结论，它的各个部分之间没有引力，进而相信它不会受到太阳、地球或任何有重量的物质的吸引。换句话说，我们必须相信以太是一种不受万有引力定律支配的物质。

开尔文勋爵

宇宙学常数为物理学引入了一种与距离成正比的斥力，这种斥力与作用在物体之间的万有引力同时起作用。和许多其他物理学概念一样，牛顿是第一个考虑类似力的效应的人。在他著名的著作《自然哲学的数学原理》中，除讨论普通的重力外，还讨论了一种“与距离成简单比例增加”的力。牛顿能够证明，对于这种力，像重力一样，人们可以将球形质量看作所有质量全部集中在其中心。但他没有对两种力同时作用的情况进行充分的研究。如果牛顿意识到或更认真地考虑过他的万有引力定律是否适用于整个宇宙，他可能就会更加关注这种情况了。如果有人试图计算浩瀚无垠且密度均匀的宇宙中任一点的万有引力，他不会得出任何确定的值。这种情况有点像试图计算无穷数列“1−1+1−1+1−1…”的总和，结果取决于你何时停止。

19 世纪末，一些物理学家试图寻找解决这一难题的方法。[①] 他们提出的解决方案包括对牛顿万有引力定律进行微小的修改，以及引入如负质量等更为奇特的概念。开尔文提出，以太这种当时被认为弥漫在整个太空中的物

①特别是冯·西格尔（von Seeliger）和诺伊曼（Neumann）的尝试，可能在一定程度上，影响爱因斯坦，启发了他在引力场方程中引入宇宙学常数。

质，完全不受引力作用。然而，最终，所有这些努力都在爱因斯坦的广义相对论以及随后引入宇宙学常数的引力场方程中达到了高潮。正如我们所见，爱因斯坦后来否定了宇宙学常数，除了作为霍伊尔稳态宇宙学的一部分短暂地重新出现过，几十年来，它基本上被排除在理论之外。20 世纪 60 年代末的天文观测，为宇宙学常数的再度崛起提供了动力。天文学家似乎发现，在大约 100 亿年前的某个时期类星体的数量过度增加。这种异常密度只能这样解释：在那个时期，宇宙的尺寸基于某种原因有好一阵子保持不变，大约是当前尺寸的 1/3。实际上，一些天体物理学家表明，勒梅特的宇宙模型可以推算出这样的宇宙“徘徊”状态，因为通过引入宇宙学常数，该模型中存在一个缓慢膨胀的、准静态阶段。尽管这个特定的模型寿命不长，但确实让人们注意到宇宙学常数的一种可能解释：真空的能量密度。这个想法非常基础，但也非常令人费解，因此值得稍加解释。

从最大到最小的结构，真空并非空无一物

根据定义，数学方程是陈述两个量相等的表达式或命题。例如，在爱因斯坦最著名的方程 $E = mc^2$ 中，等号左边表示给定质量所关联的能量，它等于右边该质量与光速平方的乘积。爱因斯坦广义相对论的原始方程等号左边有一个描述空间曲率的项，等号右边有一个描述质量和能量分布的项[①]。这清楚地体现了广义相对论的本质：右边的物质和能量决定了左边的时空几何结构，这就是引力的表现形式。当宇宙学常数被引入时，爱因斯坦将它添加到等号左边，因为他认为它是时空的另一种几何性质。然而，如果被移到等号右边，宇宙学常数就获得了全新的物理意义：不再描述宇宙的几何性质，而是成为宇宙能量的一部分。然而，这种新形式的能量——与物质和辐射

① 乘以牛顿常数，表示引力的强度。

相关的能量有两个重要的不同之处。首先，当宇宙膨胀时，物质的密度会降低，而与宇宙学常数对应的能量密度将永远保持不变。这已经够奇怪了，更奇怪的是这种新形式的能量具有负压力！

负压力太糟糕了，这并不是开玩笑。正压力，就像被压缩的普通气体所产生的压力那样，是向外推的。负压力则是向内吸的，不是向外推的。事实证明，这一特性非常关键，因为在广义相对论中，除了质量和能量，压力也是引力的来源：它产生自己的引力。此外，正压力产生的是引力，负压力产生的是斥力。爱因斯坦在试图维持宇宙静态时引入宇宙学常数，正是想要利用这一属性。广义相对论的基本对称性，即自然法则应该在不同的参照系中做出相同的预测，意味着只有真空的能量密度在膨胀时不会被稀释。确实，空无一物的空间怎么会进一步稀释呢？但真空的能量呢？空无一物的空间为什么会有能量？难道空无一物的空间不是“虚无”的吗？

在奇特的量子力学世界里就不是这样的。当一个人进入亚原子的世界里，真空远非虚无。事实上，它是由虚拟粒子和反粒子对组成的狂潮，这意味着人们无法直接观测到它们，而且它们在极短的时间尺度内不断产生和消失。因此，即使是空无一物的空间也可以具有能量密度，并因此成为引力的来源。这与爱因斯坦最初提出的物理解释完全不同。爱因斯坦将宇宙学常数视为时空的一种潜在特性：在最大的尺度上来描述宇宙。尽管在数学上是等价的，但宇宙学常数与真空能量的关联，与最小的亚原子尺度，即量子力学的领域紧密相关。麦克雷在 1971 年的观测表明，也许可以从广义相对论以外的经典物理学中确定宇宙学常数的值。事实证明，他非常有远见。

我需要指出，爱因斯坦自己也曾做过有趣的尝试，将宇宙学常数与基本粒子联系起来。爱因斯坦在 1919 年提出带电粒子可能是由引力结合在一起的，可以说，这是他首次尝试统一引力和电磁学。这使他得出了对宇宙学常数值的电磁约束。然而，除在 1927 年对该主题再次进行了简短的评论外，爱因斯坦再也没有回到这个话题上。

真空并非空无一物而是可能包含大量能量的观念，并不新鲜。这个想法最早是由德国物理化学家沃尔特·能斯特（Walther Nernst）在 1916 年提出的，但由于他主要关注化学领域，并未考虑过这一想法对宇宙学的影响。在 20 世纪 20 年代，量子力学的开拓者们，尤其是泡利，确实讨论过，在量子领域中，任何场的最低能量可能并非为零。这种所谓的零点能量是量子力学系统的波动性质的结果，导致它们即使在其基态下也会有微小的涨落。然而，即使是泡利的结论也没有延伸到宇宙学的思考中。第一个明确将宇宙学常数与真空能量联系起来的人是勒梅特。1934 年，就在他与爱因斯坦见面之后不久，勒梅特发表了一篇论文，写道："一切都像真空能量不为零一样发生。"然后他继续说，真空的能量密度必须与负压力相关，"这就是宇宙学常数 Λ 的本质意义"。图 10-1 为爱因斯坦与勒梅特于 1933 年 1 月在帕萨迪纳会面时的情景。

尽管勒梅特的观点很有洞察力，但在此后的 30 多年里，对宇宙学常数的研究基本处于休眠状态，直到一次短暂的复兴引起了多才多艺的白俄罗斯物理学家雅科夫·泽尔多维奇（Yakov Zeldovich）的关注。1967 年，泽尔多维奇首次真正尝试计算量子涨落对宇宙学常数的贡献。但在计算过程中，他做出了一些没有合理解释的特殊假设。特别是，泽尔多维奇假设，大多数零点能量在某种程度上相互抵消，只留下真空中虚拟粒子之间的引力相互作用。即便如此，他得到的值也让人完全不能接受，因为它大约是可观测宇宙中所有物质和辐射的能量密度的 10 亿倍。

图 10-1 爱因斯坦与勒梅特

近年来，尝试对真空能量进行的估计，加剧了这个问题，得到的数值极高，甚至可以说是荒谬至极。例如，物理学家最初天真地假设，他们可以将零点能量相加，直到引力理论失效的宇宙大小为止。也就是说，在宇宙如此小的时候，人们需要有一个量子引力理论[①]。换句话说，这个假设是，宇宙学常数对应于宇宙在只有远远小于 1 秒的年龄时的宇宙密度，甚至是在亚原子粒子的质量形成之前的宇宙密度。然而，当粒子物理学家进行估算时，得到的数值比宇宙中物质和辐射的能量密度之和大约高了 123 个数量级[②]。这种荒谬的差异被诺贝尔物理学奖得主史蒂文・温伯格（Steven Weinberg）称为“科学史上数量级估算最严重的失败”。显然，如果真空能量密度真的那么高，不仅星系和恒星不会存在，巨大的排斥力还会立刻撕裂原子和原子

① 目前并不存在这种量子引力理论。
② 10^{123}。

核。为了挽救这个估算结果，物理学家尝试使用对称性原理，推测零点能量的总和应该在某个更低的能量处截断。然而，尽管经过修正的估算结果要小得多，得到的数值仍然高出约 53 个数量级。

面对这一危机，一些物理学家不得不相信存在一种尚未被发现的机制，以某种方式完全抵消真空能量的各种不同贡献，从而使宇宙学常数的值恰好为零。你大概已经发现，从数学上来说，这与爱因斯坦从方程中简单地去掉宇宙学常数是完全等价的。假设宇宙学常数为零，意味着排斥项无须包含在方程中。然而，推理过程却是完全不同的。哈勃对宇宙膨胀的发现迅速颠覆了爱因斯坦引入宇宙学常数的初衷。尽管如此，许多物理学家认为，将宇宙学常数指定为零的做法是不合理的，那只是为了简洁或者为了“安慰自己的良心”。另外，从量子力学的角度来看，作为真空能量的现代形态，宇宙学常数似乎在某种程度上是必然的，除非所有不同的量子涨落以某种方式共同作用导致总和为零。这种不确定的、令人沮丧的局面一直持续到 1998 年，当时新的天文观测结果将整个主题变成了可以说是当今物理学面临的最具挑战性的问题。

宇宙膨胀一直在加速

自从 20 世纪 20 年代晚期哈勃的观测发现以来，我们就知道我们生活在一个不断膨胀的宇宙中。爱因斯坦的广义相对论为哈勃的发现提供了自然的解释：膨胀是时空本身的拉伸。任意两个星系之间的距离增加，就像两个粘在气球表面的小纸片之间的距离在气球充气时会增加一样。然而，就像地球的引力会减缓向上抛出的物体的运动一样，人们预计，由于宇宙中所有物质和能量之间的相互引力作用，宇宙膨胀应该会减缓。但在 1998 年，两个独立工作的天文学家团队发现，宇宙膨胀并没有减缓；事实上，在过去的

60 亿年中，宇宙膨胀一直在加速！其中一个团队是超新星宇宙学项目团队，由索尔·珀尔马特（Saul Perlmutter）领导，隶属于美国劳伦斯伯克利国家实验室；另一个团队是高红移超新星搜索队，由布赖恩·施密特（Brian Schmidt）及亚当·里斯（Adam Riess）领导，前者隶属于斯特罗姆洛山的赛丁泉天文台，后者则隶属于约翰斯·霍普金斯大学空间望远镜研究所。

加速膨胀的发现最初让人们大吃一惊，因为它意味着类似于宇宙学常数所预言的某种斥力，推动着宇宙的加速膨胀。为了验证这个令人惊讶的结论，天文学家需要对非常明亮的恒星爆炸进行观测，也就是所谓的 Ia 型超新星。这些爆炸的恒星实在太亮了，甚至在可观测宇宙的一半以上距离内都能够观测到它们并且追踪它们的亮度变化。① 此外，Ia 型超新星特别适合这类研究的另外一个原因是，它们是极好的标准烛光：它们的本征光度在峰值时几乎相同，而存在的微小差异可以通过经验来校准。由于观测到的光源亮度与其距离的平方成反比，也就是一个物体的距离是另一个物体的 3 倍，前者的亮度会是后者的 9 倍，因此，将本征光度和观测到的光源亮度相结合，能够可靠地确定光源的距离。

Ia 型超新星非常罕见，在一个星系中大约每世纪只发生一次。因此，每个团队必须搜索数千个星系，才能收集到几十个超新星的样本。② 天文学家确定了这些超新星及其宿主星系的距离，以及后者的退行速度。拥有这些数据后，他们将结果与哈勃定律的线性预测进行了比较。如果宇宙的膨胀确实像所有人预测的那样在减缓，那么他们应该发现，比如，距离地球大约 20

① 在最大亮度时，它们可能比整个宿主星系还要亮。

② Ia 型超新星通常形成于双星系统中，当白矮星通过吸积伴星物质使其总质量接近钱德拉塞卡极限（约 1.4 倍太阳质量）时，核心的碳氧元素在高温、高密度条件下发生失控热核反应。这一过程通常以燃烧波形式从中心向外传播，最终导致白矮星完全解体，不留下任何致密残骸。

亿光年的星系看起来比预期要亮，因为它们与地球之间的距离应该比均匀膨胀预测的距离稍微近一些。然而，里斯、施密特、珀尔马特及其同事们发现，遥远的星系看起来比预期的更暗，这表明它们到达了更远的距离。一项精确的分析显示，这些结果意味着宇宙在过去大约 60 亿年里一直在加速膨胀。因为这一重要发现，里斯、施密特和珀尔马特共同获得了 2011 年的诺贝尔物理学奖。

BRILLIANT BLUNDERS

加速膨胀的宇宙

在斥力强到足以超过引力的情况下，膨胀会随着时间的推移而加速，导致星系以越来越快的速度相互远离。

自从 1998 年的初次发现以来，这个谜团更多的部分已经浮现，所有的证据都证实了一种新型的、均匀分布的能量形式正在产生斥力，推动宇宙加速膨胀。首先，超新星样本数量显著增加，现在覆盖了更大的距离范围，使研究结果更加可靠。其次，里斯及其合作者通过后续的观测发现，在目前 60 亿年的加速膨胀阶段之前，宇宙的演化经历了一个减速阶段。一个非常引人注目的图景浮现出来：当宇宙更小、更致密时，引力占据上风，减缓了膨胀。然而，请记住，宇宙学常数，正如它的名字所暗示的，不会被稀释；真空能量密度是恒定的。另外，物质和辐射的密度在早期宇宙非常高，后随着宇宙膨胀而不断减小。一旦物质的能量密度降低到真空能量密度以下，加速膨胀便开始了。①

威尔金森微波各向异性探测器（WMAP）对宇宙微波背景辐射的细致观测，与超新星的观测结果相结合，并以对当前膨胀速率（哈勃常数）的独立测量作为这些观测结果的补充，形成了宇宙加速膨胀最具说服力的证据。将所有观测限制结合在一起，天文学家能够精确地确定假设的真空能量对预

① 大约在 60 亿年前。

估的宇宙总能量的当前贡献。观测结果显示，物质（包括普通物质和暗物质）只占宇宙能量密度的 27% 左右，而“暗能量”，即与真空能量一致的均匀组分，约占宇宙能量密度的 73%。换句话说，爱因斯坦坚持的宇宙学常数，或者类似于当代“特色”的真空能量，目前是宇宙中主导的能量形式！

BRILLIANT BLUNDERS

科学家认为，宇宙中的大部分物质是我们看不见的暗物质，宇宙加速膨胀是因为一种我们无法直接探测到的暗能量。暗物质与暗能量是存在的，因为它们使我们的宇宙模型与观测结果更加一致，而且符合科学的进程。

要明确的是，与宇宙学常数相关的能量密度的测量值仍然比简单计算得到的真空能量要小 53 到 123 个数量级，但它绝对不是零，这个事实已经戳穿了许多理论物理学家的美好幻想。回想一下，考虑到宇宙学常数的任何合理值[①]与理论预言之间的巨大不一致，物理学家曾预期会有一些尚未发现的对称性导致宇宙学常数完全抵消。也就是说，他们希望不同的零点能量贡献，不管各自的贡献有多大，它们会以相反的符号成对出现，从而使净结果为零。

一些期望被寄托在像超对称这样的概念上：粒子物理学家预测，我们所熟知的每一个粒子，比如电子以及构成质子和中子的夸克，应该有尚未发现的超对称伙伴，它们也具有相同的荷值，例如电荷和核荷，但自旋量子数只有一半。例如，电子的自旋量子数是 1/2，它的“影子”超对称伙伴

BRILLIANT BLUNDERS

超对称理论

超对称理论（Supersymmetry，SUSY）是粒子物理学中的一个理论框架，提出每种已知的基本粒子都有一个尚未被发现的超对称伙伴粒子。

① 这一合理值是一个宇宙可以容纳但不会过高的值。

的自旋量子数应该为 0。如果所有超对称伙伴都与已知粒子有相同的质量，那么就可以从理论上推测，每对超对称伙伴的贡献将会抵消。不幸的是，我们知道，电子、夸克和难以捉摸的中微子的超对称伙伴，并不能与它们具有相同的质量，否则早就被发现了。考虑到这一事实，真空能量的总贡献比观测到的大了约 53 个数量级。人们仍然希望另一种尚未认识到的对称性会产生所需要的抵消能量。然而，对宇宙加速膨胀的重大突破性观测表明，这不太可能。宇宙学常数极小但非零的事实已经使得许多理论家相信，依靠对称性来寻求解释是没有希望的。毕竟，你怎么可能将一个数值从原始值减小到 0.00 000 000 000 000 000 000 000 000 000 000 000 000 000 000 000 000 001，而不完全抵消它呢？这似乎需要一定程度上的精细微调，但大多数物理学家都不愿接受。从原理上讲，想象一个假设的情景使真空能量精确为零，比设定为观测到的微小值要容易得多。那么，有没有出路呢？在绝望中，一些物理学家开始依赖于科学史上最有争议的概念之一——人择原理（anthropic reasoning）。在这一思路中，人类观察者的存在本身就是解释的一部分。爱因斯坦本人与这一发展无关，但宇宙学常数，爱因斯坦的创造物或“错误”，已经使得许多当今的顶尖理论家认真考虑这一概念。以下是对所有争议的简要解释。

人择原理与多重宇宙，从不同角度思考宇宙的本质

几乎每个人都会同意，“外星智慧生命是否存在？”这个问题是当今科学中最引人入胜的问题之一。这个问题之所以合理，是因为一个重要的事实：我们宇宙的性质和支配它的法则使复杂的生命得以出现。显然，人类的生物特性与地球的性质和历史密切相关，但似乎任何形式的智慧生命的出现都需要一些基本要求。例如，由恒星组成的星系，行星围绕着恒星运行，这似乎是相当普遍的。同样，恒星内部的核合成必须形成生命的基本成分：

碳、氧和铁等原子。宇宙还必须提供一个足够宜居的环境：在足够长的时间里，让这些原子能够结合并形成复杂的生命分子，从而使原始生命能够进化到“智慧”阶段。

原则上，我们可以想象存在一些“反事实”宇宙，这样的宇宙并不利于复杂性的出现。例如，假设一个宇宙，拥有与我们相同的自然法则，所有自然常数值也与我们相同，但一个参数例外。也就是说，引力、电磁力和核力的强度与我们的宇宙相同，所有基本粒子的质量比例也是相同的。然而，在这个假设的宇宙中，宇宙学常数的值是我们宇宙中的 1 000 倍。在这样的宇宙中，与宇宙学常数相关的斥力会导致宇宙的膨胀速度非常快，以至于根本无法形成星系。

正如我们看到的，我们从爱因斯坦那里得到的问题是：为什么应该有一个宇宙学常数？现代物理学已经把这个问题转变为：为什么真空会产生斥力？然而，由于加速膨胀的发现，我们现在要问：为什么宇宙学常数如此之小，或者说真空施加的力如此小？ 1987 年，物理学家斯蒂芬·温伯格（Steven Weinberg）提出了一个大胆的假设问题。如果在万物理论的框架内解释，宇宙学常数并不是一个基本常数，而是偶然的，会怎样？也就是说，设想存在一个巨大的宇宙集合，即“多重宇宙”，其中宇宙学常数可能在不同的宇宙中取不同的值。有些宇宙，比如我们讨论的“反事实”宇宙，其宇宙学常数是我们的 1 000 倍，就不会出现复杂性和生命。我们人类处于这些“适于生命”的宇宙之一。在这种情况下，没有一种大统一的基本作用力理论可以确定宇宙学常数的值。相反，它的值将由一个简单的要求决定，即它应该处于允许人类进化的范围内。在一个宇宙学常数太大的宇宙中，没有人会问它的值。物理学家布兰登·卡特（Brandon Carter）在 20 世纪 70 年代首次提出了这种论证方式，将其称为“人择原理”。试图描绘“有利于生命演化”的努力因此被描述为人择原理。在什么条件下，我们甚至可以尝试应用这种推理来解释宇宙学常数的值呢?

为了使人择原理有意义，它必须依赖以下三个基本假设：

1. 观测结果受到选择性偏差的影响：即使仅仅因为观测是由人类执行的，也会对物理现实进行过滤。
2. 一些名义上的自然常数是偶然的，而非基本的。
3. 我们的宇宙只是一个巨大的宇宙集合中的一员。

我将非常简要地验证每一个假设，并尝试评估其可行性。

统计学家总是担心选择性偏差的影响。这些结果的曲解，要么是由数据收集工具引入的，要么是由数据积累方法造成的。以下简单的例子，可以用于说明选择性偏差。假设你想测试一种投资策略，具体方法是对比 20 年的数据来检验一大批股票的表现。你可能会倾向于只选择那些在整个 20 年期间都有完整信息的股票进行研究。然而，排除在此期间停止交易的股票将产生有偏差的结果，因为这些股票恰恰是没有在市场中存活下来的股票。

第二次世界大战期间，数学家亚伯拉罕·瓦尔德（Abraham Wald）有一个非常经典的选择性偏差应用案例。当时，瓦尔德被要求研究有关受敌方火力攻击后返航飞机的相关数据，为飞机的哪些部位应该加固以提高生存能力来提出建议。令上级感到惊讶的是，瓦尔德建议在没有受损的位置增加装甲。他的独特见解在于，在幸存的返航飞机上看到的弹孔代表着飞机受到攻击但仍然能够承受的位置。因此，他得出结论，失事飞机被击中的位置可能恰好是返航飞机幸运地没有被击中的地方。

天文学家非常熟悉马姆奎斯特偏差①。当天文学家观测星星或星系时，他们的望远镜只对一定亮度范围内的物体敏感。然而，本质上更亮的物体可以在更远的距离被观测到。这将导致在距离上出现一个错误趋势，即平均本征光度随距离增加而增加，因为较暗的物体不会被观测到。

卡特指出，哥白尼原则认为人类在宇宙中并不特殊，对此，人们不应该过分解读。他提醒天文学家，人类是观测宇宙的主体，他们不应该因为宇宙的性质与人类的存在一致而感到过于惊讶。例如，我们不会发现我们的宇宙中没有碳，因为我们是以碳为基础的生命形式。最初，大多数研究人员认为，卡特的人择原理只不过是一个平淡无奇又显而易见的陈述。然而，在过去的几十年里，人择原理逐渐受到了一些关注。今天，相当多的资深理论物理学家接受这样一个事实，即在多重宇宙的背景下，人择原理可以为宇宙学常数的数值提供一个自然的解释，否则这个数值会令人困惑。总结这个论点，也就是说，如果宇宙学常数值要大得多，②那么在星系形成之前，宇宙的加速膨胀将会超过引力。我们发现自己处于银河系的事实，必然会使我们的观测偏向于宇宙中较低的宇宙学常数值。

然而，假设一些物理常数是“偶然的”，合理吗？历史上有一个例子可以帮助澄清这个概念。1597 年，伟大的德国天文学家约翰内斯·开普勒出版了一本著作《宇宙之谜》(*The Cosmic Mystery*)。在这本书中，开普勒认为，他解开了两个令人困惑的宇宙之谜：为什么太阳系中恰好有 6 颗行星？③行星轨道的大小是如何确定的？即使在开普勒的时代，他对这些谜题

① 以瑞典天文学家冈纳·马姆奎斯特（Gunnar Malmquist）的名字命名，他在 20 世纪 20 年代对此进行了深入阐述。

② 考虑到一些概率的情况下似乎需要如此。

③ 当时只知道有 6 颗行星。

的回答也接近疯狂。他构建了一个太阳系的模型，将 5 种被称为柏拉图体的规则立方体[①]嵌套在一起，再加上一个与固定恒星相对应的外层球体。这些立方体确定了恰好 6 个间隔，对开普勒来说，这些间隔“解释”了行星的数量。通过选择立方体嵌套的顺序，开普勒能够确定太阳系中行星轨道大致正确的相对大小。然而，开普勒模型的主要问题不在于其几何细节，毕竟，开普勒使用了他所知道的数学来解释现有的观测结果。关键的问题在于，开普勒没有意识到行星的数量和轨道的大小都不是基本量，都不能用第一性原理来解释。虽然物理定律确实支配着行星从由气体和尘埃组成的原行星盘中形成的一般过程，但任何年轻恒星对象的特定环境都决定了最终结果。

现在我们知道在银河系中有数十亿颗太阳系外行星，而且每个行星系统的成员和轨道特性都不同。行星的数量和它们的轨道尺寸都是偶然的，就像任意一片的雪花的精确形状一样。

在太阳系中，有一个特定的因素对人类的存在至关重要，那就是地球和太阳之间的距离。地球位于太阳的宜居带，这是恒星周围一条狭窄的小行星带，在这个行星带内允许液态水存在于行星表面。在距离太阳更近的地方，水会蒸发，而在距离更远的地方，水会冻结。水对于地球生命的出现至关重要，因为分子在早期地球的“原始汤”中可以轻松结合，形成长链，并且可以躲过有害的紫外线辐射。开普勒执迷于从第一性原理出发找到日地距离的解释，但这种执着被误导了。原则上，地球可以在距离太阳的任何距离上形成。但如果距离显著地变大或变小，人类就不会在此出现。在银河系中的数十亿个太阳系中，很多可能没有生命存在，因为在宿主恒星周围的宜居带上没有合适的行星出现。虽然物理定律确实决定了地球的轨道，但对于轨道半

① 柏拉图体（Platonic Solids）是几何学中一类高度对称的三维正多面体，共有 5 种：正四面体、正六面体、正八面体、正十二面体、正二十面体。

径，实际上除了如果它非常不同，我们就不会在这里之外，也没有更深层次的解释了。

这将我们带到人择原理的最后一个基本假设：要将宇宙学常数的数值解释为多重宇宙中的一个偶然量，就必须存在一个多重宇宙。是否存在多重宇宙？我们不知道，但这从未阻止过聪明的物理学家进行推测。我们知道的是，在一个被称为“永恒暴胀”的理论中，空间、时间的剧烈扩张可以产生一个无穷且永恒的多重宇宙。这个多重宇宙不断产生暴胀区域，这些区域演变成独立的小型宇宙。导致我们的小型宇宙诞生的大爆炸，只是一个在更大规模的系统中以指数方式膨胀的基础事例。一些版本的“弦理论”①中也允许存在各种各样的宇宙②，每个宇宙可能由不同的物理常数值来描述。如果这种推测是正确的，那么我们传统上所说的“宇宙”可能确实只是庞大的宇宙景观中的一个时空片段。

我们不应该错误地认为，大多数甚至所有物理学家都相信宇宙真空能量之谜的解答将来自人择原理。仅提到“多重宇宙”和“人择原理”就足以让一些物理学家感到不安。对此，有两个主要原因。第一个原因是，正如第 8 章中已经提到的，自从科学哲学家卡尔·波普尔的开创性工作以来，一个科学理论必须能够通过实验或观测来进行证伪，才是名副其实的。这一要求已经成为“科学方法”的基础。关于可能存在的无法观测到的宇宙集合的假设，乍看之下似乎与这一先决条件相冲突，因此属于形而上学而不是物理学。

然而，请注意，我们定义的可观测和不可观测之间的界限是不明确的。例如，用“粒子视界”来思考的话：宇宙大爆炸发射的辐射刚刚抵达我们周

① 有时也被称为“M 理论”。

② 超过 10^{500} 个。

BRILLIANT BLUNDERS

粒子视界

粒子在宇宙年龄里到达观测者的最大距离。它与地平线的概念非常相似，代表宇宙的可观测区域和不可观测区域之间的界限。

围的表面。在均匀、各向同性、恒定曲率的爱因斯坦－德西特宇宙模型中，没有宇宙学常数，宇宙膨胀减速，人们可以有把握地预测，目前位于视界之外的所有物体在遥远的未来将变得可观测。但是自 1998 年以来，我们知道我们并不生活在爱因斯坦－德西特宇宙中，因为我们的宇宙正在加速膨胀。在这个宇宙中，目前在视界之外的任何物体将永远保持在视界之外。此外，如果膨胀继续，根据宇宙学常数的预测，即使是现在能观测到的星系，未来我们也会无法观测到！当它们的退行速度接近光速时，它们的辐射将被拉伸（红移）到超过宇宙的大小。由于没有任何物质真正移动，因此时空的拉伸速度没有限制。因此，即使在我们自己的加速宇宙中，也包含着我们或未来的天文学家永远无法观测到的物体。

然而，我们不会认为这些物体属于形而上学。那么，是什么让我们相信存在着可能无法观测到的多重宇宙呢？答案是科学方法的自然延伸：如果一个理论的预测有可靠的可信度，我们就可以相信这一理论的其他预测也存在。我们相信黑洞的性质，因为它们的存在是由广义相对论所预测的，而广义相对论已被许多实验证实过。这些规则应该适用于对波普尔观点的直接外推：如果一个理论在宇宙的可观测部分做出了可以测试和可以证伪的预测，那么，我们就应该准备好接受它对不可观测部分或者多重宇宙所做出的预测。

人择原理引发敌对情绪的第二个主要原因是，对某些科学家来说，它意味着“物理学的终结”。继笛卡尔之后，大多数物理学家梦想着用一个独特自洽的数学理论来解释和决定所有的微观物理常数以及整个宇宙的演化。因此，用宇宙学家爱德华·米尔恩（Edward Milne）的话来说，他们追求的是

“一条通往理解宇宙这个唯一实体的单一途径”。毫无疑问，爱因斯坦也有这样的希望。1933 年在牛津大学发表的一次演讲中，爱因斯坦说：“我相信，纯粹的数学结构使我们能够发现概念和连接它们的定律，这些概念和定律为我们理解自然现象提供了关键条件。”众所周知，尽管完全承认量子力学的成功，但是，爱因斯坦甚至对量子力学的概率性质也不满意。在 1926 年 12 月 4 日写给量子力学创始人之一的马克斯·玻恩的一封信中，爱因斯坦表达了自己的观点：

> 量子力学确实令人印象深刻。但内心告诉我，这还不是真正的本质。这个理论得出了很多结果，但它几乎没有让我们更接近“上帝”的奥秘。至少在我看来，我相信他是不会掷骰子的。

在可能的不可观测的多重宇宙中，出现偶然变量的概念，大概令爱因斯坦更加困扰。然而需要注意的是，爱因斯坦对量子力学的保留更多是源自心理学的需要，他相信自己知道要寻找的方向，而不是来自核心物理学。对人择原理的反对，也可能出现类似的情况。尽管过去几个世纪有了这样的经验，但没有人能保证物理现实会如愿以偿，全然按照第一性原理的解释来呈现。寻找这样的描述可能是徒劳的，就像开普勒寻求一个美丽的几何模型来解释太阳系一样。我们传统上所说的基本常数，甚至可能是自然法则的东西，在我们的宇宙中可能只是偶然变量和仅适用于某个小范围内的法则。人择原理可能最终会扮演类似于哲学家伯特兰·罗素赋予哲学的角色：“哲学的目标是从一个看似不值一提的简单事物开始，而最后以十分矛盾的东西结束，以至于没有人会相信它。”

人类对宇宙学常数性质的思考表明，爱因斯坦对静态宇宙的看似无辜的尝试对前沿物理学产生了深远影响。那么，我们应该如何评价爱因斯坦的

“最大的错误”呢？

爱因斯坦的第二个“奇迹之年”

1905 年通常被称为爱因斯坦的“奇迹之年”，因为在那一年，他发表了一系列开创性的论文，内容涵盖了光如何夺走金属中的电子①、悬浮粒子在液体中的随机运动②，以及狭义相对论等理论。虽然1905年确实是爱因斯坦的奇迹之年，但实际上他还有第二个奇迹之年，确切地说，是从 1915 年 11 月到 1917 年 2 月的 15 个月。在这段时间里，他发表了不少于 15 篇论文，其中包括他的巅峰之作——广义相对论，并在量子力学方面做出了两项重要贡献。现代宇宙学以及其中的宇宙学常数，就在这段时间诞生了。

真正的错误

我希望第 9 章所呈现的证据已经让读者相信，爱因斯坦很可能从未使用过“最大的错误”来表述宇宙学常数。而且，引入宇宙学常数根本不是一个错误，因为广义相对论的原理允许加入这样的项。认为这个常数可以确保宇宙是静态的，这一想法确实是一个令人遗憾的错误，但不是本书所考虑的“最大的错误”。爱因斯坦真正的错误是将宇宙学常数从方程中移除！再次强调，将这个常数从方程中移除等同于任意地将它赋值为零。这样做限制了他的理论的普遍性，这是一个代价很高的选择，甚至在近期发现宇宙加速膨胀之前也是如此。

① 即“光电效应”，催生了量子力学，并为爱因斯坦赢得了诺贝尔奖。
② 即“布朗运动”。

将简洁性应用于基本原理的确是一种优点，但不适用于方程的形式。在宇宙学常数的例子中，爱因斯坦错误地为了表面的简洁而牺牲了普遍性。一个简单的类比有助于理解这个概念。当开普勒发现行星轨道是椭圆形而不是圆形时，伟大的伽利略拒绝相信。伽利略仍然受困于古代的审美理念，认为轨道必须是完美对称的。然而，物理学表明，这是一种没有根据的偏见。其中涉及的对称性实际上要比简单的形状对称深刻得多。牛顿的万有引力定律表明，椭圆轨道在空间中可以有任意方向。换句话说，无论我们测量的是南北方向还是最近的恒星方向，这个定律都不会改变，它在旋转下是对称的。当爱因斯坦将宇宙学常数称为“丑陋”时，他也是受到了偏见和短视的影响。他应该坚持最初的直觉，即总有一天“我们能够通过实证来决定 Λ 是否为零”，就像他写信给德西特时所说的那样。那一天在 1998 年来临了。

天才的错误，追求真理比占有真理更为可贵

在爱因斯坦原始论文中，超过 20% 的部分有错误。在一些情况下，即使他在过程中犯了错误，最终的结果仍然是正确的。这通常是真正伟大的理论家的标志：他们更多地受直觉而不是形式主义的指导。在 1915 年 2 月 3 日写给荷兰物理学家洛伦兹的一封信中，爱因斯坦对科学理论中的错误提出了自己的看法：

> 一个理论家会犯两种错误：
>
> 1. 魔鬼用一个错误的假说，牵着他的鼻子走。（对此我们应该表示同情。）
> 2. 他的论证是错误的、荒谬的。（对此他应该挨揍。）

尽管爱因斯坦自己确实犯过这两种错误，但在许多情况下，他无与伦比的物理洞察力在许多情况下为他指明了通往正确答案的道路。遗憾的是，我们这些凡人既无法模仿，也无法获得这种才能。

1949 年，爱因斯坦的合作者利奥波德·英费尔德（Leopold Infeld）对爱因斯坦在宇宙学上的开创性论文做了如下描述：

> 虽然很难夸大这篇论文的重要性……从现今的角度来看，爱因斯坦最初的观点已经过时，甚至是错误的……实际上，这是又一个例子，说明一个基本问题的错误解决方案可能比一个琐碎、无趣的问题的正确解决方案更为重要。

英费尔德的文章发表在一本向爱因斯坦致敬的书中，这本书为《阿尔伯特·爱因斯坦：哲人科学家》（*Albert Einstein: Philosopher-Scientist*）。有不少于 6 位科学领域的诺贝尔奖得主在这本书中对爱因斯坦表达了敬意。其中，乔治·勒梅特叙述了他认为在方程中保留宇宙学常数的有力理由：“科学史上有许多发现的例子，这些发现的初衷在今天已不再被认为是令人满意的。也许（爱因斯坦的）宇宙学常数的发现就是这样一个例子。”他说得太对了。

爱因斯坦本人仍然不为所动。在《关于本合编文集的评论》（*Remarks Concerning the Essay Brought Together in This Co-operative Volume*）中，他重申了自己早先的论点：

> 引入这样一个常数意味着对（这个）理论的逻辑简单性的相当大的放弃，而在我看来，只有在人们没有理由怀疑空间本质上是静态的情况下，这种放弃才是不可避免的。

他继续说，在哈勃发现宇宙膨胀以及弗里德曼证明膨胀可以在原始方程的背景下得到解释之后，在 1949 年，他发现“目前为止还没有理由”引入 Λ。顺便说一下，尽管爱因斯坦是在与伽莫夫通信后不久就写下了这些评论，但仍然没有提到“最大的错误”。

天才的谬误
BRILLIANT BLUNDERS

两次失之交臂

一方面，你可以认为爱因斯坦是对的，拒绝在方程中加入一个并非观测所绝对需要的项。另一方面，爱因斯坦已经错过了一次预测宇宙膨胀的机会，只因为他缺少恒星运动的证据。否认宇宙学常数，令他错失了第二次机会，这次是预测宇宙的加速膨胀！对于普通的科学家来说，两次这样的疏忽肯定会被视为缺少直觉，但对于伟大的天才爱因斯坦，我们很难得出这样的结论。爱因斯坦的失败提醒我们，即使是由伟大的天才来运用的逻辑，人类逻辑也不是完全无误的。

直到生命的尽头，爱因斯坦都一直在思考统一理论和物理现实的本质。早在 1940 年，他就预见到了当前弦理论研究者所面临的困难：“这两个系统（广义相对论和量子理论）并不直接相互矛盾，但它们似乎不太适合融合成一个统一的理论。”就在 1955 年他去世前一个月，76 岁的他对自己产生了一些怀疑：“（经典）场论是否能解释物质和辐射的原子结构以及量子现象，似乎是值得怀疑的。”然而，爱因斯坦从 18 世纪剧作家戈特霍尔德·埃弗赖姆·莱辛（Gotthold Ephraim Lessing）的话中找到了一些安慰：“对真理的追求比对真理的占有更为可贵。”也许没有人比爱因斯坦更渴望追求真理。

本章回顾 »

BRILLIANT BLUNDERS

- 爱因斯坦的广义相对论：左边有一个描述空间曲率的项，右边有一个描述质量和能量分布的项。右边的物质和能量决定了左边的时空几何结构，这就是引力的表现形式。
- 当宇宙学常数被引入时，爱因斯坦将它添加到等号左边，因为他认为它是时空的另一种几何性质。如果被移到等号右边，宇宙学常数就获得了新的物理意义：不再描述宇宙的几何性质，而是成为宇宙能量的一部分。
- 广义相对论的基本对称性，即自然法则应该在不同的参照系中做出相同的预测，意味着只有真空的能量密度在膨胀时不会被稀释。
- 尽管在数学上是等价的，但宇宙学常数与真空能量的关联与最小的亚原子尺度，即量子力学的领域紧密相关。
- 爱因斯坦的广义相对论为哈勃的发现提供了自然的解释：膨胀是时空本身的拉伸。
- 所有的证据都证实了一种新型的、均匀分布的能量形式正在产生斥力，推动宇宙加速膨胀。
- 宇宙学常数，正如它的名字所暗示的，不会被稀释；真空能量密度是恒定的。物质和辐射的密度在早期宇宙非常高，后随着宇宙膨胀而不断减小。一旦物质的能量密度降低到真空能量密度以下，加速膨胀便开始了。

- 观测结果显示，物质（包括普通物质和暗物质）只占宇宙能量密度的约 27% 左右，而“暗能量”，即与真空能量一致的均匀组分，约占宇宙能量密度的 73%。换句话说，爱因斯坦坚持的宇宙学常数，或者类似于当代“特色”的真空能量，目前是宇宙中主导的能量形式！

- 爱因斯坦真正的错误是将宇宙学常数从方程中移除！

尾　声

错误进化论：通往未来的认知法则

我郑重警告你，不要试图找出一切事物的原因和解释……试图找出一切事物的原因是非常危险的，只会导致失望和不满，扰乱你的心绪，最终让你变得不幸。

维多利亚女王

错误进化论：通往未来的认知法则

没有任何科学理论具有绝对和永恒的价值。随着实验、观测方法以及工具的改进，理论可能被证伪，或者也可能转化为新的形式，其中包含一些早期的观念。爱因斯坦本人也强调了物理理论的这种进化性质：“一个物理理论最美妙的命运是指引我们建立一个更包容的理论，在新的理论中，它作为一种极限情况而存在。”达尔文关于生命进化的理论通过现代遗传学的应用而得到加强。牛顿的万有引力定律在广义相对论的框架下仍然作为一种极限情况存在。通往“新的和改进的”理论的道路并不平坦，进展也绝对不是对真理的贸然猛进。如果像达尔文、开尔文、鲍林、霍伊尔和爱因斯坦这样的杰出人物都犯过严重错误，那么想象一下其他不那么出名的科学家的成绩单吧。詹姆斯·乔伊斯（James Joyce）在《尤利西斯》（*Ulysses*）中写道：“天才不会犯错误。他的错误是有意识的，是发现之门。”这句话的前半部分意在挑衅。正如我们在本书中所看到的那样，天才的错误通常的确是发现之门。

在导演罗伯·莱纳（Rob Reiner）1987 年的童话电影《公主新娘》（*The Princess Bride*）中，其中一个角色与主角展开了一场智力对决。在一个场景中，他惊呼：“你犯了经典的错误！其中最著名的就是‘不要卷入亚洲的陆地战争’。”我想我们都认同，近现代史表明这是一个很好的建议。著名的数学家和哲学家罗素为那些想确保避免狂热主义的人提供了另一个提示：“不要绝对肯定任何事情。”本书中的例子表明，这条“戒律”也可以被视为有用提示，告诉我们如何避免重大错误，但我对此并不完全确定。尽管怀疑常常被看作软弱的标志，但它也是一种有效的防御机制，对于科学而言，它是一项基本原则。

开尔文、霍伊尔和爱因斯坦展现了人性中令人着迷的另一面。包括科学家在内，人们有时不愿意承认自己的错误，有时也顽固地反对新思想。量子力学的创始人之一马克斯·普朗克（Max Planck）曾经愤世嫉俗地说：“新的科学真理并不是通过说服反对者，并让他们看到光明而取得胜利的，而是因为它的反对者最终死去，熟悉它的新一代人长大了。”这么说可能令人悲伤，但是事实。

当然，心理学家阿莫斯·特沃斯基（Amos Tversky）和丹尼尔·卡尼曼的研究，利用启发式的概念，即用简单的经验法则来指导决策，确实为人类决策中的常见错误建立了认知基础。他们的研究发现，人们更倾向于依赖自己的直觉理解，而不是真实的数据。直觉理解主要依赖于个人经验。当然，像达尔文、鲍林或爱因斯坦这样级别的科学家相信，即使正确的前进方式难以捉摸，或者科学界的景象在以迅猛的速度变化，他们的直觉也会引导他们找到正确答案。如上所述，罗素明白过度自信和肯定的危险，而他认为自己已经找到了一个解决方法，也就是他提倡的一种习惯，这种习惯将信念“建立在观察和推理之上，对人类来说，观察和推理是客观的，尽可能摆脱地域和性格的偏见”。但是，遵循这一建议并不容易。现代神经科学明确地表明，前额叶皮质将情感融入理性思考的过程中。人类并非纯粹理性的存在，对人类而言，完全摆脱情感和偏见十分困难。

我在本书中所追随和描绘的这5位科学家，虽然犯了一些错误，但也许正是因为这些错误，才使得他们不仅在各自的科学领域内进行了创新，而且做出了真正伟大的智力创造。与许多只针对同一学科领域内专业人士的科学作品不同，这些大师的作品跨越了科学与一般文化之间的界限。他们的影响力远远超出了生物学、地质学、物理学或化学等专业领域。从这个意义上说，达尔文、开尔文、鲍林、霍伊尔和爱因斯坦的工作在精神上更接近于文学、艺术和音乐等领域的成就，横跨广博精深的领域。

在结束这本关于错误的书时，我还想要传达一个重要的提醒，或者说是一种谦卑的请求，那么没有比达尔文的这番话更好的表达方式了：

> 然而，我们必须承认，人类虽然拥有所有高贵的品质，虽然同情最卑微的人，虽然仁慈地对待其他人乃至最卑微的生物，虽然拥有超凡的智慧，能够洞察太阳系的运动和构成，但在人类的身体结构中，仍然带着他卑微起源的不可磨灭的印记。

致 谢

在前进的道路上，许多人给予我莫大的帮助。

感谢史蒂夫·莫吉西斯（Steve Mojzsis）和 横地玲香（Reika Yokochi）关于地质主题的探讨。感谢杰克·达尼茨（Jack Dunitz）、霍勒斯·弗里兰·贾德森（Horace Freeland Judson）、马特·梅塞尔森（Matt Meselson）、埃万杰洛斯·穆德里阿纳基斯（Evangelos Moudrianakis）、亚历克斯·里奇（Alex Rich）、杰克·索斯塔克（Jack Szostak）和吉姆·沃森（Jim Watson）关于化学、生物学以及鲍林研究工作的探讨。感谢彼得·埃格尔斯顿（Peter Eggleton）、约翰·福克纳（John Faulkner）、杰弗里·霍伊尔（Geoffrey Hoyle）、贾扬特·纳利卡（Jayant Narlikar）和 马丁·里斯（Martin Rees）关于天体物理学、宇宙学以及霍伊尔研究工作的探讨。对他们的倾力相助，我深表感谢。

我还要向为这本书提供了宝贵资料的所有人表示感谢，特别是亚当·珀金斯（Adam Perkins）和剑桥大学图书馆的工作人员，提供了达尔文和开尔文勋爵的资料；剑桥大学天文研究所的马克·赫恩（Mark Hurn），提供了开尔文勋爵和霍伊尔的资料；剑桥大学天文研究所的阿曼达·史密斯（Amanda Smith），提供了霍伊尔的资料，并处理了与沃森和克里克有关的照片；俄勒冈州立大学特藏部的克利福德·米德（Clifford Meade）和克里斯·彼得森（Chris Petersen），提供了鲍林的资料；加州理工学院档案馆的洛玛·卡克林斯（Loma Karklins），提供了鲍林的资料；自然出版集团（Nature Publishing Group）的莎拉·布鲁克斯（Sarah Brooks），提供了罗莎琳德·富兰克林的资料；英国皇家天文学会的鲍勃·卡斯韦尔（Bob Carswell）和彼得·欣格利（Peter Hingley），提供了乔治·勒梅特的资料；乔治·勒梅特档案馆的莉莲·莫恩斯（Liliane Moens），提供了乔治·勒梅特的资料；剑桥圣约翰学院的凯瑟琳·麦基（Kathryn McKee），提供了霍伊尔的资料；阿尔伯特·爱因斯坦档案馆的芭芭拉·沃尔夫（Barbara Wolff）、爱因斯坦文集项目（Einstein Papers Project）的戴安娜·科尔莫斯·布赫瓦尔德（Diana Kormos Buchwald）、阿肯色大学的丹尼尔·肯尼菲克（Daniel Kennefick）、李奥贝克研究所（Leo Baeck Institute）的迈克尔·西蒙森（Michael Simonson）、普林斯顿大学的克里斯汀·卢茨（Christine Lutz）以及普林斯顿高等研究院的克里斯汀·迪·贝拉（Christine Di Bella），提供了爱因斯坦的资料。

特别感谢美国空间望远镜研究所（Space Telescope Science Institute）的吉尔·拉格斯特罗姆（Jill Lagerstrom）、伊丽莎白·弗雷泽（Elizabeth Fraser）和艾米·戈尼甘（Amy Gonigam），以及约翰斯·霍普金斯大学图书馆（Johns Hopkins University Library）的工作人员，对他们提供的文献支持表示感激。感谢莎伦·图兰（Sharon Toolan）在准备手稿印刷方面提供的专业帮助。感谢帕姆·杰弗里斯（Pam Jeffries）熟练地绘制了一些图表，以及扎克·康坎农（Zak Concannon）清理了一些图表。同样感谢最具耐心的、一如既往支持我的盟友——我的妻子索菲（Sofie）。

最后，感谢我的代理人苏珊·雷宾纳（Susan Rabiner）不知疲倦的鼓励；编辑鲍勃·本德（Bob Bender）提出的有见地、有价值的建议；洛雷塔·登纳（Loretta Denner）在编写本书过程中提供的帮助；约翰娜·李（Johanna Li）在书籍制作过程中做出的贡献。

考虑到环保的因素，也为了节省纸张、降低图书定价，本书编辑制作了电子版的参考文献。请扫描下方二维码，直达图书详情页，点击“阅读资料包”获取。

未来，属于终身学习者

我们正在亲历前所未有的变革——互联网改变了信息传递的方式，指数级技术快速发展并颠覆商业世界，人工智能正在侵占越来越多的人类领地。

面对这些变化，我们需要问自己：未来需要什么样的人才？

答案是，成为终身学习者。终身学习意味着永不停歇地追求全面的知识结构、强大的逻辑思考能力和敏锐的感知力。这是一种能够在不断变化中随时重建、更新认知体系的能力。阅读，无疑是帮助我们提高这种能力的最佳途径。

在充满不确定性的时代，答案并不总是简单地出现在书本之中。“读万卷书”不仅要亲自阅读、广泛阅读，也需要我们深入探索好书的内部世界，让知识不再局限于书本之中。

湛庐阅读 App：与最聪明的人共同进化

我们现在推出全新的湛庐阅读 App，它将成为您在书本之外，践行终身学习的场所。

- 不用考虑“读什么”。这里汇集了湛庐所有纸质书、电子书、有声书和各种阅读服务。
- 可以学习“怎么读”。我们提供包括课程、精读班和讲书在内的全方位阅读解决方案。
- 谁来领读？您能最先了解到作者、译者、专家等大咖的前沿洞见，他们是高质量思想的源泉。
- 与谁共读？您将加入优秀的读者和终身学习者的行列，他们对阅读和学习具有持久的热情和源源不断的动力。

在湛庐阅读 App 首页，编辑为您精选了经典书目和优质音视频内容，每天早、中、晚更新，满足您不间断的阅读需求。

【特别专题】【主题书单】【人物特写】等原创专栏，提供专业、深度的解读和选书参考，回应社会议题，是您了解湛庐近千位重要作者思想的独家渠道。

在每本图书的详情页，您将通过深度导读栏目【专家视点】【深度访谈】和【书评】读懂、读透一本好书。

通过这个不设限的学习平台，您在任何时间、任何地点都能获得有价值的思想，并通过阅读实现终身学习。我们邀您共建一个与最聪明的人共同进化的社区，使其成为先进思想交汇的聚集地，这正是我们的使命和价值所在。

图书在版编目（CIP）数据
为什么伟大需要犯错 /（美）马里奥 · 利维奥著；尔欣中译 . — 杭州：浙江科学技术出版社，2025. 7.
ISBN 978-7-5739-1770-6
Ⅰ. Z228
中国国家版本馆 CIP 数据核字第 2025TY7110 号

书　　名	**为什么伟大需要犯错**
著　　者	[美] 马里奥 · 利维奥
译　　者	尔欣中

出版发行	**浙江科学技术出版社** 地址：杭州市环城北路 177 号　邮政编码：310006 办公室电话：0571－85176593 销售部电话：0571－85062597 E-mail:zkpress@zkpress.com
印　　刷	天津中印联印务有限公司

开　　本	710mm×965mm　1/16	**印　　张**	22.75
字　　数	310 千字		
版　　次	2025 年 7 月第 1 版	**印　　次**	2025 年 7 月第 1 次印刷
书　　号	ISBN 978-7-5739-1770-6	**定　　价**	129.90 元

责任编辑	余春亚	**责任美编**	金　晖
责任校对	李亚学	**责任印务**	吕　琰